Reinhard Schulz
Waltraud Roth-Schulz

MIT DEM WOHNMOBIL NACH NORD-SPANIEN

Die Anleitung für einen Erlebnisurlaub

DER WOHNMOBIL-VERLAG
D-98634 Mittelsdorf/Rhön

Die Deutsche Bibliothek – CIP-Einheitsaufnahme

Bibliografische Information der Deutschen Bibliothek

Die Deutsche Bibliothek verzeichnet diese Publikation in der Deutschen Nationalbibliografie.
Detaillierte bibliografische Daten sind im Internet über <http://dnb.ddb.de> abrufbar.

Titelbild:
Blick vom Cabo Vidio (Tour 9)

Neu bearbeitete und stark erweiterte 7. Auflage 2014

Druck:
www.schreckhase.de

Vertrieb:
GeoCenter, 70565 Stuttgart

Herausgeber:
WOMO-Verlag, 98634 Mittelsdorf/Rhön
GPS: N 50° 36' 38.2" E 10° 07' 55.6"

Fon: 0049 (0) 36946-20691
Fax: 0049 (0) 36946-20692
eMail: verlag@womo.de
Internet: www.womo.de

Autoren-eMail: Schulz@womo.de

ISBN 978-3-86903-027-2

EINLADUNG

„MUCHA LLUVIA!“

Das Gesicht des jungen spanischen Grenzers legte sich in betrübte Sorgenfalten über unser in seinen Augen unbedachtes Urlaubsziel.

Seine Regenwarnung bewahrheitete sich zwar nicht, aber eine "Blaue-Himmel-Garantie" gibt Nord-Spanien nicht. Dafür bietet es atemberaubende Bildwerke aus der Steinzeit, Höhlenmalereien, die von der Kunstfertigkeit unserer Ahnen zeugen.
Der Jakobsweg durchzieht das Land, die Kunstschätze in den Klöstern und Kirchen an seinem Wege weisen auf die alte, christliche Tradition Nord-Spaniens hin, seinen jahrhundertelangen Kampf gegen die maurischen Eindringlinge.

Aber die ganz großen Höhepunkte sind die Naturschönheiten: Herrlich einsame Berge, Seen und Flüsse, die dem gehören, der sie findet.
Allem voran die See: Kein Badewannen-Mittelmeer, sondern ein richtiger Ozean mit brandenden, dröhnenden Wellen, aber auch mit stillen, ruhigen Buchten – überall jedoch mit weiten Sandstränden, die jeder nach seinem Geschmack aus dem breiten Spektrum von turbulent bis absolut menschenleer auswählen kann – und das alles in einer saftig grünen, von Blüten überquellenden Landschaft.
Sie lassen sich von ein paar Regenschauern nicht abschrecken?

Dann kommen Sie mit uns, das **unbekannte** Spanien zu entdecken – **VAMOS**!

Ihr

Reinhard Schulz

Sehr geehrter Leser, lieber WOMO-Freund!

Reiseführer sind für einen gelungenen Urlaub unverzichtbar – das beweisen Sie mit dem Kauf dieses Buches. Aber aktuelle Informationen altern schnell, und ein veralteter Reiseführer macht wenig Freude.
Sie können helfen, Aktualität und Qualität dieses Buches zu verbessern, indem Sie uns nach Ihrer Reise mitteilen, welchen unserer Empfehlungen Sie gefolgt sind (freie Stellplätze, Campingplätze, Wanderungen, Gaststätten usw.) und uns darüber berichten (auch wenn sich gegenüber unseren Beschreibungen nichts geändert hat).
Bitte füllen Sie dafür schon während Ihrer Reise das Info-Blatt am Buchende aus und senden Sie es uns sofort nach Ihrer Rückkehr zu (per Brief, Fax oder formlos als eMail).
Dafür gewähren wir Ihnen bei der nächsten Buchbestellung direkt beim Verlag ein Info-Honorar von 10%.
Aktuelle Korrekturen finden Sie unter: www.forum.womoverlag.de

Um die freien Übernachtungs- und Campingplätze auf einen Blick erfassen zu können, haben wir diese im Text in einem Kasten nochmals farbig hervorgehoben und, wie auf den Karten, fortlaufend durchnummeriert. Wir nennen dabei wichtige Ausstattungsmerkmale und geben Ihnen eine kurze Zufahrtsbeschreibung. "Max. WOMOs" soll dabei andeuten, wie viele WOMOs dieser Platz maximal verträgt und nicht, wie viele auf ihn passen würden (schließlich gibt es auch Einwohner und andere Urlauber)!
Übernachtungsplätze mit **B**ademöglichkeit sind mit hellblauer Farbe unterlegt. **W**anderparkplätze sind grün gekennzeichnet. **P**icknickplätze erkennen Sie an der violetten Farbe. Auf Schlafplätzchen, denen die gerade genannten Merkmale fehlen – also auf einfache **S**tellplätze – weist die Farbe Gelb hin.
Empfehlenswerte **C**ampingplätze haben olivgrüne Kästchen. Wanderungen, die wir Ihnen besonders ans Herz legen möchten, haben wir hellgrün unterlegt.

Und hier kommt das Kleingedruckte:

Jede Tour und jeder Stellplatz sind von uns meist mehrfach überprüft worden, wir können jedoch inhaltliche Fehler nie ganz ausschließen. Bitte achten Sie selbst auf Hochwasser, Brandgefahr, Steinschlag und Erdrutsch!
Verlag und Autoren übernehmen keine Verantwortung für die Legalität der veröffentlichten Stellplätze und aller anderen Angaben. Unsere Haftung ist, soweit ein Schaden nicht an Leben, Körper oder Gesundheit eingetreten ist, ausgeschlossen, es sei denn unsere Verantwortung beruht auf Vorsatz oder grober Fahrlässigkeit.

INHALT

An- und Rückreisewege

18 Touren durch Nord-Spanien

Tipps und Tricks

Wir starten Richtung Nord-Spanien!

Christobal Colon, genannt Kolumbus, Magellan, Cortes, Pizarro. Berühmte Namen, die mit der Entdeckung und Eroberung Amerikas durch Spanien verbunden sind. Wo liegt dieses Spanien?
Sie kennen das Auto-Nationalitätenzeichen von Spanien nicht? Muss ganz schön weit weg sein, dieses Spanien, wenn es so selten bei uns auftaucht!
„In Spanien gehen die Uhren anders!" Auch das lässt Schlüsse über die Entfernung zu.
Ein Blick auf den Globus belehrt uns: Die Pyrenäen, die Spanien vom restlichen Europa trennen, liegen zehn Längengrade westlich von Hamburg, Würzburg und Ulm und fünf Breitengrade südlicher als München. Knapp tausend Kilometer Luftlinie durch Frankreich trennen uns von unserem Urlaubsziel!

Vorüberlegung

So lange wie möglich in Deutschland anreisen – die französischen Autobahnen sind teuer!

Oder:

So schnell wie möglich über die Grenze – weg von den Urlaubsstaus auf unseren Straßen?
Unsere Gespräche mit Deutschen in Nord-Spanien zeigten, dass die sparsamen in der Mehrheit waren, fast immer wurde der Grenzübergang Mülhausen südwestlich Freiburgs genannt. Selbst die wenigsten Nordlichter fuhren auf der A 44 bei Aachen über die Grenze, durch Belgien Richtung Paris.
Häufiger wurde, vor allem bei Fahrern aus dem Raum Frankfurt/Mannheim, die Strecke Saarbrücken – Paris empfohlen.
Münchner und Österreicher waren keineswegs am schlechtesten dran. Zwar brauchten sie für die Schweiz eine Vignette und landeten, über Bern und Lausanne anreisend, hinter Genf auf der französischen Autobahn. Aber sie hatten ein ganzes Stück teure, französische Autobahn eingespart – und die Vignette gilt ein Jahr, manche hatten sie noch vom Wintersport.

Es ist jedoch nicht nur Sparsamkeit, die die meisten nach Süden treibt. Von dort bietet sich eine Vielzahl von Kombinationsmöglichkeiten zwischen Autobahnen und Landstraßen an, die wir Ihnen gern empfehlen und auch näher beschreiben möchten.

An-/Rückreiserouten durch Frankreich

Wer die Wahl hat, hat die Qual?
Wenn Sie auch nur die Überschriften unserer Streckenvorschläge mit den Kilometerangaben und den Autobahngebühren überfliegen, wird Ihnen die Entscheidung leichter fallen!

Nordroute I

(Aachen – Vielha 1150 km, ca. 60 Euro Maut)
Aachen - Lüttich (Liège) - Valenciennes - Paris - Orléans - Limoges - Brive - Toulouse - Vielha.

Es handelt sich um die bequemste Route für Anreisende aus dem norddeutschen Raum. Jeder Meter ist gepflegte (und leider auch meist kostenpflichtige) Autobahn, ein Ausweichen auf benachbarte Landstraßen ist kaum sinnvoll.

Nordroute II

(Saarbrücken – Bielsa-Tunnel 1200 km, ca. 85 Euro Maut)
Saarbrücken - Metz - Reims - Paris - Orléans - Limoges - Brive - Toulouse - Vielha.

Es handelt sich um die bequemste Route für Anreisende aus dem Frankfurter Raum. Jeder Meter ist gepflegte (und leider auch meist kostenpflichtige) Autobahn. Die Variante über Metz - Dijon - Lyon (und dann "unsere" Diagonalroute) wäre viel preiswerter.

Nordroute III

(Aachen – Vielha 1350 km, ca. 110 Euro Maut)
Aachen - Lüttich (Liège) - Valenciennes - Paris - Orléans - Tours - Bordeaux - Toulouse - Vielha.

Lang, bequem, aber teuer! Nur mit Abstechern zu den Loire-Schlössern oder der franz. Atlantikküste zu empfehlen.

Südroute

(Mulhouse – Vielha 1570 km, ca. 100 Euro Maut)
Mulhouse - Besançon - Beaune - Chalon s. S. - Lyon - Nîmes - Montpellier - Narbonne - Toulouse - St. Gaudens - Vielha.

Ebenfalls teuer, lang, aber schnell und bequem, jeder Meter (bis St. Gaudens/Montrejeau) ist gepflegte französische Autobahn.

An-/Rückreise durch Frankreich

Sämtliche Erläuterungen im Text; auch zu Campingplätzen, Entsorgungsstationen und preiswerten Tankstellen.

Diagonalroute I – unser Anreisetipp!

(930 km Mulhouse – Vielha, ca. 20 Euro Maut)
Mulhouse - A 36 - Besançon-Palente (Sortie 4.1) - D 486 - Ü2 - Besançon - Ü3 - N 83 - Ü5/Ü6/Ü7 - Lons-le-Saunier - D 1083 - Ü8/Ü9 - Bourg-en-Bresse - Ü10 - Villars - Ü11 - D 1083 - LYON - A 47 - St. Etienne - N 88 - Ü12/Ü13 -Yssingeau - le Puy - Ü14/ Ü15 - Langogne - Ü16 - Mende - Ü17 - N 88 - Laissac - Ü18 - Rodez - Ü19 - A20 - Carmaux - Albi - Ü21 - A 68 - Ü22 - Toulouse - A 64 - Ü23/Ü24 - Saint Gaudens - D 33/N 125 - Vielha.

Ü 1: Deutsche AB an der AS 64A Bad Krozingen verlassen. Nach 6,4 km, in der Ortsmitte von Hartheim, nach rechts dem Wegweiser "Salmen" folgen. Direkt am Rhein ruhiger **Picknickplatz** mit Tischen und Bänken, Schutzhütte und Grillstelle [N 47° 56' 36.4" E 7° 35' 54.2"].

Ü 2: Nach der AB-Abfahrt 4.1 (Besançon-Palente) 8 km weiter auf der »D 486« Richtung Besançon, bei »km 2,9« rechts ab in den "Forêt de Chailluz" (links geht's nach Thise), nach 2 km ruhige **Parkplätze** mit Picknicktischen bei Wildgehegen [N 47° 17' 50.8" E 6° 2' 57.9"].

Ü 3: In Besançon folgen wir dem Wegweiser "Centre ville" bis zum ruhigen, **offiziellen Stellplatz** (Gebühr: 5 €/24 h incl. Ver-/Entsorgung) direkt am Ufer des Doubs-Flusses gegenüber der Festung.
Am Ortsende von Besançon (Richtung Lons) preiswerte 24-h-Tankstelle beim Supermarkt "Super U", auf der »N 83« nach Süden.

Ü 4: 30 km südlich Besançon und 7 km südlich Quingey rechts nach Chay. Dort durch die Rue du Moulin zu **Wiesenplätzen** [N 47° 2' 16.2" E 5° 51' 28.5"] links vor der Brücke über den Loue-Fluss mit Bademöglichkeit (auf eigenes Risiko). 3 km später in Rennes sur Loue Camping de la ferme "Chez Claudine" und weiterer **Stellplatz** am Fluss [N 47° 0' 53.6" E 5° 51' 9.4"].

Ü 5: 3 km südlich Rennes kann man einen Abstecher nach Arc-et-Senans machen. Dort rechts des pompösen Thermenportals **offizieller Stellplatz** [N 47° 2' 1.3" E 5° 46' 51.3"] mit Ver- und Entsorgung sowie außerhalb des Ortes der Campingplatz "Arc-et-Senans" [N 47° 1' 43.8" E 5° 47' 40.5"].

Ü 6: In Poligny großer **Parkplatz** [N 46° 50' 2.7" E 5° 42' 16.0"] bei der "Schule der nationalen Milchindustrie" mit WC und Wasserhahn. Eine öffentliche **Ver- und Entsorgung** findet man vor dem Eingang vom nahen Campingplatz [N 46° 50' 3.6" E 5° 41' 53.8"].

Ü 7: Südlich Poligny verlassen wir die Route nach links Richtung Brery zu der "Site de Baume-Les-Messieurs", wo in einem Talkessel direkt neben dem **Parkplatz** [N 46° 41' 28.5" E 5° 38' 20.8"] mit WC und Gaststätte ein toller Karstkatarakt zu bestaunen ist (die Strecke ist nichts für zu große Wohnmobile).

Direkt nach dem Ortsende von Lons-le-Saunier "Super U" mit preiswerter 24-h-Tankstelle.

Ü 8: 22 km südlich von Lons biegen wir rechts nach Cousance. Am Ortsende **offizieller Stellplatz** [N46° 31' 46.4" E5° 23' 29.7"] mit Ver-/Entsorgung, WC, Bänken und Baumschatten. Zu den Gaststätten im Ort sind es nur wenige Schritte.

Ü 9: 25 km südlich von Lons verlässt man die Schnellstraße nach Cuiseaux und fährt steil 4500 m hinauf nach Chevreaux. Oberhalb des Dörfchens die mittelalterliche Burgruine mit **Parkplätzen** [N 46° 30' 35.8" E 5° 24' 11.0"], Toilette, Wasserhahn und Picknicktisch.
In Bourg-en-Bresse preiswerte Tankstellen bei den Supermärkten "Casino" und "Carrefour".

Ü 10: In Bourg-en-Bresse hinter "Casino" links auf die Umgehungsstraße Richtung Lyon. Nach 1400 m rechts (Wegweiser "Eglise/Monastère") zum großen **Parkplatz** [N 46° 11' 54.3" E 5° 14' 14.9"] mit Liegewiese beim königlichen Kloster Brou mit zu bestaunender Abteikirche (WC 100 m).

In Villars-les-Dombres preiswerte 24-h-Tankstelle bei "Super U".
Ü 11: Südlich vom Ort schöne **Picknickplätze** [N 46° 59' 27.7" E 5° 01' 34.3"] auf dem weitläufigen Parkplatzgelände des Vogelparks. Nach Auskunft der Parkleitung dürfen Besucher 1x auf dem Gelände übernachten.

3 km nach dem Vogelpark links Richtung Versailleux und nach 2,5 km wieder rechts bis zum Ortsbeginn von Birieux. Dort rechts schöner **Parkplatz** mit Wasserhahn, Bank und Boule-Bahn [N 45° 57' 12.5" E 5° 2' 21.8"].
Von der »D 1083« auf die »A 46«, auf dem 40-km-Autobahnring "Rocade Est/N 346" südlich um Lyon herum, den Wegweisern Marseille bzw. später St. Etienne auf die »A 47« folgen, die in die »N 88« übergeht.
Bei >km 15< rechts Richtung Bas-En-Basset an der Loire. Dort Campingplatz "La Garenne".

Ü 12: Hinter der Loire-Brücke links nach Beauzac. Unmittelbar nach dem Ortsschild geht es rechts zu dem großen **Parkplatz** [N45° 15' 43.2" E4° 6' 11.1"] mit Ver-/Entsorgung. Tisch & Bank fehlen. Wenn Sie das stört, fahren Sie einfach 12 km weiter nach Süden bis Retournac.

Ü 13: In Retournac überquert man im Tal die Bahnlinie und rollt unmittelbar hinter ihr links zur Aire de Picnic.
Ein kleiner Teil des **Picknickplatzes** [N45° 12' 11.7" E4° 2' 43.1"] ist für Wohnmobile reserviert. Fast noch schöner steht man benachbart am Ufer der Loire.
Zurück zur »N 88« und auf ihr weiter nach Le Puy-en-Velay; dort billige Tankstelle bei "Géant".

Ü 14: 8 km südlich des Ortsendes von Le Puy biegen wir rechts, folgen über Cayres den Wegweisern zum "Lac du Bouchet". Nach 8 km **Picknickplatz** [N 44° 54' 10.9" E 3° 47' 40.2"] und **Badeparkplatz** [N 44° 54' 10.9" E 3° 47' 40.2"] oberhalb des Vulkansees mit Badegelegenheit und Gaststätte.

Ü 15: Die **"Aire de la Salaison"** [N 44° 46' 31.7" E 3° 53' 14.7"] rechts vor Pradelles hat viel zu bieten: Kostenloser Stellplatz mit Ver- und Entsorgung, Tisch & Bank, Schattenbäume - und gegenüber eine riesige Auswahl beim Wurst- und Schinkenverkauf. Wenn nur nicht der Straßenlärm wäre! Im entgeht man, wenn man die entlegenen Stellplätze hinter der Verkaufshalle findet.

Ü 16: 30 km weiter südlich, am Ortsende von Langogne, nach rechts zum Stausee de Naussac abbiegen. An der "Base Nautic" viele **Stellplätze** [N 44° 44' 16.1" E 3° 50' 4.2"] (5 € incl. Entsorg.).

Ü 17: In der Ortsmitte von Mende biegt man rechts und findet hinter dem Intermarché einen für WOMOs reservierten **Stellplatzteil** [N44° 31' 13.6" E3° 29' 46.5"] (ohne jedwede Ausstattung, aber inmitten der schönen Stadt).

Nach Mende weiter die »N 88« entlang des Lot zur (mautfreien) Autobahn »A 75«, diese 26 km bis zur Abfahrt 42 bei Severac "Aire de l'Aveyron".

***Hinweis:** Die **Gorges du Tarn** sind ein lohnenswerter Umweg von nur 30 km. 7 km südlich Mende nimmt man die (steile) D 986 bis Ste Enemie, rollt die Schlucht talwärts bis Millau, nimmt dann die D 911, findet am Lac de Pont-de Salars einen Bade- und Picknickplatz und trifft bei Rodez wieder auf die Anreisestrecke (genaueres in unserem Buch "Mit dem Wohnmobil ins Languedoc/Roussillon").*

Ü 18: Weiter auf der »N 88«. Nach 25 km, in Laissac, kostenloser, **offizieller WOMO-Stellplatz** [N 44° 23' 9.7" E 2° 49' 18.2"] mit Ver- und Entsorgung, Wasser separat; nahebei preiswerte Tankstelle bei Ecomarché.
An der Umgehungsstraße von Rodez billige 24-h-Tankstellen (Géant/Leclerc).

Ü 19: Den **offiziellen Stellplatz** [N44° 21' 28.9" E2° 35' 37.8"] in Rodez (mit Ver-/Entsorgung) finden Sie aber nur, wenn Sie Richtung Zentrum fahren und dann links abbiegen (im Vorort Onet-le-Chateau).

Ü 20: Ortsbeginn Baraqueville preiswerte Tankstelle, in der Ortsmitte nach rechts dem Wegweiser zum ruhig gelegenen, **offiziellen WOMO-Stellplatz** [N 44° 16' 42.7" E 2° 26' 0.7"] mit Ver-/Entsorgungsstation, Wasser und Strom.

Die Umgehungsstraße führt uns weit um Carmaux herum,so dass wir am Ortsende nicht die billige 24-h-Tankstelle bei "Hyper U" passieren, Ersatz 2x an der Ortsumfahrung von Albi ("Leclerc" und "Intermarché").

Ü 21: Für den Stadtbummel günstig gelegener **offizieller WOMO-Stellplatz** [N43° 55' 38.7" E2° 08' 27.5"] hinter der Kathedrale von Albi (links von ihr den Tarn überqueren, dahinter rechts). Leider ist der Platz fast immer überfüllt.

Hinter Albi geht die »N 88« in die (mautfreie) »A 68« über.

Ü 22: Zum offiziellen Stellplatz von Lisle-sur-Tarn kommt man, wenn man die Sortie 9 nimmt, 3 km Richtung Gaillac und am Kreisverkehr links nach Lisle fährt. Am Ortsschild liegt links der "Lac de Bellevue" mit **Picknickplatz**, V/E, Wasser, Grillstellen, Tisch & Bank, Baumschatten [N 43° 51' 42.6" E 1° 49' 6.6"].

Achtung! Der Autobahnring (Peripherique exterieur bzw. Rocade Ouest, Wegweiser "Bordeaux", später "Tarbes/Pau/Auch") um Toulouse herum ist kostenlos, ein paar Kilometer davor (A 68) und dahinter (A 64) ist die Autobahn jedoch mautpflichtig. Hinter Sortie 28 "Aire du Volvestre" mit Picknickplatz und Ver- und Entsorgung, Tankstelle mit GPL.

Wir verlassen die »A 64« bei der Sortie 21 (Bousens), der letzten Ausfahrt vor der Mautstrecke. Nach 1300 m sind wir in Bousens und folgen dem WOMO-Entsorgungspiktogramm nach links.

Ü 23: Leider finden wir nur einen **Picknickplatz** [N43° 10' 40.2" E0° 58' 27.6"] für 2-3 Wohnmobile neben der Ver-/Entsorgungsstation vor. Ein nettes Plätzchen, jedoch hört man die Autobahn deutlich rauschen.

Ü 24: Wir fahren weiter nach Saint-Martory und stoßen dort direkt auf den **Parkplatz** [N43° 8' 30.6" E0° 55' 43.6"] am Garonne-Fluss mit Ver-/Entsorgung und WC. Der Platz liegt direkt an der Straße, ist folglich nicht ruhig.

Weiter auf der >N 817< bis St. Gaudens. Dort LIDL und preiswerte Tankstelle bei Leclerc. Am Ortsende überqueren wir die Garonne, unsere Wegweiser lauten nun Luchon/Lerida/Espagne par Val d'Aran. 25 km vor Vielha überqueren wir die französisch-spanische Grenze.

Diagonalroute II – unser Heimreisetipp!

(920 km Biarritz/Bayonne - Mulhouse, ca. 32 Euro Maut)
Bayonne - A 63 (3x Maut) - Ü25 - Bordeaux - A 10 - N 10 - Ü26- Angoulême - N 141 - Chasseneuil - D 951 - Bellac - N 145 - Ü27 - Guéret - Ü28 - Montluçon - D 2371 - Ü29 - Montmarault - Ü30 - N 79 - Ü31 - Digoin - Ü32 - N 70 - Blanzy - Ü33 - N 80 - Chalon s. S. - N 73 - Ü34 - Dole - Ü35 - Dampierre - Ü36 - Saint Vit - A 36 - Mulhouse.

Die Autobahnparkplätze zwischen Biarritz und Bordeaux bieten meist Baumschatten, Toiletten und Wasserhähne und sind bedingt zur Übernachtung geeignet (Verkehr, Kriminalität!). Die weitläufigste: Aire L'Ocean-Est (mit Ver-/Entsorgung) zwischen Sortie 12 und 13.
Ü 25: A 63 bei Ausfahrt 20 Richtung Belin-Béliet verlassen; nach 3000 m links zur einsamen "Eglise de Mons". Riesige **Parkplatzwiese** [N 44° 28' 16.4" W0° 48' 18.4"], Wasserhahn am Friedhofstor und bei naher Quelle im Wald.

Über Belin-Béliet zurück zur Autobahn. Auf der Rocade ostwärts um Bordeaux herum, dann zunächst 4-spurig und sehr verkehrsreich Richtung Angoulême. "Aire de Bédenac" (19 km seit der AB) rechts der Straße hinter einer Esso-Tankstelle. Weitläufige **Picknickanlage** im Pinienwald mit Tischen und Bänken, Toiletten und Ver-/Entsorgung [N 45° 10' 28.1" W 0° 20' 6.8"], leider sehr laut.
Ü 26: Fährt man 1,5 km weiter auf der >N 10< und biegt dann rechts nach Bedenac ab, so findet man dort gegenüber der Kirche großen, ruhigen Picknickplatz mit WC und Waschbecken.

In La Rochefoucauld muss man unbedingt das herrliche Schloss besichtigen – und kann dann am Ortsende preiswert bei "Leclerc" tanken.

Ü 27: 4,5 km hinter Bellac, bei »km 5,3«, überquert die »N 145« das Flüsschen Gartempe. Vor und hinter der Brücke geht's links zur alten Brücke. Dort findet man ziemlich ruhige und schattige **Parkplätze** [N 46° 9' 7.7" E 1° 6' 18.4"].

Ü 28a: 16 km östlich Guéret Ausfahrt 45 Jarnages. Nach 1,5 km links noch 800 m zur Wiese am Etang Neuf mit Schattenbirken [N 46° 11' 51.4" E 2° 5' 4.8"].

Ü 28b: In der Ortsmitte von Jarnages, vor der Post, rechts zum **offiziellen WOMO-Stellplatz** [N 46° 11' 3.4" E 2° 5' 52.1"] am See mit Tischen & Bänken, Schattenbäumen, Liegewiese, Kinderspielplatz sowie Ver-/Entsorgung.

Ü 29: 15 km östlich Montluçon, in Doyet, rechts (Wegweiser: Hyds) 500 m zu **Parkplätzen** bei den Sportanlagen (Complexe sportif) mit Bänken, Toilette und Kinderspielplatz [N 46° 19' 56.1" E 2° 48' 1.1"].

Ü 30: In Montmarault am Minikreisel nach rechts den Wegweisern "Aire de Campingcar" zu einem schön angelegten **offiziellen WOMO-Picknickplatz** [N46° 19' 4.8" E2° 57' 18.6"] mit Ver-/Entsorgung, Tisch & Bank, Liegewiese, Kinderspielplatz.

Ü 31: Bei »km 46,6« die »N 79« nach Montbeugny verlassen. **Parkplätze** gleich beim Sportplatz rechts (mit Tisch & Bank und Kinderspielplatz) oder weiter Richtung Lusigny und am Ortsende links zum ruhigen **Bahnhofsparkplatz** [N 46° 31' 57.7" E 3° 29' 33.7"] (nachts fährt hier kein Zug!).
Ü 32: Ausfahrt 23 Richtung Digoin Centre bis zur Loire (Wegweiser: Pont canal). Schöne **Stellplätze** [N 46° 28' 48.5" E 3° 58' 26.5"] am Fluss mit Ver-/Entsorgung, Strom ; preiswerte Tankstellen bei "Intermarché" und "Leclerc".

Ü 33: In Blanzy die »N 70« verlassen (Wegweiser: "Blanzy Centre"), dann 4 km den Hinweisschildern Barrage (Stausee) de la Sorme folgen. Direkt am Ufer reichlich ruhige **Stellplätze** [N 46° 43' 5.2" E 4° 21' 25.3"]; auf dem Weg zum Stausee nach 600 m links das Bergwerksmuseum (Musee de la Mine).
Ü 34: 20 km nach Chalon, in Sermesse, links 500 m nach Saunières. Direkt hinter der Doubs-Brücke links hinab zur **Wiese** am Fluss [N 46° 54' 9.5" E 5° 4' 59.8"]. Vor Dole, gegenüber dem Flughafen, Supermarkt "Super U" mit günstiger Tankstelle.
Ü 35: Fährt man Richtung Dole-Centre (und nicht die Umgehungsstraße), so findet man hinter dem Rhein-Rhone-Kanal links einen großen **Parkplatz** [N47° 5' 25.4" E5° 29' 49.4"] beim Stadion mit Fußgängerbrücke zur schönen Altstadt.

Ü 36: In Dampierre folgt man in der Ortsmitte nach rechts dem Tisch-Baum-Symbol und fährt rechts der Kirche schmal und steil hinab zum Ufer des Doubs. Schattige **Wiese** unter Laubbäumen, Tische und Bänke, riesige Karstquelle, Parkmöglichkeit nur noch am Wegrand [N 47° 9' 6.1" E 5° 44' 15.4"].
In St. Vit letzte preiswerte Tankstellen (Supermärkte "Intermarché", "Netto", "Super U") rechts der Straße, 9 km später Autobahnauffahrt.

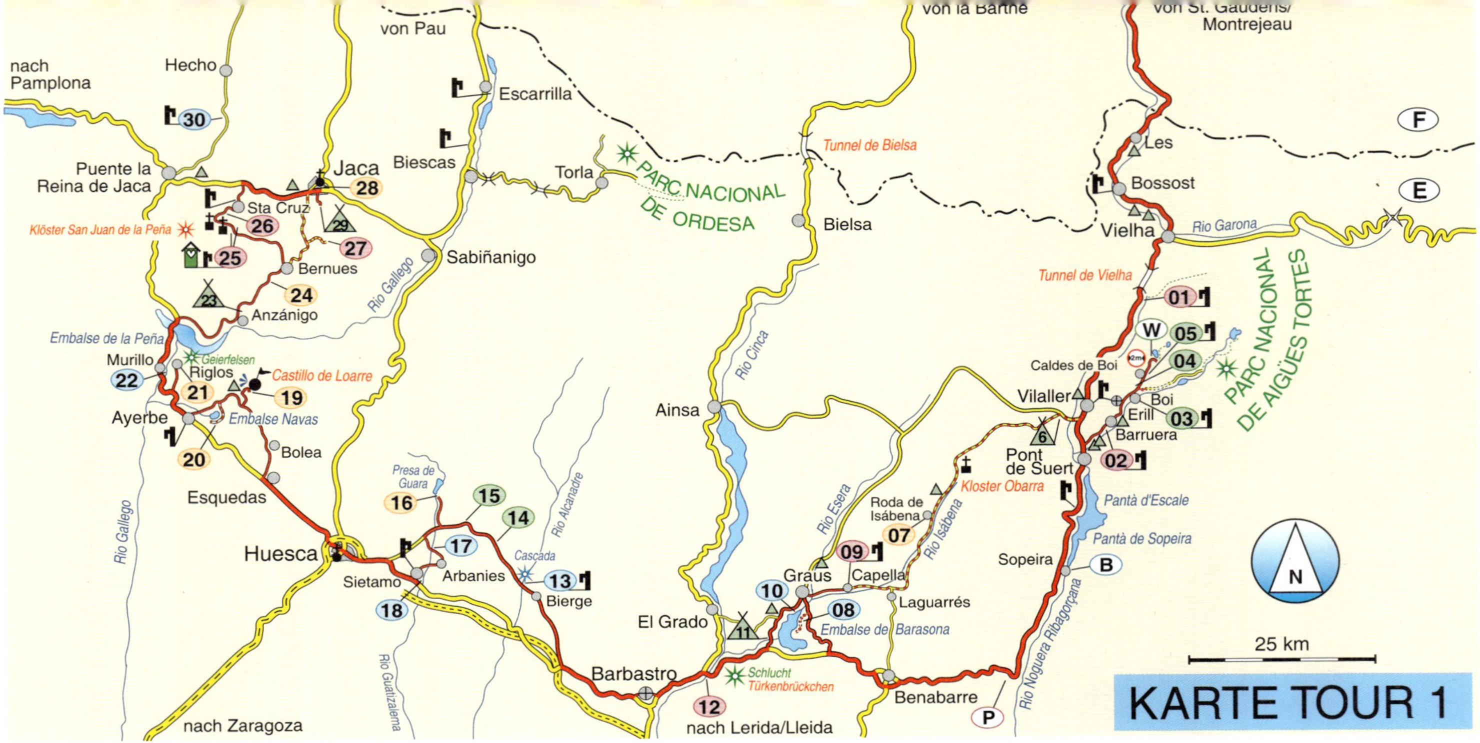
KARTE TOUR 1
25 km
N
von Pau
von la Barthe
von St. Gaudens/ Montrejeau
nach Pamplona
nach Zaragoza
nach Lerida/Lleida
Hecho
Puente la Reina de Jaca
Jaca
Escarrilla
Biescas
Torla
Sabiñanigo
Sta Cruz
Bernues
Anzánigo
Murillo
Riglos
Ayerbe
Bolea
Esquedas
Huesca
Sietamo
Arbanies
Bierge
Barbastro
El Grado
Ainsa
Bielsa
Graus
Capella
Laguarrés
Roda de Isábena
Benabarre
Sopeira
Pont de Suert
Vilaller
Caldes de Boi
Boi
Erill
Barruera
Vielha
Bossost
Les
Klöster San Juan de la Peña
Castillo de Loarre
Geierfelsen
Embalse de la Peña
Embalse Navas
Presa de Guara
Cascada
Schlucht Türkenbrückchen
Embalse de Barasona
Kloster Obarra
Pantà d'Escale
Pantà de Sopeira
Tunnel de Bielsa
Tunnel de Vielha
PARC NACIONAL DE ORDESA
PARC NACIONAL DE AIGÜES TORTES
Rio Gallego
Rio Guatizalema
Rio Alcanadre
Rio Cinca
Rio Esera
Rio Isábena
Rio Noguera Ribagorçana
Rio Garona
F
E
B
P
W
01
02
03
04
05
6
07
08
09
10
11
12
13
14
15
16
17
18
19
20
21
22
23
24
25
26
27
28
29
30

TOUR 1 (ca. 400 km / 2-3 Tage)

Vielha – Nationalpark Aigües Tortes – Graus – Embalse de Barasona – Huesca – Castillo Loarre – Los Mallos – Monasterio San Juan de la Peña – Jaca

Freie Übernachtung:	u. a. südl. Vielha-Tunnel, NP Aigües Tortes, Emb. Barasona, Cascade de Bierge, Castillo de Loarre, Embalse Navas, Roglos, Murillo, Monasterio de la Peña, Jaca.
Trinkwasserstellen:	Vilaller, Barruera, Boi, Erill la Vall, Capella, Sietamo, Ayerbe, Monasterio de la Peña.
Campingplätze:	Barruera, Embalse de Barasona, Anzánigo, südl. & westl. Jaca.
Baden:	Capella, Embalse de Barasona, Rio Alcanadre (Cascada de Bierge), Rio Guatizalema, Embalse de la Peña.
Besichtigungen:	u. a. NP Aigües Tortes, Graus, Rio-Esera-Schlucht, Huesca, Castillo Loarre, Riglos (Geierfelsen), Monasterio de la Peña.
Wanderungen:	NP Aigües Tortes.

Ob wir es diesmal schaffen?
Nein! Auch bei unserer soundsovielten TOULOUSE-Durchquerung verfranzen wir uns und schwören uns zum allerletzten Male, in Zukunft nur noch den Autobahnring zu benutzen (was wir Ihnen, lieber Leser, hiermit ebenfalls ans Herz legen!).
90 km südwestlich von TOULOUSE verlassen wir die Autobahn an der Anschlussstelle 21 "Bousens", über SAINT GAUDENS geht's Richtung LUCHON/LERIDA/Espagne par Val d'Aran (deutsch: Nach Spanien durchs Aran-Tal).
Nach 18 km stoppen wir an der "Aire de Fronsac", telefonieren wir nochmal mit den Lieben daheim, weil Toiletten mit Außenwasserhahn, Schattenbäume und Liegewiesen so günstig beieinander versammelt sind [N 42° 57' 27.8" E 0° 38' 40.8"].
Etwa 18 km Kilometer später rollen wir, vorbei an einem verlassenen Grenzposten, hinüber in unser Urlaubsland. Seit TOULOUSE folgten wir mehr oder weniger dem Lauf der **Garonne**, jetzt begleiten wir ihren wild schäumenden Oberlauf, der hier natürlich **Rio Garona** heißt. Mühsame Sprengarbeiten waren notwendig, um den gewundenen Verlauf der Straße vom Fluss zu lösen, sie breiter und "schneller" zu machen. Im Vorbeifahren entdecken wir in der Ortsmitte von BOSSOST rechterhand einen **Brunnen** unter Bäumen, dann blicken wir hinüber zu den **Campingplätzen** von LA BORDETA, die diesseits und jenseits des Flusses liegen.
Die Hänge der spanischen Pyrenäen bieten eine günstige, umweltfreundliche, wenn auch nicht immer optisch besonders

elegante Möglichkeit der Energiegewinnung. Von höher gelegenen Stauseen schießt das Wasser durch gewaltige Rohre hinab auf Turbinenschaufeln, die erste dieser Riesenwürste bekommen wir kurz hinter LA BORDETA (dahinter rechts wieder zwei **Campingplätze** am Fluss) und weitere auf den folgenden Kilometern zu sehen.

Kurz darauf durchqueren wir VIELHA, den Hauptort des **Aran-Tales** (linkerhand großer Supermarkt "Caprabo" mit Riesenauswahl hinter der Repsol-Tankstelle). Wir bleiben weiter auf der »N 230« Richtung VILALLER/LLEIDA/**Túnel de Vielha**.

Bis zu diesem Moment hatten wir angenommen, die Pyrenäen auf dieser Tour ohne Serpentinen zu überqueren – und werden nun eines Besseren belehrt: Es geht steil und in Schleifen bergauf. Wer es wagt, den Blick zu lösen von den Felsen, die ab und zu in die Fahrbahn hineinragen, der kann sich an den ersten, schneebedeckten Zweieinhalbtausendern erfreuen.

Fotogen steigt der Nebel aus dem Tal – daneben qualmt eine Müllhalde!

Wir haben aber, trotz der paar Serpentinen, einen der bequemsten Pyrenäenübergänge gewählt: Bereits in 1350 m Höhe tun sich vor uns die Röhren des alten (gesperrten) und neuen, dreispurigen **Vielha-Tunnels** auf (max. 80 km/h).

Seit der spanischen Grenze hatte uns leichter, aber andauernder Nieselregen begleitet. Als wir nach 5,2 km südlich des Gebirgskammes das Innere der Pyrenäen verlassen, lacht uns blauer Himmel an.

Sofort hat die Natur ein anderes Gesicht: Von den Wiesen strahlen zwischen gewaltigen Granittrümmern die großen, gelben Blütenstände des Enzians. Ob man seine Wurzeln auch hier zur Destillation dieses fürchterlichen Schnapses verwendet, auf dessen Geschmack ich immer noch nicht gekommen bin? 1000 m südlich des Tunnelendes schwenken wir nach links über die Sammeltransportspuren zu einem weitläufigen Wiesengelände. Hier kann man die Weißweinflasche (oder die Füße) in den rauschenden Fluss hängen – die 12°C sind ideal für den Wein, die Füße laufen nach etwa fünf Minuten blau an!

(001) WOMO-Picknickplatz: Vielha-Tunnel

GPS: N 42° 36' 53.0" E 0° 46' 04.1"; 1582 m. **max. WOMOs:** > 5.

Ausstattung/Lage: Brunnen, Mülleimer, Grillstellen, Tisch & Bank, Wiesen/außerorts.

Zufahrt: Von Vielha Richtung Lerida durch den Tunnel, 1000 m dahinter links

Falls Sie Ihren Spanienaufenthalt gleich mit einer ordentlichen Wanderung beginnen möchten: Von hier aus führt ein (markierter) **Wanderweg** nach Nordosten, entlang des **Riu de Valarties** bis zum Refugio (Schutzhütte) "La Restanca"....

Nach den zwei heißen Anfahrtstagen verlieben wir uns spontan in das kühle Gebirgsplätzchen, bummeln durch den Buchenwald auf der anderen Flussseite, wobei wir den Brunnen im Riesenfelsen und eine ganze Reihe von Grillstellen entdecken, essen gemütlich zu Abend – und haben nach dem kühlen Weißwein gar keine Lust mehr zum Weiterfahren.

Die Strafe folgt auf dem Fuße: Zunächst erschreckt uns in der Nacht ein gewaltiges Gewitter. Der Regen trommelt wie wild auf das WOMO-Dach direkt über meiner Nasenspitze, grelle Blitze fahren rosarot durch die geschlossenen Augenlider.

Am nächsten Morgen, vom Gewitter zeugen nur noch quadratmetergroße Pfützen rings ums WOMO, rollt, drei Mann hoch, die Guardia Civil an. Diese Polizeitruppe hatte zu Francos Zeiten bei der spanischen Bevölkerung nicht gerade einen guten Ruf....

„Angriff ist die beste Verteidigung!“ sage ich mir, und begrüße die Gesetzeshüter mit meinem besten Spanisch. Aber, oh

Wunder – man antwortet während einer prüfenden Runde nur mit freundlichem: „Buenos días!“ und: „Hace buen tiempo!“
Genau dies wünschen wir uns für die nächsten Wochen, rollen wenig später durch ein einmaliges Naturtheater aus strömendem Fluss, dicken Felsklötzen und steilen, aber doch bewaldeten Hängen hinab bis zu einem ersten, kleinen Stausee; an seinen Ufern ist jedoch kein vernünftiger Stellplatz zu entdecken. Das Wasser wäre zum Baden ohnehin viel zu eisig.
Vier Tunnels hat man in die überhängenden Gebirgsmassen gehackt, damit die Straße am Rande des Tales bequem nach Süden ziehen kann. Wir durchqueren BONO, nur ein paar Häuser am Straßenrand.
Das Tal hat jetzt schon eine flachere Trogform angenommen, Landwirtschaft bestimmt das Bild, der spärliche Sommerrest des Flusses schlängelt sich durch die Schutt- und Schottermassen, die er während der Schneeschmelze mitgerissen hat. Die Häuser der kleinen Ortschaften, errichtet aus Naturstein, mit braunroten, bemoosten Ziegeln gedeckt, sehen alle gleich aus, ähneln Felsklötzen.
Der erste "richtige" Ort ist VILALLER. Um einen sechseckigen

Kirchturm scharen sich wie Küken um die Glucke die Altstadthäuser, an der Durchfahrtsstraße findet man Supermarkt, Metzgereien und den Bäckerladen – und am Ende des Ortes links, bei einer Mini-Freizeitanlage, einen **Messingwasserhahn** an einer Steinmauer.
Noch etwa 7 km rollen wir weiter auf der N 230, einer breiten, gepflegten Asphaltstraße. Dann, genau 26 km nach dem Tunnel von Vielha, biegen wir links Richtung CALDES DE BOI/Aigües Tortes.
Nach 10,5 km, noch vor BARRUERA, entdecken wir den schönsten Picknick- und Wanderparkplatz des Tales:

(002) WOMO-Picknick-platz: Barruera/Val de Boi

GPS: N 42° 29' 59.8" E 0° 47' 32.8"
max. WOMOs: > 5.
Ausstattung/Lage: Brunnen, Mülleimer, Grillstellen, Tisch & Bank, Wiesen, Flaniermeile am Fluss, Schwimmbad 100 m/außerorts.
Zufahrt: 26 km südlich des Vielha-Tunnels links, dann nach 10,5 km rechts am Fluss.

Hinweis: Die Info-Stelle des NSG in Graus bestätigte mir auf meine Nachfrage, dass man am Picknickplatz eine Nacht mit dem WOMO stehen darf (trotz gegenteiligen Hinweisschildes)! Wer länger bleiben möchte, ist gut auf dem benachbarten Campingplatz "Boneta" (WOMO + 2 Pers.: 20 € + 5 € Strom). in Barruera aufgehoben [N42° 30' 12.3" E0° 48' 3.2"].
5 km später geht's rechts nach BOI. Dort findet man nicht nur die Info-Stelle für den **Parc National de Aigües Tortes i Estany de Sant Maurici**, sondern unterhalb der Kirche auch einen neuen, großen (Wander-)**Parkplatz** mit Sitzbänken und Brunnen.

(003) WOMO-Wanderparkplatz: Boi
GPS: N 42° 31' 21.4" E 0° 49' 57.4"; 1255 m.
max. WOMOs: 2-3.
Ausstattung/Lage: Mülleimer, Brunnen, Gaststätten, Jeeptransport ins NSG/Ortsrand.
Zufahrt: 26 km südlich des Vielha-Tunnels links, dann nach 15 km rechts zum Ort.

Warum das für Sie ein Wanderparkplatz sein könnte, erfahren Sie, wenn Sie wenig später am Beginn des NSG an einer Schranke gestoppt werden: „Selbstverständlich haben wir Informationsmaterial für Sie! Selbstverständlich können Sie hier parken!! Aber weiterfahren dürfen Sie nicht!!!“
Während ich auf der Wanderkarte gerade zusammenrechne, dass bis zum Beginn des NSG noch flotte 8 km zu marschieren wären, rollen einige Landrover durch die Schranke. Mein Gesicht spricht offensichtlich Bände, was dem Parkwächter folgende Auskunft entlockt: „In BOI können Sie parken und mit dem Taxi bis ins NSG fahren (hin und zurück ca. 10 Euro)!“
Ich diskutiere nicht lange – sondern schnalle die Mountainbikes vom Heck, während Waltraud die Rucksäcke packt!
Hinweis: Die Taxis holen ihre Kunden natürlich an jedem Ort ab, zu dem sie gerufen werden.

Die nächsten 3400 m kann man ohne Übertreibung als schweißtreibend bezeichnen, dann beginnt das eigentliche Naturparkareal mit einem Vorgeschmack auf die zu erwartenden Naturschönheiten, dass uns fast die Spucke weg bleibt: Am **Estany de la Llebreta** fahren wir entlang, dessen unberührter Wasserspiegel petrolfarben die Sonne widerspiegelt, an einer Riesenkaskade, die weiß gischtend neben der Straße hinabschießt, eingefasst in eine blühende Naturkulisse, die zum Hinsetzen und Träumen verführt....

Am Ende der Teerstraße erhalten wir an einem Informationsstand von den überaus freundlichen Parkwächtern letzte Auskünfte, sogar eine deutschsprachige Broschüre.

Dann aber werden die Bergstiefel "angeschnallt", Rucksack über – und los geht es! Eine bunte Vegetation aus gelben und roten Fingerhüten, über und über rosa blühenden Rosenbüschen, blauem Eisenhut, verschiedenen Steinbrecharten und dem Pyrenäenmannstreu, einer gefährlich aussehenden Distel, deren metallisch glänzende Stachelspitzen im Kreis um die blaue Doldenblüte stehen, setzt die Farbtupfer in die Trockenheidelandschaft aus Wacholder und Kiefern.

Kaum haben wir die ersten Schritte auf dem sandigen Wanderweg getan, rauschen uns schon die "**Aigües Tortes**", die "sich windenden Wasser" entgegen, ein Naturschauspiel ersten Ranges: Durch eine ebene Wald- und Wiesenfläche ziehen sich, wie ein feines Haarnetz, die Wasserfäden; man versteht, dass es sich um einen verlandeten See handelt.

Hölzerne Brückchen (Foto) sind über die Wasserläufe gespannt, man kann sich auf den weichen Graspolstern niederlassen – aber wo? Das Auge findet keine Ruhe, entdeckt immer noch schönere Blickwinkel, und das Zählwerk am Fotoapparat gleicht einem Minutenzeiger .

Hier bleibt jeder Baum liegen, wie er altersschwach fällt. Malerisch ragen die toten Äste in den Himmel, um ihn herum wuchern wie Unkraut Büschel von Alpenrosen. Auf den saftigen Wiesen wechseln sich gelber Hahnenfuß, rosaviolette Knabenkrautorchideen, himmelblaue Glockenblumen und stahlblaue Akelei ab.
Der Wanderweg führt mitten durch die Höhepunkte der optischen Genüsse hindurch, steigt nach einer weiteren halben Stunde leicht an, das Wasser schießt jetzt mit stärkerem Gefälle über die Steine. Links des Weges hat man eine **Quelle** gefasst und wir tanken nach, mischen uns, je nach Geschmack Brausepulver unter oder genießen "Natur pur".
Kurz darauf erreichen wir eine zweite Ebene, nur vereinzelt stehen Kiefern im Wiesengelände, durch das sich die Bachläufe schlängeln: Lustige Knüppeldammbrückchen sorgen für fotogenen Vordergrund und trockene Füße; ein großes Lob gebührt den Parkwächtern, die mit viel Fingerspitzengefühl genau so viel getan haben, dass die Naturidylle vollständig erhalten blieb und doch bequem erwandert werden kann.
Ein letztes steiles Wegstück führt uns oberhalb des Flusslaufes zunächst zum "**Refugio (Wanderhütte) d' Estany Llong**" (bewirtschaftet) und nach weiteren fünf Minuten erblicken wir Ziel und Ende unserer Naturparkwanderung, den **Llong-See**, der fast schwarzgrün inmitten der bis 3000 m hohen Felsgiganten schimmert. Wir gehen noch 200 Schritte am rechten Ufer entlang, bis wir an seinem Wiesenrand, dort, bei der kleinen Kieferngruppe, den schönsten Picknick- und Plätscherplatz gefunden haben.
Der **Estany Llong** liegt im steilen Talschluss. Gegenüber, im Norden, hängen Schuttfahnen in sein Ufer, rechts, im Hintergrund, ergießt sich der Ablauf des noch höher gelegenen **Estany Redo** als **Wasserfall** in

ihn hinein. Nur im Süden, in unserem Rücken, zieht alter Kiefernwald über den Höhenrücken, der den westlichen Teil des Naturparkes vom östlichen mit dem großen **Sant-Maurici-See** trennt. Das "Unterholz" des Waldes, welch dürres Wort, ist ein wuchernder, blütenübersäter Alpenrosengarten, das Auge schwankt unaufhörlich zwischen Begeisterung und Gewöhnung hin und her, entdeckt schließlich, zur "Erholung", die silbern schäumende Kaskade eines Sturzbaches ....
Wir studieren Karte und Wanderwegweiser: "Echte" Bergziegen würden hier, am **Llong-See**, nur kurz durchatmen – und eine der vielen Anschlusswanderungen in Angriff nehmen, z. B. bis zum nächsten Refugio am **Sant-Maurici-See**!
Selten haben wir uns bei einer Wanderung so auf den Rückmarsch, auf eine Neuauflage des optischen Vergnügens gefreut. Der forschende Blick des Blumenfreundes entdeckt jetzt auch die versteckteren Genüsse, wie das insektenverdauende Fettkraut: Auf den nach innen gerollten Blättern der Bodenrosette liegen immer einige "Fleischhappen", darüber wippt die schöne, blaue Blüte mit dem eleganten, langen Sporn, so, als habe sie mit der "Fleischbeschau" zu ihren Füßen nichts zu tun. An feuchten, schattigen Stellen wuchert der bis zu einem Meter hohe Pyrenäenbaldrian mit seinen rosafarbenen Blütenkugeln.
Genau eineinhalb Stunden brauchen wir für Rückmarsch und Rückfahrt, so dass wir für die gesamte Wanderung mit gemütlicher Picknickpause etwa fünf Stunden veranschlagen würden. Wir sind uns jedenfalls einig: Der **Aigües-Tortes-Nationalpark** ist eine der malerischsten Stellen Europas!

Nun kann es sein, dass Sie keine Fahrräder dabei haben, aber trotzdem wandern möchten!? Auch dafür haben wir Vorschläge: An der Abzweigung zum Nationalpark liegt linkerhand ein großer

(004) WOMO-Wanderparkplatz: Boi + 1400 m

GPS: N 42° 32' 34.0" E 0° 50' 19.6"; 1322 m.
max. WOMOs: > 5.
Ausstattung/Lage: Wanderweg/außerorts.
Zufahrt: 26 km südlich des Vielha-Tunnels links, dann nach 16 km links der Straße.

Schräg gegenüber führt der "Cami dels Enamorats" entlang eines

prächtig schäumenden Flüsschens ins NSG hinein ...
Nächster Vorschlag: Sie rollen einfach an der Zufahrt zum NSG vorbei und erreichen nach 2,6 km die Abzweigung zum Heilbad CALDES DE BOI; gegenüber der Abzweigung **Brunnen** und der nächste **Wanderparkplatz** [**005:** N42° 33' 45.6" E0° 50' 35.4"; 1476 m].
Letzter Vorschlag: Sie haben ein WOMO mit maximal 2 m Breite? Dann fahren Sie weiter zum **Stausee Cavallers**.
Erschrecken Sie nicht nach 500 m! Wieder werden Sie an einem NSG-Informationsstand mit Material versorgt – dürfen aber auf schmaler (?) Teerbahn noch ca. 4 km weiterturnen bis zur Sohle der gewaltigen Staumauer [N 42 35' 4.0" E 0 51' 18.0"]. Dort gibt es reichlich ruhigen Parkraum und den Beginn eines schönen Wanderweges zum **Estany Negre**, dem **Schwarzen See**.

Wir steigen zur Staudammkrone hinauf, marschieren am rechten Rand des Sees entlang. Unter der senkrechten, grün-schwarz bemoosten Wand geht's bis zum Ende des Sees, wo wir bei einem gischtenden Wasserfall die erste Pause machen. Die Flora ist ähnlich der des Vortages, dazu kommen rosafarbene Lilien, Knabenkrautorchideen, gelber und blauer Eisenhut (Foto), roter Fingerhut ...

Eine geröllübersäte Wiesenfläche (Planell de Riu Malo) bildet den Talschluss. Rechts des Wasserfallflüsschens geht es weiter und dann steil den Hang empor über kleine Matten und rundgeschliffene Felsklöße. Der Gegenverkehr besteht aus friedlichen, weil dicken Kühen, die vor lauter Behäbigkeit den Weg zur Toilette nicht gefunden haben und den ganzen Weg vollkleckern.

Picknick am Estany Negre

Nach 2 1/2 Stunden sitzen wir oberhalb des Schwarzen Sees, genießen den Rundblick und stellen zufrieden fest: Auch dieser Teil des Naturschutzgebietes ist sehenswert – und längst nicht so überlaufen wie die "Taxiroute"! Der Rückweg ist mit 1 1/2 Stunden ein Klacks.

Natürlich testen wir auch den **Staudammparkplatz** (Foto) bei Nacht und dürfen vermelden: Ruhig, idyllisch, empfehlenswert!

„Talwärts holpert es sich bequemer", meint meine Copilotin und steckt ihr Näschen wieder in den Michelin-Führer: „Die schönsten romanischen Kirchen der Pyrenäen befinden sich im Tal des **Noguera de Tort**!" bekomme ich dann zu hören und kaum, dass wir in CALDES DE BOI einmal durch den gepflegten Kurpark gerannt sind, die Anweisung: „Rechts, in ERILL-LA-VALL, gucken wir uns die Kirche an!"

Der 200-m-Abstecher lohnt sich! Die **Kirche Santa Eulalia** ist, wie das ganze Dorf, aus den Granitsteinen der Umgebung erbaut. Von jeder Etage des sechsstöckigen Glockenturmes könnte man durch doppelte, romanische Rundbogenfenster weit auf die anderen Gebäude hinabblicken. Auch die Vorhalle des einfachen Kirchenschiffes ist abgestützt von vier Rundbögen. Eine ganze Reihe weiterer Kirchen müsste besichtigt werden, allen voran die in TAÜLL, aber allein der Blick auf die Karte belehrt uns, dass vor dem Genuss des Kirchenanblicks die Mühen vieler Serpentinen kämen – und verzichten!

Romanische Kirche Sta. Eulalia

Die einfacher und schneller zu fahrende Route nach GRAUS

Schnell erreichen wir wieder die N 230, rollen, ja schweben in eleganten Kurven gen Süden Richtung LERIDA (LLEIDA).
Der **Noguera Ribagorçana**, der sich durch sein breites Schotterbett windet, führt trotz der Hochsommerzeit erstaunlich große Wassermengen. Dort, wo er den Felshang abgenagt hat, erkennen wir jedoch "Höhenlinien", die für die Tauwetterperiode ganz andere Fluten andeuten. Die ausgezeichnete Straße sucht sich weiter oben breitere Bahn, tief unten zieht der Fluss dahin, erweitert sich zum **Embalse de Sopeira**. An der gewaltigen Staumauer, die zur Hälfte trocken steht, erkennt man, dass die Vorräte fast erschöpft sind, denn der untere Teil drängt sich ja im schmalen Tal, während es sich nach oben stark erweitert. Die Ufer des Stausees sind kahl, felsig – wohl kein Baderevier!? Bei »km 112« linkerhand ein verlassenes Dorf (auch ein Stausee fordert Opfer!), bei »km 111,7« führt eine zerfurchte Schotterpiste hinab zum Ufer. Kein idyllisches Plätzchen – aber man steht direkt am Kiesstrand und das Wasser macht keinen schlechten Eindruck!
Bei »km 111«, 200 m vor dem dritten Tunnel, links der Straße ein **Aussichtsplatz**, gegenüber ein **Brunnen**.
Der kleine Parkplatz unmittelbar hinter dem fünften Tunnel (Achtung, langsam fahren!) wäre genau richtig, falls Sie die Staumauer in Ruhe aus der Nähe besichtigen möchten.
Wer jetzt fürchterlich enttäuscht ist wegen des bescheidenen Badevergnügens, der kann nach dem elften Tunnel links nach SOPEIRA abbiegen. Hier sind wir zwar bereits unterhalb des Stausees, dafür fließt aber das Wasser reichlich! Auch für technisch Interessierte ist gesorgt: Geradeaus gelangt man zur Umspannstation des Kraftwerkes; die alte Römerbrücke, pietätvoll erhalten, endet blind an ihrer Mauer. Aus dem Berg stürzt und sprudelt das Turbinenwasser. Biegt man vorher rechts, kommt man zum romanischen Kloster "**Santa Maria de Alaon**", das mit seinen Friesbögen und mosaikartigen Fußbodenverzierungen durchaus sehenswert ist.
An ihm vorbei führt die Straße zum Tennisplatz – und vor ihm links zu den zwar lehmtrüben, aber badewarmen Fluten des **Noguera Ribagorçana**. An seinem Ufer liegt ein schönes Plätzchen unter Trauerweiden ....

Wir düsen weiter nach Süden, die Berge weichen langsam zurück, werden niedriger, rechts und links begleiten uns gelbe Hafer- und Gerstenfelder, vom Weizen sind nur noch die Stoppeln zu sehen, die Farbe der Felsen wandelt sich vom rostigen Rot über Saharabeige zu tonigem Grau.
Die Reste unseres Flüsschens, ausgebeutet von umfangreichen Bewässerungsanlagen, werden immer spärlicher – dafür bekommt es nun eine kräftiggrüne Farbe, wirklich nur noch etwas für feuchtelechzende Frösche. Trauer kommt deshalb nicht auf, als die N 230 ihn südlich von PUENTE DE MONTAÑANA nach Westen verlässt. In sanften Schleifen sausen wir hügelan, ein sommertrockenes Flussbett begleitet uns, dunkelgrüne Pinien beherrschen das Landschaftsbild, sonst überwiegt trockenes Braungelb. Ein kahler Berggipfel mit einer runden Turmröhre schiebt sich ins Blickfeld. An seinem Fuße hat die N 230 ihren Scheitelpunkt erreicht, zieht nun wieder

hinab. Wir überqueren ein Flussbett mit dem Namen **Rio Seco**, das seinem Namen alle Ehre macht.

Das müßig schweifende Auge stellt fest, dass wir bereits auf der dritten Generation der N 230 dahinrollen: Links krebst ein Eselskarrenweg am Hang entlang, rechts sichten wir ab und zu die Bögen der alten Teerstraße (ab und zu mit Picknickplätzen), die noch, höhenlinienbewusst, jeder Einbuchtung des Hanges eifrig folgte, jeden Felsvorsprung ängstlich umrundete. Unsere Bahn, wie mit dem heißen Messer durch weiche Butter gezogen, zieht unbeirrt dahin, unter sich die zermahlenen Reste der weggesprengten Hindernisse.

Der Ort BENABARRE wird überragt von wuchtigen Festungsruinen, zwischen ihnen sind die Mauern der Kirche, der romanischen **Kathedrale von Roda**, noch am besten erhalten.

Besichtigung? Es ist heiß, zu heiß! Seufzend denken wir an die sich windenden Wasser ....

Hinter BENABARRE zweigen wir rechts ab Richtung GRAUS/HUESCA auf die N 123. Diese Straße ist fast noch schöner als die N 230 (ebenfalls dritte Generation), man kommt fast ins Träumen – und verpasst leicht bei TORRES DEL OBISPO die Abzweigung in die N 123 a nach GRAUS!!!

Dieser Routenabschnitt hatte uns nie so richtig begeistern können. Deshalb haben wir – für Sie und uns – eine "Gebirgsalternative" erarbeitet:

Auf der N 230 geht's 3,5 km zurück Richtung VILLALER, dann links Richtung CASTEJON DE SOS. Nach 500 m bekommen wir an einem Tourismus-Häuschen eine Karte der Region und nach 2,3 km schwenken wir links in unser Gebirgssträßchen (Wegweiser u.a. BONANSA/GRAUS).

Genau hier liegt der **Campingplatz "Baliera"** [**006:** N42° 26' 23.4" E0° 41' 55.3"], sehr schön in Terrassen angelegt (WOMO + 2 Pers.: 26-33 €, Strom 6 €).

Die Strecke erfüllt unsere Wünsche an eine Gebirgsstrecke in vollem Maße: Passstraße, Tunnel, Felsdurchbrüche, die Schlucht des **Rio Isabena** (Congosto de Obarra) mit kreisenden Geiern, am Pass Puerto de Bonansa ein **Wanderparkplatz** (auch für Behinderte) [N42° 25' 27.5" E0° 38' 46.5"] und als kultureller Höhepunkt die Klosterkirche des **Monasterio**

de Obarra [N 42° 23' 40.5" E 0° 35' 47.7"] mit großem Parkplatz an der Straße. Glaubten wir!
Als nächstes musste bei dem Dörfchen SERRADUY ein Fotostop eingelegt werden. Auf einer vom Fluss unterspülten Felsplatte balancieren die vordersten Häuser des sehenswerten Dörfchens, dessen beide Teile durch eine stämmige Natursteinbogenbrücke verbunden sind.

Kurz darauf sind wir in ISABENA, wo am Ortsbeginn der gleichnamige **Campingplatz** seinen Kunden sogar einen großen Pool bietet [N42° 18' 25.2" E0° 32' 44.1"] (WOMO + 2 Pers.: 23-27 €, Strom 5 €).

2 km später machen wir einen Abstecher zum herausgeputzten Dörfchen RODA DE ISABENA mit einer der kleinsten **Kathedralen** Spaniens mit Kreuzgang. Der Parkplatz am Ortsbeginn [**007:** N 42° 17' 30.5" E 0° 31' 46.8"] ist aussichtsreich und übernachtungsgeeignet, nette Gasthöfe warten auf Sie!
400 m südlich zeigt ein Wegweiser nach links zu einer **Puente romanico** [N42° 17' 03.9" E0° 32' 09.1"].

Man kann links der Straße parken, muss aber auf einem Geröllweg vier Minuten zum Fluss hinabsteigen (unter der Brücke wartet eine große Badegumpe auf Sie).
Die restlichen 20 km bis CAPELLA, wo wir auf unseren Platz 009 treffen, sind schnell zurückgelegt (dort können Sie komfortabler baden!).

Kurz vor GRAUS werfen wir erwartungsvolle Blicke nach links, der **Embalse de Barasona (Emb. de Joaquin Costa)** ist auf unserer Karte eingezeichnet. Bei »km 31,6« sichten wir zwei Hinweisschilder mit den verheißungsvollen Aufschriften "**Area social de recreo**" und **"Base nautica"**, die links in einen breiten Weg hineinzeigen. Das "soziale Erholungsgebiet" bietet zunächst einige Zufahrten zum Seeufer. 200 m weiter im "Hinterland", in einer Lichtung des Kiefernwaldes, warten

Tische, Bänke und Grillstellen auf abendliche Partyfreunde. Nach nochmals 800 m kann man bei der "nautischen Basis" Bootchen mieten, ins Wasser hüpfen oder auf der Liegewiese relaxen [**008:** N 42° 8' 53.9" E 0° 20' 10.6"; 457 m].

Wir rollen weiter auf der Teerstraße gen GRAUS, schwenken hinter der Brücke über den **Rio Esera** rechts in den Ort. Nach ungefähr 500 m parken wir und marschieren nach rechts zur alten **Römerbrücke** – Fototermin!

Graus, römische Brücke über den Rio Esera

In der Ortsmitte schwenken wir rechts und erreichen nach 5 km CAPELLA. Dieses Örtchen versammelt an einem Platz seine ebenfalls sehenswerte Römerbrücke, das schöne Schwimmbad – und einen Picknickplatz!

(009) WOMO-Bade- und Picknickplatz: Capella

GPS: N 42° 11' 41.6" E 0° 23' 52.9"; 489 m. **max.WOMOs:**3-4.

Ausstattung/Lage: Tisch & Bank, Wasserhahn, Grillstelle, Schwimmbad, Mülleimer/ Ortsrand.

Zufahrt: Von Graus nach Osten 5 km bis Ortsmitte Capella rechts.

Zurück in GRAUS (Foto: Plaza Mayor) rollen wir am Kreisel halblinks, passieren die Touristen-Info und den Zugang zur Plaza Mayor, finden beim letzten Haus unter der großen Mauer der Iglesia de San Miguel einen ruhigen **Parkplatz** [N42° 11' 24.3" E0° 20' 04.5"].
Von hier aus können wir in aller Ruhe das Städtchen durchstreifen, die herrliche **Plaza Mayor** bewundern und auf der **Plaza de la Compaña** die Funktion der uralten **Ölpresse** erforschen.

Dann setzen wir unseren Weg auf der N 123 a fort, bleiben also rechts des **Rio Esera**, halten auf BARBASTRO zu. Und was erblickt mein schon leicht hitzeverschleiertes Auge bereits nach wenigen Metern? Der Stausee beginnt, sich wieder wohlige Rundungen zuzulegen und das Seeufer ist so flach und hart,

dass man mit dem WOMO bis ans Wasser rollen kann, HURRA! Als schönste und bequemste Stelle haben wir folgende zu vermelden: 3200 m nach der Brücke und noch 700 m hinter der Abzweigung nach SECASTILLA biegt man links, rollt durch den abgeholzten Pappelwald auf der aus Lehm und Kieseln zusammengebackenen Uferzone bis zum Wasser (Boden auf Festigkeit testen!).

(010) WOMO-Badeplatz: Stausee Barasona

GPS: N 42° 09' 06.0" E 0° 19' 29.8"; 451 m. **max. WOMOs:** > 5.

Ausstattung/Lage: keine; Camping verboten/außerorts.

Zufahrt: Von Graus nach Süden Rtg. Barbastro, nach 3200 m, 3700 m oder 4200 m links.

Die Flusspferde in der Stuttgarter Wilhelma, die wir ob ihrer Trägheit oft bewundert haben, hätten in der nächsten Stunde Unterricht bei uns nehmen können, so wohlig hingen wir in den warmen Fluten, bis alle Mitglieder der WOMO-Mannschaft wieder Lebenszeichen von sich geben – die Weiterfahrt wird genehmigt.

Noch mindestens fünf Abfahrten nach links zum Westufer entdecken wir – und zwei nach rechts zu **Campingplätzen**, von denen der zweite, "Bellavista", sogar einen Badeplatz am See geschaffen hat [**011:** N42° 07' 52.6" E0° 18' 34.7"] (WOMO + 2 Pers.: 14-18 €, Strom 4 €).

Dann durchfahren wir, rechts neben der Staumauer, einen Tunnel und können uns danach die Rückseite des technischen Meisterwerkes begucken.

Der **Rio Esera** hat, bevor er in den **Rio Cinca** mündet, eine

Brücken in der Rio-Esera-Schlucht

tiefe, schmale, senkrechte "Karl-May-Schlucht" in den Fels geschnitten. Platz für eine Straße war eigentlich nicht vorgesehen. So musste für das Teerband häufig Platz im Inneren des Berges geschaffen werden, dreizehn Tunnel zählen wir auf der nur etwa 10 km langen Schluchtstrecke!
Den schönsten Blick auf die Schluchtwände und das tief unten fließende Wasser haben wir nur per Zufall entdeckt: Unmittelbar vor einem rotgetünchten Tunnel, bei »km 16,5«, parken wir rechts der Straße, entdecken einen schmalen Eselspfad, der uns wirklich und wahrhaftig zu der fotogenen "türkischen" Einbogenbrücke "Puente de la Sierra" führt, die in schwindelnder Höhe die Schlucht überspannt. Drei Sekunden braucht ein Felsbrocken, bis er aufklatscht, d. h. über 40 m trennen uns vom Wasserspiegel!
Aber das "Schluchtenüberbrückungsprogramm" findet noch einen weiteren Höhepunkt: Einige Tunnel weiter und nicht zu übersehen, führt ein Teersträßchen rechts nach OLVENA. Das neue Brückchen überspannt die Schlucht quasi über einer viel älteren "Türkenbrücke". Falls Sie Ihr WOMO mitten auf der (neueren) Brücke ablichten wollen – erst 300 m weiter Richtung OLVENA und noch nach einem Naturtunnel bietet sich wieder eine Wendemöglichkeit.
Unser Schluchtenfluss mündet in den weit zurückgestauten **Rio Cinca**. Wir folgen ihm einige Kilometer nach Süden, überqueren ihn 9 km vor BARBASTRO auf der neuen Brücke. Davor liegt links ein **Picknickplatz** [**012:** N42° 3' 51.0" E0° 13' 10.1"] (Richtung ESTADILLA abzweigen, dann rechts).

Picknickplatz beim Rio Cinca vor Barbastro

Fährt man hinter ihm vorbei, so führt der Schotterweg flussabwärts so weit von der Nationalstraße weg, dass auch eine **ruhige Übernachtung** garantiert wäre [N 42° 3' 47.8" E 0° 12' 45.1"; 327 m].
Wir setzen unseren Weg nach BARBASTRO fort, verlassen den Fluss, gewinnen in Schleifen durch Olivenhaine die Höhe. BARBASTRO kann man mittels Umgehungsstraße umrunden

(und passiert den Supermarkt "Hiper Simply" mit günstiger Tankstelle) – oder abkürzend durchfahren. Während der "toten Zeit" des Verkehrsgeschehens, zur Siestapause von 13 bis 17 Uhr, kann man auf die Umgehungsstraße verzichten und durch die fast menschenleeren Häuserzeilen rollen.
Wir münden in die schnurgerade N 240 ein, die die Reihe der ausgezeichneten spanischen Nationalstraßen fortsetzt. Der umfangreiche **Klosterkomplex El Pueyo** rechts oberhalb der Straße auf einem Hügel, verschandelt von Sendemasten, fesselt unseren Blick, dann ziehen wir genau nach Westen davon.
Die Landschaft wird immer vegetationsloser, die Hügel sind nur noch mit karger Macchie überzogen, auch die Stoppelfelder dazwischen beleben das Bild nicht.
Am Ortsende von PERALTILLA verlassen wir die N 240 nach rechts (Wegweiser: AZARA/AZLOR), der **Naturpark Sierra y Cañones** und ein Badeabenteuer der besonderen Art warten auf uns!
Wir durchqueren eine bizarre Landschaft mit abenteuerlich geformten Steinen; den Höhepunkt bildet Peña de S.ta Margerita, eine Felsscholle in AZARA mit einer kleinen Festung. Rechts biegen wir ab über ABIEGO nach BIERGE, das wir ebenfalls durcheilen. Nach nur noch 1500 m talwärts müssen wir uns in der vermuteten Einöde ein Plätzchen auf dem großen **Parkplatz** bei der Gaststätte (dort Brunnen) oberhalb der **Cascada de Bierge** erkämpfen!
Erst beim Blick hinab verstehen wir den Andrang:

Kaskade des Rio Alcanadre bei Bierge

Der **Rio Alcanadre** wurde einst, zur Energiegewinnung, mit einem halbrunden, hohen Damm angestaut - und hat sich zu einer einzigartigen Badelandschaft entwickelt:
Ober- und unterhalb des Dammes kann man fein schwimmen, im Wäldchen picknicken - und, das größte - von der Dammkrone in die Tiefe hüpfen. Mit Helm und Gummihaut maskierte Gestalten verschwinden flussaufwärts zum Canyoning.
Geruhsamen Nachtschlaf wird das Areal mit seinem großen, z.T. schattigen **Parkplatz [013:** N42° 10' 23.3" W0° 05' 26.4"] wohl auch bieten, denn abends zieht es fast alle Badegäste zu ihren Unterkünften. Trotzdem rollen wir, am Rande des NSG entlang, 5,7 km weiter bis zu einem ersten großen, schattigen **Wanderparkplatz [014:** N 42° 12' 20.5" W 0° 6' 39.0"] rechts der Straße. Nach weiteren 8,4 km der nächste **Wanderparkplatz [015:** N 42° 13' 24.3" W 0° 10' 47.1"] mit Plätscherbach direkt hinter einer Brücke.
Hinter AGUAS (Waschbecken mit **Brunnen** beim Kinderspielplatz) machen wir einen 4-km-Abstecher zum **Stausee von Guara** mit dem Aussichtspunkt **Mirador de Calcón**. Der dortige **Parkplatz [016:** N42° 13' 52.3" W0° 13' 25.7"] ist eben, ruhig, ja einsam; an der Felswand brüten Geier.
Hinter SIPAN verlassen wir die "Hauptstraße" Richtung ARBANIES. Nach genau 2 km kennen Sie den Grund, denn wir haben auch ganz tolle **Badeplätzchen** für Sie im **Rio Guatizalema** gefunden, wo Sie vermutlich ganz allein sein werden. Der erste **Badeplatz [017:** N 42° 9' 55.3" W 0° 15' 50.3"] ist gleich der schönste (spazieren Sie mal flussaufwärts!).

Alternativ kann man in ARBANIES das schöne Schwimmbad [N 42° 9' 40.8" W 0° 14' 54.8"] aufsuchen (und davor übernachten) oder unterhalb von ARBANIES [N 42° 8' 51.3" W 0° 16' 10.6"] wieder im **Rio Guatizalema** plätschern.

Wenig später haben wirdie N 240 bei SIETAMO erreicht, einem kleinen Dörfchen. Aber es hat ein großes Waschhaus links der Dorfstraße. Unmittelbar daneben quillt, wie uns die im Tränktrog lebenden fetten Karpfen beweisen, bestes **Trinkwasser** aus sechs (!) dicken Brunnenrohren.

1000 m östlich unterquert der **Rio Guatizalema** die N 240. Zwei große Picknickplätze liegen direkt links und rechts der Straße bei »km 196,3«, zum Badevergnügen sind's nur ein paar Schritte (glatte, abgewaschene Liegefelsen, dazwischen tiefes, (meist) klares Wasser).
Weiter abseits der Straße liegt ein großer **Schotterplatz** mit ein paar Bäumen [**018:** N 42° 7' 27.5" W 0° 16' 5.3"].
Die N 240 hält auf ein Bauwerk zu, das auf einem Berggipfel direkt über unserer Straße zu thronen scheint, erst kurz vorher schwenkt die Straße nach links ab. Es sind die Ruinen des **Monasterio (Kloster) de Monte Aragon**. Sancho I. Ramirez ließ es bauen – um HUESCA zu erobern!? Nun, in erster Linie war es natürlich eine Burg, aber nach gewonnenem Kampfe pflegt man ja allgemein seine Sünden zu bereuen ....
Wir rollen weiter nach Westen, freuen uns auf einen abendlichen Stadtbummel in HUESCA. Wir finden sogar einen Parkplatz im Zentrum, in der Nähe der **Kathedrale**, und das gotische Bauwerk aus dem 15. Jahrhundert verdient auch eine eingehende Besichtigung: Sterngewölbe, silberner Altar, alabasterne Retabelwand – aber das "restliche" HUESCA hat uns so gelangweilt, dass wir schnell wieder das Weite suchten (in diesem Fall auf der A 132 Richtung PAMPLONA).
Wir taten gut daran! Denn dadurch kamen wir noch rechtzeitig in den Genuss einer prächtigen Aussicht von der gewaltigsten Burg Nordspaniens aus – dem **Castillo de Loarre**.
Auch hier, in der Bergeinsamkeit, war Sancho I. Ramirez tätig: In 1.100 m Höhe ließ er sich eine **Festung** bauen, so weit

Castillo de Loarre

oben, dass die Angreifer schon vom Aufstieg ermattet waren. Oben erwartete sie dann ein furchteinflößender Mauerring; beim Anblick der zinnenbewehrten Rundtürme musste man jeden Mut fahren lassen. Für den Fall eines Durchbruchs stand noch ein Bergfried im Inneren der Anlage, ein solch gewaltiger, hoher Brocken, dessen Verteidiger man höchstens aushungern konnte. Aber auch hier ist ein **Klosterkomplex** mit einer sehenswerten romanischen **Kirche** integriert.

Die Zufahrt zu unserem Aussichts- und Übernachtungsplatz hätten wir fast übersehen: Wir passieren das Örtchen ESQUEDAS. Kurz danach und unmittelbar vor dem **Rio Sotón** verlassen wir die A 132 nach rechts Richtung BOLEA/LOARRE. Eine ausgezeichnete Teerstraße führt uns zunächst nach Norden, auf das Gebirge zu. Auf dem ersten, völlig kahlen Berg hockt das Dorf BOLEA. Wir fahren unter dem Ort vorbei, wenden uns nun nach Nordwesten. 600 m vor dem Dörfchen LOARRE biegen wir scharf rechts in eine Seitenstraße, turnen vorbei an einem Campingplatz hinauf zu "Sanchos Berghütte".

(019) WOMO-Stellplatz: Castillo de Loarre

GPS: N 42° 19' 40.0" W 0° 36' 37.1"; 1078 m. **max. WOMOs:** > 5.
Ausstattung/Lage: Mülleimer, Liegewiese, Bar, Burgbesichtigung (10 - 20 Uhr)/außerorts.
Zufahrt: Von Huesca auf A 132 Rtg. Ayerbe. Hinter Esquedas rechts (ausgeschildert).

Links der Burganlage liegt der neue Parkplatz. Hier kann man wunderbar stehen, hat einen Superblick über die gesamte Ebene bis hinunter zum **Ebro**.

Wir sitzen und genießen – allerdings im Schutz der wärmenden WOMO-Wände, denn draußen pfeift ein frischer Wind über die Hänge, das Fahrzeug wiegt sich in der Federung. Es muss sich vorkommen wie auf einer der kleinen, schwankenden, griechischen Inselfähren. Nachts sind wir die einzigen Burggäste, wenn man mal von zwei Bettelhunden absieht, die unser Auto um so intensiver belagern, je mehr wir sie ignorieren.

Am nächsten Morgen ein letzter spähender Blick hinab mit dem Fernrohr, denn dort unten glitzert der tiefblaue Spiegel eines kleinen **Stausees** – da müssen wir hin!

Wir rollen 4,5 km Serpentinen hinab durch Macchie und Mandelplantagen, fahren bei der Abzweigung rechts, an LOARRE vorbei, Richtung AYERBE. 2 km düsen wir nach Südwesten, bis wir an eine Kreuzung kommen – die muss es sein! Richtig, rechts geht es nach SARSAMARCUELLO, links sind es 3 km zum **Embalse de las Navas**.

Bereits nach 1 km liegt er rechts unter uns, der ruhige Spiegel des Stausees. Der holprige Schotterweg führt direkt bis zur Staumauer. Dort kann man sein WOMO unter einigen Mandelbäumen abstellen und zum Schotterufer hinabstapfen. Zwei Angler scheinen mit ihrem Fang zufrieden zu sein, ansonsten treffen wir keine Menschenseele – ein friedliches Plätzchen!

(020) WOMO-Stellplatz: Embalse de las Navas

GPS: N 42° 16' 57.2" W 0° 38' 17.4"; 660 m.
max. WOMOs: 2-3.
Ausstattung/Lage: Bademöglichkeit, Grillstelle/außerorts.
Zufahrt: siehe Text.

Wir kehren zurück zur Teerstraße, biegen links und stoßen in AYERBE auf die A 132. Gegen-

über der Einmündung, in einem kleinen Wacholdergehölz, ein **Brunnen**, der netterweise auch noch von der beruhigenden Aufschrift "potable" verziert wird.
Wir biegen rechts Richtung PAMPLONA.
Nun ist Spanien, so weit wir es kennen, wahrlich nicht arm an beeindruckenden Gesteinsformationen, Felswänden, spitzen Türmen, ja Gebirgsmassiven aller Gesteinsarten. Was sich nach wenigen Kilometern jedoch rechterhand wie zur Parade aufgestellt hat, das haben wir bis jetzt noch nicht zu Gesicht bekommen: **Los Mallos**!
Hinter »km 35« biegen wir rechts nach LOS MALLOS DE RIGLOS, einer Werkstatt von Riesen, die aus dem rostroten Gestein ein ganzes Vorratslager an Hinkelsteinen herausgehauen haben.
Kurz vor RIGLOS finden wir links der Straße eine Ausbuchtung mit Gedenksteinen an verstorbene Bergsteiger. Von hier aus hat man den besten Blick auf die Steilfelsen oberhalb des kleinen Ortes und wirklich – da streicht ein Greifvogel mit langem, kahlen Hals von der Wand, kurvt im Aufwind, ohne Flügelschlag, mühelos schwebend empor – ein Gänsegeier! Zwei, drei, vier kreisen jetzt, steigen hinauf zum Himmelsblau, kehren zurück zu ihren Horsten in der Steilwand, die wir erst jetzt an den weißen Kotstreifen erkennen.
Nach RIGLOS hineinzufahren, ist sinnlos, denn die Straße endet dort. Man findet aber am Ortsbeginn, nach dem Schwimmbad rechts, einen erhöhten Stellplatz.

(021) WOMO-Stellplatz: Riglos

GPS: N 42° 20' 43.9" W 0° 43' 32.3"; 633 m. **max. WOMOs:** 1-2.
Ausstattung/Lage: Geierblick, Schwimmbad, Bar/Ortsrand. **Zufahrt:** siehe Text.

Außer Geiern sind natürlich Bergsteiger ganz "heiß" auf die senkrechten Wände. Dass sich beide "Interessenten" nicht miteinander vertragen, haben Tierfreunde am Rückgang der Brutpaare bedauernd festgestellt. Wir stellen uns die bescheidene Frage: Was ist wichtiger – der Nervenkitzel weniger oder die Naturbeobachtungen vieler Vogelfreunde?
Auch auf der A 132 kommt man nahe an die Felsen von LOS MALLOS heran, wenn man weiter nach Nordwesten fährt, z. B. in MURILLO. Dieses Dörfchen hat uns aber noch viel mehr zu bieten! Wir biegen am Ortsbeginn rechts zum Campingplatz "Armalygal", rollen aber an ihm vorbei und schmal und steil (?) hinab zum Ufer des Rio Gallego. Dort gibt es idyllische Parkplätze [**022:** N42° 19' 52.9" W0° 44' 37.7"] mit Bademöglichkeit.

Folgt man in der Ortsmitte dem Schild "Piscinas" nach rechts, so findet man "konservative Bademöglichkeiten" im Freibad und davor einen großen Parkplatz [N42° 20' 10.1" W0° 44' 53.9"] mit Blick auf "Los Mallos".
Hinter MURILLO rollen wir oberhalb der milchigblauen Fluten des **Rio Gállego** entlang, der uns weit unten in der Schlucht entgegenströmt. Einen Park- und Aussichtsplatz entdecken wir, einen zweiten, aber zum Fluss kann nur eine Gemse hinabklettern. Wir trösten uns mit der hier starken Strömung, die wohl kaum ruhige Badefreuden ermöglichen würde – und auf unserer Karte ist das Symbol für eine Staumauer eingezeichnet ....
Neben dieser Staumauer passieren wir einen kleinen Naturtunnel, überqueren einen Arm des Stausees (**Embalse de la Peña**) auf einer schmalen Metallgitterbrücke, parken dahinter links neben der geschlossenen Gaststätte "**El Javali**". Leider ist die Zufahrt zum Stausee so schaurig, dass wohl nur Allradpiloten die Piste meistern können.

200 m hinter dem Restaurant verlassen wir die A 132, biegen rechts nach SAN JUAN DE LA PEÑA, folgen weiter dem gestauten Lauf des **Rio Gállego**. Der Stausee ist wohlgefüllt, trotz der sommerlichen Hitze kaum einen Meter abgesunken.

Zwischen kahlen, blaugrauen Mergelhügeln führt unser Weg nach Osten. Der Spiegel des Flusses und die üppige Vegetation erfreuen wohl des WOMO-Urlaubers Auge, aber nach einem weiteren Badeplätzchen fahndet es vergeblich. Nur beim Örtchen ANZANIGO, zu dem eine uralte, siebenbogige Steinbrücke hinüberführt (bitte keinesfalls benutzen!), könnte man an der Brücke vorbeifahren und bei einem quadratischen Pavillon parken. Nur ein paar Schritte sind es hinab zu einer Bademöglichkeit...

300 m später passieren wir den **Camping** von ANZANIGO (mit Pool) [**023:** N42° 24' 26.6" W0° 38' 50.3"] (WOMO + 2 Pers.: 20 € + 3,50 € Strom) und verlassen kurz darauf den **Rio Gállego** nach Norden, ins Gebirge. Auch hierbei begleitet uns ein Flüsschen, dessen Wasserreste nur noch kleine Tümpel bilden, an anderen Stellen ist er ganz trocken. Die eine oder andere Wasserlache sieht aber durchaus nach Swimming-Pool aus! 2 km nach der Abzweigung nach CENTENERO, bei »km 23,5«, rechterhand großer **Schotterplatz** [**024:** N 42° 26' 38.2" W 0° 36' 51.2"; 691 m] am Plätscherbach, gut abgeschirmt von der Straße.

Immer höher und höher schraubt sich die schmale, aber gute Straße durch dichten Pinienwald hinauf ins Gebirge. Auf dem Kamm thront BERNUÉS, die Häuser sind in- und aneinandergebaut, bilden einen einzigen Gesteinsklumpen. Hier, auf der Höhe, verlassen wir auch die schmale Straße, halten nach links auf das nur noch 10 km entfernte SAN JUAN DE LA PEÑA zu und, oh welche Freude, das Sträßchen ist, obwohl auf unserer Karte weiß eingezeichnet, längst geteert!

Hinweis: Wer an Klöstern nicht interessiert ist, kann ab BERNUES die direkte Straße nach JACA fahren. Auch an dieser Strecke ist etwas geboten! Nach 10 km sollte man die 2,6-km-Stichstraße zum **Parador Oroel** nehmen und dort einen geradezu gigantischen Blick auf die Pyrenäenkette genießen. Außer der Gaststätte ist ein schöner **Picknickplatz** [**027:** N42° 31' 40.3" W0° 31' 55.5"] vorhanden.

Zwei Klöster, die für Aragonien während der Maurenherrschaft das geistige Zentrum des christlichen Widerstandes waren, sind unser nächstes Ziel. Das sogenannte "**Untere Kloster**" wurde bereits im Jahre 922 begonnen, ist hineingebaut in den Berg, schmiegt sich unter einen überhängenden Felsen. Der Platz wurde mit der Zeit zu knapp, und so baute man im 17. Jahrhundert ein neues, viel größeres Kloster.
Wir nähern uns dem "**Oberen Kloster**" auf der am Ende der Strecke ebenen Straße durch einen natürlichen Tunnel aus hohen Bäumen, rollen direkt auf das Klosterkirchenportal zu. Der Wald geht vor dem Klosterareal in ein Wiesengelände (mit **Brunnen**) über, das mannigfaltige Picknickgelegenheiten bietet. Kleine Fahrzeuge rollen nach links zu schattigen **Parkplätzen** im Wald**,** große WOMOs nach rechts zum Busparkplatz.

(025) WOMO-Picknickplatz: San Juan de la Peña

GPS: N 42° 30' 24.6" W 0° 39' 53.8"; 1208 m. **max.WOMOs:**2-3.
Ausstattung: Toiletten, Liegewiese, Tisch & Bank, Bar, Mülleimer.
Zufahrt: A 132 bis Emb. de la Peña. Dort rechts auf A 1205 bis Bernués. Dort links.

Wir stöbern durchs Gelände und finden bestätigt, dass das Kloster im wesentlichen – aus Fassade besteht. Die Truppen

Napoleons leisteten1809 "ganze Arbeit" – und die Restauratoren fügten modernes Gemäuer an für Ausstellungsräume, Toiletten und eine Gaststätte.
Das obere Kloster ist nicht die Hauptattraktion dieses Ortes! Folgt man, rechts vor dem Klosterportal die Wiese überquerend, einem Waldweg, so steht man nach zehn Minuten am nördlichen Steilabfall unseres Pyrenäenvorläufers – und findet ein prächtiges 180°-Panorama des **Pyrenäenhauptkammes** vor sich – ein optisches Fünf-Sterne-Menü!

Hier hat man den wohl schönsten und umfassendsten Blick, den es überhaupt auf die Pyrenäen gibt und als Zugabe eine Marmortafel, die uns auch noch mit den wichtigsten Gipfeln vertraut macht. Von schattigen Steinbänken, unter Kiefern, kann man in Ruhe den Ausblick genießen.
Aber nicht nur Natur, auch Kunst ist angesagt!
Wir marschieren zum WOMO zurück, drehen eine Ehrenrunde durch das Einbahnstraßenparkgelände, rollen dann links des oberen Klosters vorbei. Auch hier nutzt neben der Teerstraße eine ganze Reihe von Ausflüglern die schönen **Picknickplätze** – dann geht es steil den Berg hinab (praktischer ist es, oben zu parken und den **Pendelbusdienst** zu benutzen).
Das untere, das alte Kloster schält sich wirklich erst in letzter Sekunde aus dem Berg heraus. Aber wir können ihm zunächst kaum einen Blick gönnen, denn das Sträßchen ist schmal und Parkplätze gibt es hier gleich gar nicht, man muss sich weiter unten (nach dem Busparkplatz) am Straßenrand aufreihen.
Als erstes studieren wir die Öffnungszeiten (10-14 und 15-20 Uhr), beschleunigen nach einem Blick auf unseren Chronometer (13.58 Uhr) unsere Schritte und machen die wohl

Unteres Kloster San Juan de la Peña

schnellste Klosterbesichtigung unseres Lebens. Während hinter uns siestamüde Aufseher die Türen schließen und das Licht ausknipsen, bestaunen wir die untere, die mozarabische Kirche, die später als **Krypta** diente. In der oberen Kirche wird besonders deutlich, dass ein Teil des Gewölbes nicht gemauert, sondern aus dem Fels geschlagen ist. In der Grabkirche ließen sich Könige und Adlige Aragons bestatten.

Unterhalb des überhängenden Felsens stehen noch zwei Flügel des **Kreuzganges**: Schlanke Säulen, einzeln oder in Zweier- und Vierergruppen tragen große, reichverzierte Figurenkapitelle, die Themen der Bibel darstellen. Am Fuße der sie verbindenden Rundbögen ist nochmals klein die Zahl der tragenden Säulen herausgemeißelt.

Jetzt werden wir auch zum Haupttor hinauskomplimentiert, rollen kurz darauf, reich versehen mit geradezu blitzlichtartigen Eindrücken, die kurvige Straße hinab zum Tal des **Rio Aragón**, der unser Vorgebirge vom Pyrenäenkamm trennt. Noch oft bieten sich tolle Blicke, aber es sollte lieber der Fahrer lenken und der Beifahrer in die Gegend gucken! Oder noch besser: Man hält rechts an einer der zahlreichen Ausbuchtungen. Kaffee, Keks und Pyrenäenblick sind keine schlechte Kombination.

In einer der vielen Kurven entdecken wir links einen spärlichen **Brunnen** mit großem Wasserbecken darunter, 900 m weiter talabwärts steigt Grill-Rauch von einer schön gelegenen Picknickwiese (Area recreativa Cubilar de Bartolo) auf, sie ist gut besucht mit spanischen Familien, nachts dürfte sie völlig einsam und ruhig sein.

(026) WOMO-Picknickplatz: Cubilar de Bartolo

GPS: N 42° 31' 07.8" W 0° 41' 34.2"; 976 m.
max. WOMOs: 2.
Ausstattung: Liegewiese, Mülleimer, Stellplätze recht schräg.
Zufahrt: Von den Klöstern de la Peña hinab bis zum Picknickplatz rechts.

Wir kurven weiter zu Tale, dort liegt das Örtchen SANTA CRUZ DE LA SEROS. Inmitten der kleinen Häuser erhebt sich ein massiger, oktogonaler **Glockenturm**. Er und die dazu gehörende romanische Kirche sind die letzten Reste eines **Nonnenklosters** aus dem 10. Jahrhundert. Das Kirchenportal ist im Tympanon mit einem Christusmonogramm verziert – in JACA werden wir es wieder sehen.
Am Ende des Dorfes passieren wir eine gemauerte **Brunnenwand** (die bei unserem letzten Besuch aber nur sehr spärlich triefelte). Jetzt sind es noch genau 4 km nach Norden bis zur N 240, wo Sie auf unsere Tour 2 treffen. Hier könnten Sie, nach links einbiegend, in die zweite Tour einsteigen oder nach rechts 10 km bis JACA fahren, um Tour 2 "richtig von vorn" zu beginnen:
Am Kreisverkehr mit der Tankstelle (7) fahren Sie 1000 m geradeaus weiter Richtung HUESCA bis zum nächsten Kreisel. Dort schwenken Sie links und findcn nach 150 m rechts den u.A. für WOMOs reservierten, großen **Parkplatz** [**028:** N42° 34' 05.1" W0° 32' 42.9"] (**X**). Weitere Parkmöglichkeiten zeigen wir Ihnen am Beginn der nächsten Tour.

KARTE TOUR 2

10 km
N
Lumbier
nach Pamplona
Rio Irati
Rio Salazar
Foz de Arbayun
43
42
Foz de Lumbier
Kloster Leyre
39
38
41
Yesa
Liedena
Embalse de Yesa
40
Schloss Javier
Ruesta
37
Sangüesa
Rio Aragon
Sos del Rey Católico
nach Zaragoza
Burgui
Anso
ANSO
DE
VALLE
36
P
Hecho
Römerbrücke
Siresa
31
32
33
34
35
Boca del Infierno
(Höllenschlund)
Col de Somport 1650 m
Col de Portalet 1792 m
F
E
Sallent
B
Embalse de Lanuza
Escarrilla
Embalse de Bubal
Biescas
Rio Aragon
Jasa
Rio Osia
HECHO
DE
VALLE
30
Rio Aragon Subordan
Foz de Binies
(Geierschlucht)
Rio Veral
Berdun
Puente la Reina
de Jaca
Jaca
28
29
Rio Aragon
Sta Cruz
26
27
Klöster San Juan
de la Peña
25
Bernues
Sabiñanigo
Rio Gállego
nach Huesca
nach Huesca
nach Huesca

TOUR 2 (ca. 190 km / 1-3 Tage)

Jaca – Hecho – Höllenschlund – Foz de Biniés – Emb. de Yesa – Leyre – Javier – Sangüesa – Rio Irati

Freie Übernachtung:	u. a. am Rio Aragón Subordan, Boca del Infierno, Selva de Ossa, Rio Veral, Embalse de Yesa (6x), am Rio Irati.
Trinkwasserstellen:	Sta Isabell (Badeplatz), Siresa, Boca del Infierno, Yesa.
Campingplätze:	2x westl. Jaca, Boca del Infierno, 2x Yesa-Stausee.
Baden:	Rio Aragón Subordan, Rio Veral, Embalse de Yesa, Rio Irati.
Besichtigungen:	u. a. Jaca, Boca del Infierno, Foz de Biniés (Geierschlucht), Kloster Leyre, Schloss Javier, Sangüesa, Foz de Lumbier.
Wanderungen:	Bergsee "Ibon de Acherito", zur Foz de Lumbier.

JACA hat einen schönen, alten Stadtkern mit der **Kathedrale** als Mittelpunkt. Einen ersten Parkplatz haben wir Ihnen schon gezeigt. Zum zweiten schwenken wir von der N 240 am Kreisel mit der Tankstelle links ins Zentrum. Dort, wo links unübersehbar die Stadtfestung "Ciudadela" liegt, biegen wir links, umrunden die Festung im Uhrzeigersinn und finden nödlich von ihr **Parkmöglichkeiten** [N42° 34' 29.0" W0° 33' 06.8"] längs der Calle Burnao bei Grünanlagen. Auch von hier aus sind es nur 500 m zum Zentrum.

Jaca, Stadtfestung

Die **Kathedrale** Jacas ist einer der ersten romanischen Bauten Spaniens, Tympanon und Kapitelle des **Westportals** stammen aus dem XI. Jahrhundert. Wir rätseln lange über die Darstellung des Menschen, der, unter dem Löwen liegend, eine Schlange würgt. Dem kreisrunden Christussymbol darüber werden wir noch häufig in Spanien begegnen.

Jaca, Kathedrale

Ein Bummel durch die umliegenden Straßen zeigt uns, wie anders die Spanier ihre Stadt nutzen. Während bei uns nach Büroschluss gestresste Menschen von Geschäft zu Geschäft

hetzen, um vor Ladenschluss noch schnell einzukaufen, bestimmt hier der "paseo" das Bild der Stadt:

Die Menschen haben sich fein gemacht. Man flaniert, zu zweien oder in Gruppen, wirft sich Blicke zu, und die Straßencafés haben bis in die späte Nacht Hochkonjunktur.

Hinweis: Die Zufahrt zum **Ain Jaca Camping** [**029:** N42° 33' 11.1" W0° 33' 04.8"] (WOMO + 2 Pers.: 21 € + 6 € Strom) ist recht verzwickt: 100 m nördlich des Tankstellenkreisels muss man 2x rechts abbiegen, die N 240 unterqueren und 1500 m sehr schmal nach Süden fahren (nicht gerade eine fußläufige Entfernung vom Ort).

An den südlichen Ortsrand zurückgekehrt, entdecken wir zum ersten Mal das Hinweisschild mit der Pilgermuschel, das die Richtung zum Ziel aller Jakobs-Pilger weist: SANTIAGO DE COMPOSTELA.

Wir folgen ihm auf der N 240 (A 21) nach

Westen, passieren den Camping "Victoria"
ebener, gepflegter Bahn der untergehenden S
19 km später überquert die Nationalstraße d
bei PUENTE LA REINA DE JACA. Gleich hi
verlassen wir die N 240 Richtung HECHO
dem Flüsschen **Aragón Subordan** nach Norden, ...
Pyrenäen zu. Genau nach 16 km auf dieser "Nebenstraße" im Bundesstraßenformat überqueren wir den **Rio Osia** und können unmittelbar danach zu einem wohlausgerüsteten **Picknickplatz** hinabholpern (?), der "**Area recreativa Sta. Isabell**".

(030) WOMO-Bade- und Picknickplatz: Sta. Isabell

GPS: N 42° 40' 25.4" W 0° 43' 57.2"; 737 m. **max. WOMOs:** 2-3.

Ausstattung/Lage: Tische & Bänke, Grillhütte, Kinderspielplatz, Quelle, Flussbadeplatz, Mülleimer/außerorts.

Zufahrt: Von Puente la Reina de Jaca 16 km nach Norden, hinter Rio Osia links.

Die Attraktion des Platzes ist ein angestautes Becken des Flusses, in dem man bei wohligen 23°C. fein die Hitze des Tages abbaden kann.

Das abendliche Thema, wir haben inzwischen die schönste Sitzbank unten am Fluss beim Brunnen entdeckt, sind – Geier! Die Steilhänge beiderseits der Nebenflüsse des **Rio Aragón**, die von den Pyrenäen herabführen, sind berühmt für ihre zahlreichen Greifvögelnistplätze....

Zunächst aber schlafen wir ungestört, stehen jedoch etwas früher auf, denn spanische Geier halten Siesta wie die Menschen, ihre Hauptaktivitäten sind am Vormittag und zwei Stunden vor Sonnenuntergang!

Wir rollen nach dem Frühstück weiter nach Norden. An unsere Fahrstraße nach HECHO rücken die Felsen immer näher heran, Greifvogelfelsen!?

ich – zwei Geier ziehen weit über uns nach Süden, ir hatten uns das eigentlich wesentlich dramatischer estellt.
weichen die Felswände auch schon wieder auseinander, machen Platz für Wiesen und Felder, eine alte **Römerbrücke** schwingt sich, gut erhalten, bei »km 22« über den Fluss.

Wir passieren HECHO, rollen weiter nach Norden, auf SIRESA zu. Dort sollte man einen Blick auf die **Iglesia de San Pedro** werfen, ein mächtiges Bauwerk aus dem XI. Jh., dessen Außenwände durch Rundbogenarkaden gegliedert sind (**Brunnen** an der Treppe zur Kirche).
Das Sträßchen wird jetzt viel schmaler und kurviger, ein erster Tunnel muss passiert werden. Kurz darauf kann man rechts abbiegen und den Fluss überqueren. Biegt man dahinter links, durch den Felsdurchbruch, so findet man schöne Wiesenflächen **[031:** N42° 47' 41.4" W0° 43' 57.3"] zum Parken und Wandern und am Ende der immer schlechter werdenden Piste einen Brunnen.
Nach rechts geht's 1,8 km bergan zum **Campingplatz** "Borda bisaltico", einem Idyll von einem Platz **[032:** N 42° 47' 18.0" W 0° 43' 47.3"; 977 m] (WOMO + 2 Pers.: 17 € + 4,50 € Strom)! Wer in dieser Region auf Wandertouren gehen möchte, findet dort ein ideales "Basislager".
An einer "Casa forestal" kommen wir 1000 m später vorbei, einem Forsthaus, gegenüber plätschert ein **Brunnen** in einen langen Trog. Hier beginnt die **Boca del Infierno**, der Höllenschlund. 4 km dröhnen wir auf einem Sträßchen mit schmalen, sehr schmalen und verd... schmalen Stellen entlang, wobei sich das Höllengeschehen eigentlich neben bzw. unter der Straße abspielt, wo der Fluss durch selbstgewaschene Rinnen und

Boca del Infierno – der Höllenschlund bei Hecho

Spalten gurgelt. Auch die Straße hat ihre Probleme, ist in den Fels hineingehackt. Aber keine Angst! Selbst an der niedrigsten Stelle sind 3,50 m garantiert!
Zwischendurch gibt es auch breitere Bereiche, wo man zum Wasser hinabfahren, rasten oder **übernachten** kann. Einen besonders schönen **Stellplatz [033:** N 42° 48' 45.0" W 0° 42' 41.1"] finden Sie 1,4 km hinter dem zweiten Tunnel.
Nach dem Höllenschlund erweitert sich das Tal, ein großer Liegewiesen- und Plätscherbachbereich **[034:** N42° 49' 56.2" W0° 42' 40.9"] liegt dort in herrlicher Lage, dann geht's durch dichten Tann (nach 1 km **Brunnen** rechts am Wege).

Nach nochmals 1 km rollt sich vor unseren Blicken ein langgezogener Picknickwiesenstreifen am Fluss aus – ein Traumplätzchen mit atemberaubender Gebirgskulisse!

(035) WOMO-Wanderparkplatz: Selva de Ossa

GPS: N 42° 50' 59.0" W 0° 42' 16.8"; 1197 m. **max. WOMOs:** >5.

Ausstattung/Lage: Liegewiese, Grillstellen, Wanderwege/außerorts.

Zufahrt: Von Puente la Reina de Jaca nach Norden bis zum Ende der Teerstraße.

Am Ende der Picknickwiese gabelt sich die Straße. Links geht's 900 m auf alter Pilgerstraße bis zu einer Info-Tafel. Davor links beginnt der Wanderweg zum herrlichen Gebirgssee "Ibon de Acherito" (einfach 2 1/4 h).

Wanderweg zum Ibon de Acherito

Schnell sind wir bis HECHO zurückgerollt. Hier parken wir zunächst einmal, denn das natursteingemauerte Dörfchen mit den eigenwilligen Rundkaminen ist einen Bummel wert. Dann suchen wir die Verbindungsstraße zum ANSO-Tal, die wir am südlichen Ortsende finden.

Bereits nach 2 km auf der Verbindungsstraße kommen wir wieder an einem **Picknickplatz**, der "**Area recreativa Churdana**" vorbei mit **Brunnen**, Spielplätzen, Grillstellen und knappem Parkraum links der Straße. Das Flüsschen, das an der Liegewiese vorbeiführt, ist nahezu wasserlos.

1 km weiter, in einer scharfen Linkskurve, nochmals ein kleiner, schattiger **Rastplatz** rechts, gut anfahrbar, mit großem Wasserbecken.
An der höchsten Stelle der Verbindungsstraße, in einer Rechtskurve, kann man nach links zu einer Schutzhütte mit Steintischen/-bänken abzweigen, der Aussichtsplatz daneben bietet weite Sicht bis zum Tal des **Rio Aragón**.
Bereits bevor wir ins **Anso-Tal** einmünden, erfreut sich unser Auge an eigentümlichen Felsformationen, die wie Finger über der Straße stehen, zwei Straßentunnel führen direkt unter ihnen durch.
Im Tal des **Rio Veral** biegen wir nicht rechts nach ANSO, sondern nach Süden, Richtung BERDUN/HUESCA. Die Straßeneinmündung ist autobahnbreit, dann wird das Teerband mal schmaler, mal breiter, wie eine Schlange, die mehrere Kaninchen gefressen hat.
Nach 1300 m wartet rechts der Straße, steil hinab, der erste Wiesenplatz neben dem Fluss mit Badegumpe.

(036) WOMO-Badeplatz: Rio Veral

GPS: N 42° 43' 29.8" W 0° 48' 42.7"; 775 m. **max. WOMOs:** 1-2.
Ausstattung/Lage: Liegewiese, Badegumpe/außerorts.
Zufahrt: Von Hecho zum Valle de Anso, dort an der Gabelung nach links 1300 m.

Nach 2100 m und 2400 m zwei weitere Wiesenplätze mit **Bademöglichkeit**. Die türkisfarbenen Badegumpen finden Sie hinter dem Ufergebüsch!
Hinter STA. LUCIA überqueren wir den Fluss und schrauben uns den Hang hinauf, kurven auf dreiviertel Hanghöhe entlang, die Straße umrundet liebevoll jeden einzelnen Felsvorsprung.

In weiten Schleifen ziehen wir dann wieder zum Fluss hinab, steile Felsen kündigen die nächste Schlucht an – die **Hoz (Foz) de Biniés** liegt vor uns, die Schlucht der Geier.
Vor dem Abstieg der Straße in die Schlucht ein Geierbeobachtungspicknickplatz [N42° 39' 42.2" W0° 47' 01.7"] samt Info-Tafel (mit Parkmöglichkeiten davor und dahinter). Diese belehrt uns, dass wir neben Schmutz- und Gänsegeiern auch Wanderfalken und Alpenkrähen erwarten können.
Solchermaßen gerüstet tauchen wir ein in die schattige Klamm, halten 50 m vor dem ersten Tunnel, wo sich neben der Straße einige Ausbuchtungen anbieten. Dabei suchen wir uns nicht gerade die Stellen aus, wo herabgefallenes Geröll vor weiterem möglichen Steinschlag warnt.
Und sie sind da, die Totengräber der Wüste, die hier, an den steilen Hängen, ideale Brutmöglichkeiten und in den weiten Hochtälern reichlich Nahrung finden. Dort betreibt man noch extensive Weidewirtschaft, das heißt, dass Ziegen- und Schafherden den ganzen Sommer ohne Aufsicht verbringen – da fällt manches ab, was sonst vom guten Hirten versorgt würde. Während wir durch die Schlucht schlendern, segeln die aasfressenden Gesellen über uns hinweg, queren wie bei einer Flugvorführung von Wand zu Wand. Wir können auch mehrere Horste erkennen, in denen Junge versorgt werden – aber alles nur von unten, aus großer Entfernung – ein Fernglas tut beste Dienste!

Foz de Biniés

Wir verlassen das Pyrenäengebiet, rollen an BINIÉS vorbei zum Tal des **Rio Aragón**, treffen auf die N 240 (A 21), in die wir nach Westen einbiegen.
„15 km sind es noch bis zum **Embalse de Yesa**, dem Pyrenäenmeer", meldet meine Copilotin. „Wollen wir uns auch das Südufer anschauen?"
Der Tag ist noch jung, wir haben Zeit. Folglich nehmen wir das schmale Nebensträßchen, das am Anfang des Stausees

Richtung SOS DEL REY CATOLICO nach Süden abzweigt. Ihm folgen wir, den **Rio Aragón** überquerend.
Unter einer neuen Schnellstraße hinweg kurven wir genau 8 km weiter auf dem Teersträßchen bis zu einem ausgetrockneten Brunnen.
Auf halbem Wege trete ich voll Erstaunen in die Bremse. Wo sind wir denn jetzt gelandet? Wie die Kulissen einer **Mondlandschaft** umgeben uns riesige Mergelhügel. Ihre Oberfläche ist völlig vegetationslos; auf den kleinen Täfelchen, die von der Erosion freigelegt worden sind, gleitet man wie ein Sommerskifahrer hinab. Dieses Naturwunder muss man unbedingt bestaunt haben!

Erosionslandschaft am Yesa-Stausee

Noch 600 m sind es vom Brunnen, bis rechts (bei »km 8,6«) ein ausgewaschener Feldweg (?) zwischen abgeernteten Weizenfeldern zu **Stellplätzen** [**037:** N 42° 36' 17.1" W 1° 4' 13.1"; 491 m] am knapp 1 km entfernten Seeufer mit schattigen Weiden führt (Piste oft sehr furchig und holprig, manchmal unbefahrbar!!!).

Yesa-Stausee, einsamer Badeplatz am Südufer

Hier ist Einsamkeit angesagt! Wer will, kann über eine kleine, geländerlose, etwas kriminelle Brücke noch kilometerweit nach links weiterfahren, immer in Sichtweite des Wassers – keine Menschenseele ist zu sehen – ein Refugium für Robinsons und solche, die es werden wollen.

Der Grund für diese Einsamkeit wird uns erst nach Erforschung des "Strandes" klar: Der **Yesa-Stausee**, über kilometerlange Bewässerungsleitungen mit den Nutzflächen der Umgebung verbunden, hat einen stark schwankenden Wasserstand. Während ihn im Winter und im Frühjahr die Regenfälle füllen, muss man in manchem Sommer (nicht in jedem!), mehrere Meter über Felsklippen zur Wasseroberfläche hinabsteigen – kein Platz für kleine Kinder und Sandstrandnixen. Wer aber etwas sucht, findet zwischen den Steiluferstellen auch sanft abfallende Buchten.

Ruinendorf Ruesta

Vor der Rückfahrt zur N 240 machen wir einen Abstecher nach RUESTA, dem nächsten Dorf an unserem Nebensträßchen. Hier erwartet uns eine böse Überraschung: Alle Häuser stehen leer, sind z. T. niedergebrannt. Nach kurzem Grübeln wird uns klar: Auch ein Bewässerungsstausee vernichtet Bodenfläche; und so hat der **Yesa-Stausee** den Bewohnern von RUESTA ihre Lebensgrundlage genommen, sie zur Umsiedelung gezwungen. Aber durch seine Lage am Pilgerweg hat RUESTA vielleicht wieder eine Zukunft (eine Pilgerunterkunft gibt es schon)!? Sogar zu einem idyllisch-rustikalen **Campingplatz** kann man 2,5 km weiter hinabstauben.

10 km müssen wir zurück zum **Rio Aragón** und zur Abzweigung von der N 240 (A 21). Weiter geht es nach Westen, jetzt immer am nördlichen Seeufer entlang. Von steilen, schützenden Felsen herab starren die Mauern kleiner Dörfer, auch sie machen einen verlassenen Eindruck. Am Seeufer bietet sich überall das gleiche Bild: Massenhaft Stichstraßen zum See,

Yesa-Stausee, Badepatz am Nordufer bei »km 330,1«

kaum Menschen, durch den niedrigen Wasserstand eine Randzone schlammverbackenen Schotters. Aber, wie gesagt, wir haben auch schon Sommer erlebt, in denen der Wasserstand erfreulich hoch war. Dann finden Sie bei »km 330,1« **[038:** N 42° 36' 41.7" W 1° 3' 24.7"; 494 m] die bequemste Abfahrt zum Ufer, schöne **Stellplätze** und warmes Badewasser. Auch der Campingplatz "Villa de Termas" wartet am Nordufer des Pyrenäenmeeres (bei »km 339,6«) auf Kundschaft.

Bei Niedrigwasser ist Kultur die Alternative! Als erstes zweigen wir kurz hinter dem Örtchen YESA rechts zum **Monasterio de Leyre** ab (das große Hinweisschild kann nicht übersehen werden). Die Pilger früherer Zeiten mussten ganz schön schwitzen, wenn sie da hinauf wollten, auch unser WOMO-Motor gibt ein unwilliges Brummen von sich, als ich schließlich sogar in den zweiten Gang zurückschalten muss – 15 % Steigung können es gut sein!

Aber schon nach 4 km liegt der Klosterkomplex mit einem großen **Parkplatz [039:** N 42° 38' 10.1" W 1° 10' 13.9"] vor uns. Zunächst genießen wir die herrliche Aussicht über den glitzernden Wasserspiegel des Pyrenäenmeeres hinweg bis zur Bergkette der **Sierra de Santo Domingo** am Horizont. Das Westportal aus dem XII. Jahrhundert besticht durch seine Figurensprache: Selbst ein Analphabet konnte so in der Bibel "lesen".

Am meisten beeindruckt jedoch die **Krypta** (Foto) aus dem XI. Jahrhundert, deren kurze Säulenschäfte mit den riesigen, primitiv verzierten Kapitellen wie von der Last der wuchtigen Tonnengewölbe in den Boden gedrückt erscheinen.

Wir kehren nach YESA zurück, um im Ortszentrum nach rechts (Süden) Richtung SANGÜESA abzuzweigen.

Ist der Wasservorrat noch reichlich? Am Ortsende links schießt ein armdicker Wasserstrahl in einen **Brunnentrog**, gegenüber warten Parkplätze vor dem Schwimmbad auf Sie.

Die Straße windet sich durch Hügelland (vor dem Anstieg, bei »km 8,5«, links in einer Pappelgruppe ein schöner **Picknickplatz**, der Parkplatz ist dummerweise auf der anderen Straßenseite). An einer der steilsten Stellen führt sie uns an dem prachtvollen **Schloss Javier** vorbei. Dessen Besuch sollten Sie nicht versäumen! Von 9-13.30, 16-19 Uhr werden Sie durch die Räume des Schlosses geführt, in dem 1506 der Hl. Franz

Schloss Javier

Xaver, der Schutzpatron von Navarra, geboren wurde (dieser legte zusammen mit Ignatius von Loyola die Regeln des neuen Jesuitenordens fest).
Sie sind zu spät dran? Dann werden Sie sich über die großzügig angelegten **Parkplätze** [**040:** N42° 35' 33.6" W1° 12' 57.4"] freuen.

Es ist schon nach Mittag, als wir, den Wegweisern folgend, direkt neben der **Kirche Santa Maria la Real** in SANGÜESA stoppen und gegenüber, bei der **Touristen-Info**, einen Stadtplan bekommen. Die Verzierungen des Hauptportals sprechen auch für den weniger Bibelbelesenen eine deutliche Sprache: im Tympanon Christus, von Engeln umgeben, den Ablauf des Jüngsten Gerichts überwachend. Links die Seligen, reich gekleidet. Rechts die Verdammten, die, einander fest-

haltend, dennoch in die Fratzen der Hölle hinabstürzen. Überall wimmelt es von Schreck- und Sagengestalten.
Dieser Zoo der Hässlichkeit macht deutlich: Wer hier eintritt, lässt alle Gefahren und Ängste dieser Welt hinter sich! Das Kircheninnere selbst ist romanisch-dunkel. Kaum kann man die Einzelheiten der Säulenkapitelle erkennen. Wir genießen die Kühle, sind geradezu geblendet, als wir schließlich ans Tageslicht hinaustreten.
Jetzt fehlt nur noch ein schönes Übernachtungslätzchen mit Bademöglichkeit!
Wir nehmen die Straße nach PAMPLONA und gelangen nach 5 km, an einem Kreisverkehr, wieder auf die N 240, die jetzt NA-2420 heißt.
Hier heißt es aufpassen, denn durch den Schnellstraßenneubau wurde vieles verändert:
Links abbiegen (Richtung PAMPLONA), nach 2000 Metern nach rechts die Schnellstraße überqueren und rechts, parallel zu ihr, zurückfahren, vorbei am "Centro de Conservation y Expotacion A-21" (bei uns würde man Straßenbauamt sagen); schließlich auf einem ausgefahrenen Kiesweg zum Ufer des **Rio Irati** hinabholpern. Dort werfen Eschen Schatten für das WOMO, Weiden- und Pappelgruppen laden zum Verweilen ein, und das durch eine natürliche Felsbarriere aufgestaute Flüsschen bietet genug Tiefe für ein erfrischendes **Bad**.

(041) WOMO-Bade- und Picknickplatz: Rio Irati
GPS: N 42° 37' 13.5" W 1° 17' 24.2"; 411 m. **max. WOMOs:** 2-3.
Ausstattung/Lage: Baumschatten, Fluss-Bademöglichkeit, Mülleimer/außerorts.
Zufahrt: Von Sangüesa nach Norden zur NA- 2420. Auf ihr 2 km nach links, dann über die Schnellstraße und parallel hinter ihr zurück.

Idyllischer Badeplatz am Rio Irati

Leider verändert sich die Situation bei jedem Frühjahrshochwasser. Vielleicht ist dieses Jahr der linke Weg, der oberhalb der Eschenreihe zu einer Wiese mit Olivenbäumen am Fluss führt, die bessere Wahl?

Für den abendlichen Spaziergang empfiehlt sich der Weg **rechts** flussaufwärts zur **Foz de Lumbier**, einem Felsendurchbruch, aus dem das Wasser des **Irati** ins Freie strömt; ein Schauspiel, das man sich nicht entgehen lassen sollte – allerdings muss man zunächst den Fluss durchwaten, durchschwimmen oder einen Umweg über LIEDENA machen, und eine Taschenlampe und den Fotoapparat mit Teleobjektiv dürfen Sie auch nicht vergessen! Wer's bequemer liebt, fährt nach der Schnellstraßenüberquerung links (Wegweiser: Villa romana de Liedene) und bekommt dort nicht nur die Ausgrabung einer römischen Villa präsentiert, sondern sieht auch die tief eingekerbte Scharte in der Felswand (mit den Resten einer zusammengebrochenen Römerbrücke), aus der der **Rio Irati** herausquillt ...

Habe ich Sie neugierig gemacht!? Dann nichts wie hin – oder Sie warten bis morgen, denn dann werden wir die **Foz de Lumbier** gemeinsam erstürmen!

Heute kann uns nichts mehr dazu bewegen, die Weiterfahrt anzutreten. Und so schlafen wir traumlos, eingewiegt vom Rauschen der Eschen und dem Geplätscher der Irati-Wellen.

KARTE TOUR 3+18

TOUR 3 (ca. 430 km / 2-3 Tage)

Lumbier – Eunate – Puente la Reina – Logroño – Pancorbo – Oña – Embalse del Ebro

Freie Übernachtung:	Foz de Lumbier, Eunate, Logroño, Roija-Balkon, Samaniego, Casalarreina, Poblacion, Embalse del Ebro.
Trinkwasserstellen:	Eunate, Logroño (Grajera), Oña, Soncillo, Corconte.
Campingplätze:	Lumbier, Haro, Arija (Embalse del Ebro).
Baden:	Foz de Lumbier, Embalse de Alloz, Embalse del Ebro.
Besichtigungen:	u. a. Eunate, Puente la Reina, Estella, Ebro-Quelle, Reinosa.
Wanderungen:	Foz de Lumbier, Pico de Tres Mares (2175 m).

Schon früh am Morgen erleben die Wasser des **Irati** eine heftige Wasserschlacht, denn frisch wollen wir uns auf die ca. 300 km lange Strecke bis in die **Picos de Europa** machen. Vorher gilt es jedoch, das "Geheimnis" des **Foz de Lumbier** zu lüften!
Wir kehren zur Schnellstraßenauffahrt zurück, fahren zunächst gerade bis zu dem Parkplatz bei den Ausgrabungen der **Villa romana** (1.-4. Jh. n. Chr.). Von hier aus hat man auch einen feinen Blick hinüber zur Schluchtscharte, ihrem Ende.
Zu deren Anfang gelangt man, wenn man 4 km später rechtsabbiegend die NA 2420 verlässt (man kann auch bis zur nächsten Abfahrt 35 die Schnellstraße A 21 nehmen) und vor dem Ort am Kreisverkehr rechts zur **Foz de Lumbier** fährt. Wir passieren die Abzweigung zum **Camping** von LUMBIER und rollen auf einem großen Parkplatz aus.

(042) WOMO-Wanderparkplatz: Foz de Lumbier
GPS: N 42° 38' 16.7" W 1° 18' 26.3"; 440 m. **max. WOMOs:** > 5.
Ausstattung/Lage: Tisch & Bank, Brunnen, Grillstellen, Toiletten/außerorts.
Zufahrt: Von der NA 2420 nach Lumbier abbiegen. Am Ortsbeginn (Kreisverkehr) rechts.
Hinweis: Geringe Gebühr.

Direkt neben dem **Picknickplatz** verschwindet der Schluchtwanderweg in einem schmalen, hohen Tunnel, dessen Form nur der Kenner versteht: Einst rollten Züge durch die Schlucht, der Schienenstrang ist inzwischen abgebaut.

Wir spielen Bundesbahn, "rollen" tutend durch den Tunnel; es dauert eine Weile, bis unsere blinzelnden Augen das Ausmaß der gewaltigen Klamm und ihre landschaftliche Schönheit erfasst haben. Während unsere Augen immer weiter an den steilen Wänden emporklettern, löst sich von der Kante ein großer Schatten, stürzt zu uns herab, fängt sich elegant ab, zieht einige Schleifen vor der sonnenheißen Wand, kehrt zu seinem Späherfelsen zurück – ein riesiger Geier. Aber er ist kein Einzelexemplar! Bis zu acht

Aasvertilger kreisen zeitweise über uns, sind wohl genau so überrascht von dem frühen Besuch wie wir erfreut sind von der idealen Gelegenheit, diese schönen Vögel bei ihren freiwilligen Flugvorführungen zu beobachten. Oder sollten sich die gefiederten Gesellen durch uns eine willkommene Abwechslung ihres Speisezettels erhoffen?

Wir spazieren weiter in die Schlucht hinein. Es gibt eine ganze Reihe von Möglichkeiten, um zum Fluss hinabzusteigen, der sich an manchen Stellen so hoch gestaut hat, dass genügend große und tiefe **Badebecken** entstanden sind...

Nach einem knappen Kilometer gähnt uns dunkel eine zweite Tunnelöffnung an, an ihrer Decke hängen noch Reste von Stromleitungen. Wir durchqueren die 200 m lange Röhre, und als wir wieder Tageslicht erblicken, haben wir die Schlucht verlassen, sichten die Reste der romanischen Brücke und gegenüber die Villa romana.

Aber alles lässt sich steigern! Wendet man sich am Kreisverkehr von LUMBIER rechts (Wegweiser: AOIZ) und nach 800 m nochmals rechts (Wegweiser: NAVASCUES). Die gute Straße steigt langsam, dann immer steiler an. Nach 11 km schwenken wir auf einem Sattel rechts zum Aussichtsplateau an der Kante der **Foz de Arbayun** [N 42° 41' 29.7" W 1° 11' 4.7"].

Ein gigantischer Blick bietet sich uns: Der **Rio Salazar** hat eine 6 km lange Schlucht gegraben, deren nahezu senkrechte Wände 400 m aus der Tiefe aufsteigen; die größte Gänsegeierkolonie Navarras lebt hier.

Wer die Serpeninen der Bergstraße nun hinabrollt, findet hinter dem Rio Salazar rechts den **Picknickplatz "Bigüezal"** [**043:** N 42° 41' 47.9" W 1° 10' 22.4"].

Wir kehren zur A 21 bei LUMBIER zurück, entern sie Richtung

PAMPLONA. Die NA 2420, die den "Pass" **Puerto de Loiti** mit 724 m Höhe erklimmen muss, fährt kaum noch jemand. Flimmert die Straße bereits in der Sonne? Dann geben Sie acht, dass Sie nach 20 km nicht die Ausfahrt 16 Urroz/Campanas verpassen, am Kreisverkehr Richtung Campanas (NA 234). Kurz vor diesem Ort treffen wir auf die breite N 121, nachdem wir die Autobahn überquert haben, biegen in sie nach Süden (Richtung MADRID) ein, verlassen sie aber schon 700 m nach dem Ortsende von CAMPANAS wieder nach rechts, dem Wegweiser PUENTE LA REINA/Eunate folgend.

1,3 km nach der Abzweigung ADIOS, einsam mitten in abgeernteten Feldern, unser erstes Ziel: **Eunate**! Niemand weiß so recht, welche Aufgabe dieses **mozarabische Kirchlein** aus dem XII. Jahrhundert weit weg von jeder Siedlung hatte; uns erfreut seine friedvolle, ruhige Lage (offen: 10.30-13.30, 17.00-20.00 Uhr, Mo geschl., Internet: www.welcome.to/eunate).

Hinweis: Großer Parkplatz **vor** der Kirche. Der Wiesenplatz hinter der Kirche ist nicht als Picknick-, sondern als Andachtsplatz gedacht!

Wir schlendern durch die Arkaden aus 33 Rundbögen, davon 14 Doppelsäulen mit figurenverzierten Kapitellen, die wie Girlanden den achteckigen Bau umrahmen. Er stellt ein Idealbild symmetrischer Geschlossenheit dar. Noch vollkommener wirkt der dreistufige Innenraum, der in einer nahezu halbkugeligen Kuppel gipfelt. Das Tageslicht schimmert nur durch die Alabasterscheiben der schmalen Fenster; etwas eigenartig wirken auf uns die wurstartig gebogenen Säulen über den Fensterbögen.

(044) WOMO-Stellplatz: Eunate

GPS: N 42° 40' 21.2" W 1° 45' 39.9"; 410 m. **max. WOMOs:** 3-4.
Ausstattung/Lage: Toiletten, Brunnen, Mülleimer/außerorts.
Zufahrt: An der Landstraße NA 6010 zwischen Eneriz und Puente la Reina.

Kaum können wir uns losreißen, aber ein wichtiger Ort wartet auf uns, Treffpunkt aller Pilgerwege zum fernen SANTIAGO, die **Brücke** von LA REINA!
Wen wundert's, dass die Pilger aus Mitteleuropa die Pyrenäen auf verschiedenen Wegen bezwangen, sie möglichst sogar nördlich oder südlich umgingen, kein Weg war besser, sicherer als der andere. Aber in Spanien rückte man zusammen, wanderte gemeinsam dem Ziel entgegen und wählte vor allem den bequemsten Weg. Die einzig wirklich gefährlichen Hindernisse waren dabei die Flüsse; im Sommer oft nur ein Rinnsal, im Herbst und Winter jedoch tückische Barrieren, mit Fährleuten, die ihren Lohn nach Gutdünken festsetzten.
So mündeten die Wege, die von den Bergen nach Westen führten, stets in das Nadelöhr einer sicheren Flussbrücke. Hier siedelten sich Klöster an, boten den Pilgern Unterkunft, Mahlzeit und auch ärztliche Hilfe, in den Klosterkirchen fand man Trost und neuen Mut.
Wir finden in PUENTE LA REINA/GARES am Ende der Platanenallee (mit **Brunnen**), die die Hauptverkehrsstraße um den alten Stadtkern herumführt, einen schattigen Parkplatz. Der Kinderspielplatz direkt daneben ist vielleicht auch für die eine oder andere Familie interessant! Nur wenige Schritte sind es bis zur neuen Brücke über den **Rio Arga**, von der aus wir einen prächtigen Blick auf die alte **Pilgerbrücke** haben.
Man kann auch **vor** der Altstadt rechts [N42° 40' 25" W1° 48' 46"] parken oder vor der neuen Brücke links abbiegen und flussabwärts schattig stehen [N 42° 40' 9.5" W 1° 49' 15.6"].

Ein Seitensträßchen führt uns zur Pilgerbrücke und zum Ende der **Calle Mayor**, der alten Hauptstraße, auf der früher die Pilger durch die Stadt zogen und schließlich auf der ehrwürdigen, sechsbogigen Buckelbrücke den Fluss überquerten.
Vom Brückenhaus aus kann man schon, die enge Hauptstraße hinabblickend, den Turm der **Santiagokirche** erkennen. Sie war Stätte der Andacht und Aufmunterung zugleich für jeden Santiagopilger. Begegnete er in ihr doch, nachdem er durch das reich mit mozarabischen Anklängen verzierte **Portal** eingetreten war, seiner Traum- und Leitfigur: Sant Jago, dem Heiligen Jakobus, in Überlebensgröße, holzgeschnitzt, mit einem prunkvollen Goldbaldachin geehrt – erkenntlich am Pilgerstab und natürlich den drei Pilgermuscheln am Hut. Dieses Bild eines jungen, tatkräftigen Heiligen vor Augen, der sich selbst zum Pilger erniedrigte, waren die Strapazen des weiten gebirgigen Weges leichter zu ertragen.
Wir schlendern weiter die alte Hauptstraße hinab,

die Umgehungsstraße überquerend und haben nach wenigen Schritten die **Iglesia Crucifijo** erreicht. Wir betreten sie durch ein besonders schönes Portal, dessen Rundbögen von sechs verschieden verzierten Säulen getragen werden. Im Tympanon Pilgermuscheln, finstere Fratzen und Greife. Im Inneren fesselt uns sofort die ausdrucksstarke Figur des Erlösers, die der Legende nach von einem Mönch aus Deutschland hierher gebracht worden sein soll. Aber es ist ein ungewöhnliches Kreuz, ein Kreuz, das aus einem Stück besteht. Seine Y-Form erhält es durch zwei Seitenäste, die rechts und links aus dem Stamm eines Baumes schräg nach oben ragen.
Man kann seine Stadtbesichtigung auch von der **Iglesia Crucifijo** aus beginnen, denn sie liegt am Ortsbeginn links und hat eine Reihe bequemer Parkplätze.

Weiter geht es auf der NA 1110 nach Westen. Die neu trassierte Strecke führt in elegantem Bogen den Hang hinauf, mündet in die A 12 ein, die inzwischen komplett 4-spurig PAMPLONA mit LOGROÑO verbindet.
Des Pilgers müder Fuß wurde schneller, erblickte er ESTELLA, **"La Bella"** (LIZARRA).
Auch wir wollen wenigstens der Kirche **San Pedro de la Rua** mit ihrem berühmten **Kreuzgang** einen Besuch abstatten.

Ein Parkplatz ist folgendermaßen zu finden:
Wir verlassen die A 12 (Wegweiser: VILLATUERTA) bei »km 36«, fahren auf der NA 1110 nach ESTELLA. Bei »km 36« biegen wir angesichts des Straßentunnels scharf nach links (beachten Sie auch den Campingplatzwegweiser).
Sofort wieder scharf links abgebogen, finden Sie vielleicht einen **Parkplatz** [**045:** N42° 40' 11.5" W2° 01' 37.0"] für ein kleineres WOMO. Ansonsten folgen Sie dem Straßenverlauf (der Teil des Pilgerweges ist) bis zu einer Parkmöglichkeit neben den schönen Liegewiesen mit Bänken (nicht nur für ermattete Pilger). Das trifft auch auf den schönen Brunnen zu und den **Campingplatz** "Lizarra" nach 1700 m [**046:** N42° 39' 25.7" W2° 01' 01.6"] (WOMO + 2 Pers.: 28 €).

Ach ja, der "Denkspruch" auf dem Brunnen lautet übersetzt: "Gutes Brot, ausgezeichnetes Wasser und Wein, Fleisch und Fisch sind das ganze Glück".
Mancher Pilger würde sicher hinzufügen: Gutes Schuhwerk und geheilte Blasen.
Wir folgen (zu Fuß 3 min.) der Schar der Pilger in die Stadt hinein (beachten Sie auch die Pilgermuscheln auf der Straßenmitte!).

Dort sichten wir nach einem Platanenplatz mit **Brunnen** rechts den **Palacio de los Reyes de Navarra**, den Palast der Könige von Navarra aus dem XII. Jahrhundert und links eine breite Prachttreppe, die hinauf führt zur **Iglesia de San Pedro de la Rua** mit dem **Claustro romanico**, dem romanischen Kreuzgang, zu dem wir zunächst, die Kirche nur durchquerend, eilen (marschiert man am Palast vorbei noch 100 Schritte, dann entdeckt man linkerhand einen Aufzug, der Sie direkt zum Kreuzgang liftet).

Estella, Kreuzgang der Kirche San Pedro de la Rua

Es ist eigentlich eine verrückte Attraktion, aber man muss sie einfach gesehen haben, zeigt sie doch, dass man auch zu romanischer Zeit, und gar in den "heiligen Hallen" eines Kreuzganges, dem Ort der Versenkung, ja der Verinnerlichung, einen Spaß verstand. Oder wie soll man sonst verstehen, dass zwischen all den "normalen" Säulen plötzlich vier stehen, die oben, am Kapitell der jeweiligen Nachbarsäule ankommen, allesamt also schräg stehen wie ein verdrilltes Bündel aus vier Stäben (Foto). Versäumen Sie jedoch nicht, den Einfallsreichtum des Bildhauers zu bewundern, denn jedes der Kapitelle ist anders verziert, trägt Pflanzen- und Tiermotive (Westflügel) oder Szenen aus dem Leben Christi, Petrus und Andreas (Nordflügel). Die zwei restlichen Flügel wurden bei der Sprengung der ehemals benachbarten Burg zerstört.
Sehenswert ist auch das Innere der **Kirche**: Eine Reliquie des Heiligen Andreas wird in einer der Barockkapellen aufbewahrt und im Chor entdecken wir, wie drei umeinander gewundene Schlangen sich zu einer Säule aufrichten. Das prachtvolle **Kirchenportal** erinnert uns mit seinen arabisch anmutenden Spitzbogenzacken an die Santiagokirche in PUENTE LA REINA.

Vom schattigen Platanenplätzchen am Fuße der Kirchentreppe aus werfen wir noch einen Blick auf den **Palacio Justitia** mit kannelierten Säulen und schönen Wappen, bevor wir zum WOMO zurückkehren und unseren Weg nach Südwesten fortsetzen, wobei wir uns eine ganze Reihe von Sehenswürdigkeiten für den Nachhauseweg aufheben!

Nur das **Kloster Irache (Iratxe)** liegt direkt am Wege, wenn man auf der NA 1110 weiter über AYEGUI Richtung A 12 fährt. Wir parken vor dem Klosterkomplex neben einem **Brunnen** im **Platanenhain** [**047:** N 42° 39' 0.8" W 2° 2' 38.8"]. **Kirche** und **Kreuzgang** sind unbedingt sehenswert: Die Kirche hat ein gotisches Längsschiff mit einem Spitztonnengewölbe. Die Apsis erinnert noch an die Romanik, der Kreuzgang wurde eindeutig in der Renaissance erbaut.

Weitläufige Nebengebäude stammen aus der Universitätszeit des Klosters (offen: Mi-So 10-13.15/16-19 Uhr).

Das Weinmuseum linkerhand bietet auf den ersten Blick nur einen angenehmen Rahmen für den Weinverkauf der "Bodega Irache". Spaziert man jedoch rechts des Gebäudes 20 Schritte den Pilgerweg hinab, so steht man vor dem einmaligen **Weinbrunnen** (es gibt auch einen Hahn für Wassertrinker!).

10 km vor LOGROÑO mündet unsere schnelle A 12 in die NA 134. Diese führt uns, immer geradeaus, schließlich am Ebro entlang, zu einem ausgedehnten Freizeitgebiet mit Sportplätzen und Schwimmbad. Davor liegt ein riesiger, wunderbar beschatteter **Parkplatz** [**048:** N42° 28' 30.7" W2° 27' 16.3"] - und 400 m weiter westlich, gegenüber einer Cepsa-Tankstelle, die erste Ver-/Entsorgungsstation unserer Nordspanientour.

Hinter ihr schwenken wir links, überqueren auf einer tollen, an Stahlseilen hängenden Brücke den Ebro, lassen uns zur A 12/LO 20 zurückführen.

Ein lohnender Abstecher von der Schnellstraße ist der **Parque de la Grajera** (Ausfahrt 10). Bereits nach 600 m hat man das weitläufige Freizeitgebiet mit Wald (Tisch & Bank), See, Gaststätte und vielen Spazierwegen erreicht.

(049) WOMO-Picknickplatz: Parque de la Grajera
GPS: N 42° 26' 56.0" W 2° 30' 14.9"
max. WOMOs: > 5.
Ausstattung/Lage: Toiletten, Wasserhähne, Grillstellen, See, Mülleimer/außerorts.
Zufahrt: Von der A 12 westlich Logroño die Ausfahrt 10 benutzen; noch 600 m.

Westlich von uns liegt die **Rioja Alta** (sprich: Riócha wie Koch). Ein Abstecher in das Zentrum des wohl berühmtesten Weinanbaugebietes Spaniens ist uns nicht genug, wir wollen sie von oben betrachen, vom Rioja-Balkon aus!

Zurück auf der A 12 verlassen wir sie bereits 3 km weiter westlich, nehmen die N 232 bis FUENMAYOR; rollen dann nordwärts durch das Städtchen hindurch (am Ortsende rechterhand Picknickplatz mit Brunnen), wenig später überqueren wir den Ebro.

Das nächste Örtchen, LAGUARDIA/BIASTERI, hat gleich zwei Attraktionen für uns. Biegt man am Ortsende rechts Richtung BILAR und nach 600 m (links ist das Centro hippico) rechts, so kommt man schmal zum **Picknickplatz** am "Balsa del Prao de la Paul", einem Feuchtbiotop mit einer reichen Vogelwelt, die man beim Spaziergang um die Wasserfläche beobachten kann.

(050) WOMO-Picknick-/Wanderparkplatz: Laguardia (Biotop)
GPS: N42° 33' 21.7" W2° 34' 38.3" **max. WOMOs:** 1-2.
Ausstattung/Lage: Tisch & Bank, Baumschatten, Liegewiese, Vogelbeobachtungsweg/außerorts.
Zufahrt: Am Ortsende von Laguardia rechts, nach 600 m wieder rechts.

Kaum haben wir das Städtchen verlassen, können wir rechterhand den **Dolmen St. Martin** (nach unserem Verständnis eher ein Ganggrab) besichtigen.

Weiter geht es auf der A 124 Richtung VITORIA/GASTEIZ, bis wir nach 5 km rechts in die Bergstraße nach URIZAHARRA abbiegen, 14% Steigung sind angezeigt.

Nach 4,5 km kann man links zum Rioja-Balkon abbiegen (Fotosymbol). Wer die Abzweigung verpasst, landet nach weiteren 800 m auf dem Herrera-Pass (1100 m Höhe).

(051) WOMO-Picknickplatz: Rioja-Balkon

GPS: N42° 35' 24.4" W2° 40' 46.8" **max. WOMOs:** 2-3.
Ausstattung/Lage: Tisch & Bank, Baumschatten, Ausblick, Mülleimer/außerorts.
Zufahrt: Von Laguardia Rtg. Vitoria/Gasteiz, nach 5 km rechts noch 4,5 km.

Die Sicht ist enorm – und wir beginnen zu begreifen, warum es Rioja-Wein auf der ganzen Welt gibt: Weinfelder, so weit das Auge reicht; da wird einem der Mund ganz wässrig.

Zurück auf der A 124 wenden wir uns rechts, jetzt muss schnell eine Bodega mit Weinverkauf her! Gleich im nächsten Örtchen, in SAMANIEGO, können wir Ihnen am Ortsende rechts die **Bodegas Ostatu** und gegenüber, mit dem großen Glaskubus, die **Bodegas Baigorri** empfehlen. Diese hat zwar einen schön gelegenen Parkplatz [N42° 33' 59.0" W2° 41' 11.8"], um nach der Weinprobe in Ruhe den Alkohol abzubauen, aber auch eine "Zona de recreo", zu der man in der Ortsmitte nach Norden abbiegt, haben wir entdeckt. Nach 1100 m haben wir den Picknickplatz in einem kleinen Wäldchen vor uns.

(052) WOMO-Picknickplatz: Samaniego

GPS: N42° 34' 45.4" W2° 41' 02.4"
max. WOMOs: 2-3.
Ausstattung/Lage: Tisch & Bank, Baumschatten, Grillstellen, Brunnen/außerorts.
Zufahrt: In der Ortsmitte von Samaniego rechts (ausgeschildert) noch 1400 m.

Über ABALOS, SAN VICENTE DE LA SONSIERRA (sehenswerte **Ebrobrücke** mit Picknickplatz) und BRIONES kehren wir zur N 232 zurück, setzen unseren Weg auf der Hauptstrecke fort.
Die N 232 führt, unter der A 68 hindurch, um CASALARREINA herum. Schwenkt man indes in den Ort hinein, dort links Richtung STO DOMINGO DE LA CALZADA und hinter den Mauern des Conventos wieder rechts zum Sportplatz/Schwimmbad, so findet man unter Trauerweiden ruhige **Plätzchen [053:** N 42° 32' 52.3" W 2° 54' 50.9"] am Ortsrand.
An PANCORBO vorbei, einen Blick nach rechts in die gleichnamige Felsenschlucht werfend, aus der sich wie ein Lindwurm die Autobahn A 1 herausschlängelt, halten wir auf die **Picos de Europa**, das Kantabrische Randgebirge, zu. Dies ist weder die Schwäbische Alb noch der Schwarzwald, dort geht es sogar höher hinauf als in den deutschen Alpen!
Unsere Straße trägt nun die Bezeichnung N 1(Richtung BURGOS), weil diese ihren Weg ein Stück gemeinsam mit unserer N 232 hat – und man muss fürchterlich aufpassen, dass man nicht, 7 km westlich PANCORBO, die Abzweigung nach rechts auf die N 232 Richtung OÑA/SANTANDER verschläft.
In OÑA finden wir am Ortsbeginn rechts zwei **Doppelbrunnen** und später die letzte Tankstelle vor dem Gebirgsaufstieg.
Nach einigen Kurven, die dem Fahrer nur knappe Blicke auf die wilde Landschaft gestatten, gelangen wir auf eine wellige Hochfläche, kurven wieder hinab. Ein Stück fließt uns der **Rio Ebro** entgegen, dann schrauben wir uns, hinter CERECEDA, wieder hinauf. Ein ruhiges Nachmittag-Kaffee-Plätzchen würden wir jetzt nicht verschmähen!
Ob das Hinweisschild "Camino forestal" (Waldweg), das bei »km 520,2« nach links in das Gelände zeigt, eine Bedeutung hat? Es geht einige Kurven hinauf, nach 700 m will ich schon

wenden, da liegt doch wirklich links des Weges ein schattiger **Picknickplatz** unter Kastanien- und Pflaumenbäumen.

(054) WOMO-Picknickplatz: Camino forestal »km 520,2«

GPS: N42° 47' 13.4" W3° 30' 20.2" **max. WOMOs:** 2-3.

Ausstattung/Lage: Tisch & Bank, Baumschatten, Brunnen/außerorts.

Zufahrt: Von der N 232 bei »km 520,2« links noch 700 m.

Zehn runde Steintische mit dazu passenden, geschwungenen Bänken, eine gigantische Grillanlage (verschlossen?) und eine **Brunnenwand** ergänzen das unverhoffte Angebot in der Einsamkeit, das sicher auch nachts total verlassen ist (Zufahrt steil (?) und grobschotterig.

Viel bequemer ist die Zufahrt zum Picknickplatz von POBLACIÓN, nur gut 5 km weiter. Wir haben uns wieder zum **Ebro** hinabgewunden, überqueren ihn bei »km 525,5« Richtung QUECEDO und stehen bereits nach 500 m neben dem Sportplatz am Fluss.

(055) WOMO-Picknickplatz: Población

GPS: N 42° 49' 03.5" W 3° 32' 21.1"; 552 m. **max. WOMOs:** > 5.

Ausstattung/Lage: Tisch & Bank, Grillstellen, Mülleimer/Ortsrand.

Zufahrt: Von der N 232 bei »km 525,5« rechts; noch 500 m, am Ortsschild links hinab.

Einen weiteren **Picknickplatz** [N 42° 51' 33.9" W 3° 35' 33.1"] haben wir hinter VALDENOCEDA entdeckt, dort, wo die Straße den **Ebro** überquert. Vor der Brücke kann man bei »km 534,2« links zu einem Pappelgehölz abzweigen. Man steht dort sehr schön am Fluss – aber vermutlich nur für einen Kaffee und nicht für die Nacht, denn die Straße ist nahe.
Hinauf und hinab, die letzten Kilometer vor unserem Ziel scheinen endlos zu sein. Vereinzelte Pinien, Wacholdergruppen und vor allem violette Meere von Heideflächen geben den Ton an. Die Luft ist nordisch kühl, Böen lassen den Wagen schwanken. Irland, ja Schottland haben hier Pate gestanden. Langsam gewöhnen wir uns an die Aufschrift an den Wegweisern: **Punta del Escudo**, der Passhöhe auf den Picos.
Wie an anderen "zugigen Stellen" Spaniens hat auch hier die Zukunft begonnen: Ganze Großfamilien von hochmodernen Windrädern wirbeln über und neben uns mit ihren Armen.
In der Ortsmitte von SONCILLO sichten wir linkerhand, mitten im Marktgetümmel, einen **Brunnen** mit vier Löwen und zwei Messingwasserhähnen. In diesem Örtchen kann man (und sollten Sie) bequem die Lebensmittelvorräte ergänzen.

Nach 8 km kommt die Einmündung in die N 623 von BURGOS (vorher rechts **Picknickplatz mit Brunnen**).
Wir folgen der N 623 nach rechts und können bereits 900 m später in die Abzweigung nach links (CA 171 Richtung REINOSA) einbiegen. Am Nordufer des 840 m hoch gelegenen **Ebro-Stausees** geht es entlang. Nebelfetzen jagen über die Heidelandschaft, zwischen Wiesenufern strahlen uns gelbe Sandbuchten entgegen – welch Kontrastprogramm!
2,5 km hinter dem Dörfchen CORCONTE führen drei Pisten durch ein Kiefernwäldchen zu kleinen Sandbuchten. Die erste ist nur VW-Bus geeignet, die zweite endet bei einer ehemaligen Bar im Wald – aber die dritte, bei »km 19,4«, am Waldende, führt hinab zu schönen Plätzchen am Waldrand. Zwischen Sand und Glockenheide balancieren wir das Fahrzeug aus – glückliches Ende einer langen Tagestour, die noch lange unser Abendgespräch bei einigen Gläsern funkelnden Riojas ist: PUENTE LA REINA, **Rioja**-Gebiet, Gebirgsaufstieg und immer wieder **Eunate**, dieser unvergessliche Traum eines gelungenen Bauwerkes.

(056) WOMO-Badeplatz: Embalse del Ebro
Area Recreativa del Pinar de Corconte, Dehesa y Soto

GPS: N 43° 02' 07.9" W 3° 55' 23.8"; 847 m. **max. WOMOs:** 3-4.
Ausstattung/Lage: Sandstrand, Baumschatten, Tisch & Bank, Kinderspielplatz, Brunnen (an der mittleren Zufahrt, aus Kieseln gemauerter Pfeiler, Bar (zeitweise), Mülleimer/außerorts.
Zufahrt: Auf N 232 über Oña nach Nordwesten bis N 623; weiter siehe Text.

Unser Standplatz ist nicht nur wunderschön, sondern auch ideal für Kleinkinder, denn das Ufer ist sandig und sehr seicht. Außer einem spanischen Dauercamper in seinem Steilwandzelt und zwei deutschen VW-Bussen sowie einem herrenlosen Hund finden sich nur ein paar Tagesgäste ein. An Wochenenden müssen hier allerdings andere Verhältnisse herrschen, wie uns die übervollen Mülleimer am Waldweg kundtun.

Deshalb legen wir uns auch nur einen Tag auf die faule Urlauberhaut und beginnen dann mit der Embalse-del-Ebro-Umrundungs- und Erkundungstour **(siehe Karte Tour 4!)**.
Zunächst kehren wir, nach Osten, zur N 623 zurück, biegen dort nach Süden. Wir rollen an "unserer" Abzweigung nach LOGROÑO vorbei, bleiben genau 4200 m auf der N 623 bis zum Örtchen CARBAÑAS DE VIRTUS. Dort verlassen wir die Nationalstraße (Wegweiser: HERBOSA, ARIJA) und zwar direkt vor dem Bahnübergang, der, wie üblich in Spanien, auch noch verrät, welche Strecke man überquert. Hier lesen wir: F.F.C.C. Bilbao – La Robla. Links der recht ordentlichen Bahn führt die Zuglinie entlang, rechts trennen uns Weideflächen vom Seeufer. Auf ihnen stehen die Kühe wiederkäuend paarweise Kopf an Schwanz und wedeln sich gegenseitig die Fliegen aus dem Gesicht.
Jetzt müssen wir die Bahnlinie überqueren, die uns nun auch noch vom See trennt, dahinter geht's wieder rechts.
Immerhin können wir bald feststellen, dass die Wasserversorgung rings um den Ebrostausee ausgezeichnet ist. Bereits am Ortsbeginn von SAN VICENTE DE VILLAMEZAN erfreut uns nicht nur ein altes, kleines Kirchlein, sondern auch ein **Brunnentrog**, dem nun alle 100 m weitere folgen.
Wenig später überqueren wir rechts abbiegend die Bahnlinie nach (ARENAS DE) ARIJA.
"Arena" ist spanisch! Damit ist jedoch seltener eine Arena gemeint (die heißt meist "Plaza de Toros"), sondern häufiger – Sand. Wir fahren also zu den "Sänden von Arija" – und landen mit der kleinen Halbinsel im Ebrostausee einen Volltreffer! Wir können wählen: Am Ortsende links, unter Fichten, steht man schattig auf einer **Picknickwiese am Seeufer** [N 42° 59' 43.9" W 3° 56' 46.9"]. Gegenüber finden wir einen **Stellplatz** am Rande des Sportplatzes, in einem kleinen Kastanien- und Lindenhain einen **Brunnen**, gleich daneben ein Lebensmittelgeschäft – und haben das Gefühl, dort die ersten ausländischen Touristen zu sein! Sie sollten das ändern, denn eine schönere Ecke des Ebrosees haben wir nicht entdeckt.
Rollt man bis zum einsamen Ende der Halbinsel (den **Campingplatz** passierend), so findet man dort **Badeplätze** am weiten **Sandstrand** wie in der Südsee und eine vorgelagerte Düneninsel wie in Helgoland – aber keinen Schatten. Nur lilafarbene Heidekrautbüschel wuchern in den goldgelben Sanddünen (Camping verboten).

Am weiten Sandstrand von Arenas de Arija

(057) WOMO-Campingplatz-Tipp: Playa de Arija

GPS: N43 00' 00.0" W3° 56' 43.2" **Öffnungszeiten:** 1.6. - 15.9.

Ausstattung/Lage: Restaurant, Supermarkt, kaum Schatten; am Sandstrand/nächster Ort: 300 m. WOMO + 2 Pers.: 16 € + 3,60 € Strom.

Zufahrt: siehe Text.

Rechts des Denkmals verlassen wir ARIJA; wenige Meter später bereits lohnt sich ein Stopp für einen Fototermin, denn im Wasser liegen die überaus fotogenen Überreste der alten **Brücke** (Foto), wellen sich wie das auftauchende Ungeheuer vom Loch Ness (bei hohem Wasserstand lässt sich Nessy nicht blicken!).

Über LLANO (**Brunnen**) kommen wir nach RENEDO, dessen verfallende Kirche einsam auf einem kleinen Halbinselchen im See steht. Zum netten Wiesenfleck davor mit kleinem **Sandbadeplätzchen** [**058:** N 42° 58' 36.4" W 4° 0' 15.6"; 849 m] kommt man genau 350 m nach dem Ortsschild. Noch schlimmer hat es die Kirche von VILLA NUEVA DE LAS ROZAS getroffen. Beim dritten (trockenen) Brunnen parken wir und marschieren durch die Bahnunterführung, denn dahinter steht der alte **Kirchturm** des Ortes sehr malerisch am Rande des Sees in den Fluten.

Kurz vor ARROYO überqueren wir den Staudamm, rollen auf seiner Krone in den kleinen Ort (**Brunnen** 50 m nach der Kirche rechts). Der See wird immer flacher, eine vierzehnbogige Brücke führt hinüber zur letzten der großen Halbinseln, die den Stausee in viele kleinere Teilseen untergliedern.

Kurz hinter VILLAFRIA, rechts unter uns fließt der junge **Ebro**, Pferde und Rinder kühlen ihre Zehen darin, biegen wir links. Außer RETORTILLO sind auch noch die Hinweisschilder "**Ciudad Romano de Juliobriga 1,1 km**" und "**Iglesia Romanica de Retortillo**" unübersehbar.

Wir fixieren die schön restaurierte alte **Kirche** unmittelbar vor den ersten Häusern links. Sie prunkt mit einem dreistufigen Seitenportal. Darüber reichen sich zwei Greife friedvoll die Hand und noch eine Nische weiter oben wacht die Mutter Gottes mit dem Jesuskind. Der Kirchturm, zu dem eine Außentreppe hinaufführt, erinnert an die alten spanischen Klosterkirchen, die in so vielen Western als Kulisse dienen.

Die **römische Stadt** zu ihren Füßen hat nur noch Kniehöhe. Kurze Säulenstümpfe und niedrige Mauern sind wohl eher für Facharchäologen interessant – ganz im Gegensatz zu dem

Nachbau eines komplett eingerichteten römischen Hauses (sehr sehenswert; Di-So 10.30-13.30, 16-19 Uhr).
Auch den großen, aussichtsreichen **Parkplatz** [**059:** N 42° 59' 4.8" W 4° 6' 48.8"] wollen wir nicht unerwähnt lassen.
Über BOLMIR erreichen wir die neue A 67; von hier aus sind es nur noch ein paar hundert Meter nach rechts bis REINOSA.
Ein stilreiner, romanischer Kunstgenuss ist die **Stiftskirche** von CERVATOS [N42° 57' 23.8" W4° 8' 49.2"], zu der man nur 6,5 m nach links Richtung PALENCIA zu düsen braucht. In der Ruhe und Sauberkeit des flusskieselgepflasterten Klosterkollegs könnte man sich wohlfühlen, wenn nicht die Mittagsglut auf einen niederbrennen würde. Dabei fällt der Schatten der Sonnenuhr rechts neben dem Portal um 12.30 Uhr erst zwischen die X und die XI.
Fein wie Brüsseler Spitzen hat der Steinmetz die Verzierungen im Bogenfeld des Portals herausgearbeitet, eine sehenswerte Arbeit. Überhaupt nicht jugendfrei, aber recht einfallsreich sind die "Positionen" der Figuren unter dem Dachüberstand des Chores ...

Stiftskirche von CERVATOS, Dachfries des Chores

Ein zweites Mal sausen wir über die Schnellstraße A 67 (nicht die alte N 611!), nehmen die Abfahrt 136 nach REINOSA-Norte (wobei wir direkt auf den LIDL stoßen); hinter der Stadt erhebt sich die gigantische Kulisse der **Picos de Europa** mit schneeglitzernden Gipfelhängen.
Wir folgen, rechts an REINOSA vorbei, dem Wegweiser **Alto Campoo**. Links unserer Straße windet sich ein kleines Bächlein – das ist der **Ebro**, der Gewaltige, der im Laufe seines Weges eine ganze Reihe von Stauseen füllen wird, bevor er am **Cabo de Tortosa** südlich TARRAGONA das Mittelmeer auffüllt. Am Ortsende von FONTIBRE, nach 4 km, biegen wir links in einen großen, jedoch schrägen und schattenlosen **Parkplatz** [N 43° 1' 0.5" W 4° 11' 27.3"; 904 m] (Wegweiser: "Nacimiento del Rio Ebro"), von dem aus Stufen in ein Laubwäldchen hinabführen. Zwischen Kalktuffgestein, markiert durch eine Mariensäule, quillt das erste Ebrowasser an verschiedenen Stellen aus

dem Boden. Schöner ist der schattige Wald, unter dessen ruhigem Dach man sich auch in der Mittagshitze ergehen kann. Das Restaurant oberhalb des Parkplatzes bietet ein reichliches Menü, klimageregelte Atmosphäre und beruhigende Blicke auf das abgestellte WOMO.

Wer höher hinaus will, braucht die Straße nur weiter gen Westen zu brausen – einer der berühmtesten Berge Spanien steht dort, der **Pico de Tres Mares (2175 m)**, an dessen Hängen drei Flüsse entspringen und zu drei verschiedenen Meeren ziehen. Nach 20 km Bergfahrt lassen wir das **Skigebiet Alto Campoo** links liegen und rollen nach weiteren, steilen 5 km an einem großen Aussichtsparkplatz aus.

(060) WOMO-Wanderparkplatz: Pico de Tres Mares

GPS: N 43° 02' 42.9" W 4° 23' 42.5" **max. WOMOs:** > 5.

Ausstattung: Tisch & Bank, Aussicht, Wanderweg zum Gipfel.

Zufahrt: Von Reinosa-Norte 29 km nach Westen, Wegweiser Alto Campoo.

Hinweis: Ver-/Entsorgung am Parkplatz des Skigebietes [N42° 47' 9.8" W4° 15' 25.8"].

Hier sind wir fast allein mit einer atemberaubenden Sicht, die sich nur noch durch einen 30-Minuten-Spaziergang auf den

Gipfel steigern lässt. Dort ist die Rundumsicht komplett: Die unzähligen Gipfel der Kantabrischen Kordilleren, tief unten im Osten "unser" Ebro-Stausee, im Norden glauben wir die Costa Verde erkennen zu können (Foto).
Auf dem Rückweg nach REINOSA glauben wir zu träumen. Sitzt doch rechts der Straße im Heidekraut eine ganze Schar Geier und lässt sich in aller Seelenruhe fotografieren.

REINOSA liefert den passenden Rahmen für einen gemütlichen Bummel. Die alten Natursteinhäuser, geziert von abblätternden Wappen, zeugen von alter Grandezza. Hier, in über 800 Meter Höhe, kann man auch am frühen Nachmittag schlendern, wenn das Städtchen im Siestaschlaf liegt (anschließend könnten Sie, auf der ausgezeichneten, 4-spurigen A 67, den Nordhang der Picos zum Meer hinabschießen, und in TORRELAVEGA würden Sie wieder auf unsere Tour 4 treffen).
Am nördlichen Ortsrand von REINOSA (beim LIDL) unterqueren wir die A 67, setzen unsere Seeumrundung fort auf der CA 171 über REQUEJO, ORZALES und LA POBLACION und kehren zu unserem Plätzchen am Pinienwald bei CORCONTE zurück.

Seit einigen Tagen stapelt sich bereits altbackenes Weißbrot auf dem Kühlschrank. Warum können die Spanier auch kein vernünftiges Brot backen? Am ersten Tag ist es ein knuspriger Traum, am zweiten eine zähe Masse und am dritten eventuell noch als Sandhäring zu gebrauchen. So kreieren wir in unserer Verzweiflung:

CABALLERO POBRE (Armer Ritter)

(Oder: Was macht man mit dem vielen alten Weißbrot?)

Man verrührt 4-6 Eier mit 1/4 - 1/2 Liter Milch. Für Kinder: Weißbrotscheiben damit tränken, in Fett oder Öl ausbacken, mit Marmelade oder Zucker servieren. Für Erwachsene: Salz und Pfeffer zugeben, dann wie oben. Mit Salat, Salami, Dosenfisch o. ä. servieren.

TOUR 4 (ca. 100 km / 1-2 Tage)

Ebrostausee – Puente Viesgo – Altamira – Santillana – Comillas – Playa de Oyambre – Playa El Rosal

Freie Übernachtung:	Borleña, Puente Viesgo, Santillana, Playa Meron.
Trinkwasserstellen:	Corconte, Playa de Gerra, Playa El Rosal.
Campingplätze:	Santillana, Playa Oyambre, Playa El Rosal.
Baden:	Playa Oyambre, Playa de Gerra, Playa de Meron.
Besichtigungen:	Höhle von Puente Viesgo, Altamira, Santillana, Comillas.
Wanderungen:	Rio Ravia (Strandwanderung).

Schnaufend kriecht unser WOMO die letzten 2,5 km bis zum **Puerto del Escudo** hinauf, und hier passiert gleichzeitig zweierlei: Der Fahrzeugbug kippt von 10 % Steigung nach 12 % Gefälle ab und die Wolkendecke, die uns vom Ebro-Stausee

vertrieben hatte, reißt ab, als hätte jemand einen Reißverschluss aufgezogen.
Warnende Verkehrsschilder und ein vor uns um die Kurven stinkender Bus sorgen dafür, dass wir das Abstiegspanorama genießen können. Wie auf Bildern naiver Maler sind kreisförmige Ackerflächen an den flachsten Stellen der Hänge in die Wald- und Heidelandschaft gegraben.
Erwartungsvoll suchen wir immer wieder den Horizont ab – sind das Wolken, oder ist es der Atlantik?
Bei »km 118«, gegenüber von BORLEÑA liegt eine riesige Picknickanlage, an der Zufahrt **Brunnen** links.

(061) WOMO-Picknickplatz: Borleña
GPS: N 43° 14' 10.0" W 3° 56' 50.0"; 122 m. **max. WOMOs:** 3-4.
Ausstattung/Lage: Tische & Bänke, Brunnen, Grillstellen, Kinderspielplatz, Mülleimer/außerorts. **Zufahrt:** Auf der N 623 vom Ebro-Stausee nach Torrelavega. Bei »km 118« (Borleña links) rechts zum Picknickplatz abzweigen.

Wir haben den steilsten Teil des Abstiegs hinter uns. 7 km später weist uns im Zentrum des kleinen Kurortes PUENTE VIESGO ein Hinweisschild nach links in die nur 1,6 km kurze Stichstraße zu den **Tropfsteinhöhlen** (Höhlenkomplex **Castillo**) mit ihren prähistorischen Wandzeichnungen (Öffnungszeiten: 9.30/19.30 Uhr, Mai-Sept. auch montags offen).

(062) WOMO-Stellplatz: Höhlenparkplatz Puente Viesgo
GPS: N 43° 17' 33.3" W 3° 58' 09.4"; 151 m. **max. WOMOs:** 3-4.
Ausstattung/Lage: Toilette, Mülleimer/außerorts.
Zufahrt: Auf der N 623 nach Norden. In Puente Viesgo links 1,6 km zum ziemlich schrägen Höhlenparkplatz. Ebene Plätze im Ort gleich links nach der Abzweigung und ein paar Meter talwärts (Wegweiser: Balneario).
Hinweis: Von der ersten zur zweiten Höhle (Las Monedas) schöner 10-min.-Weg.

Wir kommen genau richtig zu einer der Führungen und tauchen hinein in 30.000 Jahre Menschheitsgeschichte. Wie die Ausgrabungen am Höhleneingang zeigen, wurden die Tropfsteinhöhlen als beliebter Unterschlupf in der kalten Jahreszeit und als Zuflucht vor tierischen und menschlichen Feinden von unseren Vorfahren lange Zeit genutzt. Knochen- und Blütenpollenfunde geben reichlich Auskunft über das Klima und die Nahrungsgewohnheiten der Steinzeitmenschen.
„Habla Usted castellano?" Der höhlenkundige Führer setzt eine weltmännische Miene auf, als wir unsere Köpfe schütteln. Dann beginnt er seine ausführlichen spanischen Erläuterungen, die vielen Ah's und Oh's der Spanier machen uns ganz neidisch. Jetzt kommt ein bedeutungsschwangeres Räuspern, und dann geht es genau so spanisch weiter, oder? Erst bei angestrengtem Hinhören entdecken wir eine gewisse Ähnlichkeit mit der Sprache Shakespeares.
So lernen wir am Räuspern erkennen, wann jeweils die Übersetzung für uns stattfindet, aber der Führers Mühen sind nahezu vergeblich. Geschickt versteht er es jedoch, die Umrisse der Tierzeichnungen zu erläutern. Wir brauchen nur den Bewegungen der erklärenden Hand mit den Augen zu folgen, schon erwachen sie zum Leben, die Pferde, Bisons und Elefanten. Handumrisse, magische Zeichen oder Spielereien? Wir schwelgen in Gedanken, während wir durch die Tropfsteingänge wandern, die äußerst geschickt und im Gegensatz zu vielen anderen Höhlen auch dezent beleuchtet sind.

Wie aus einem Jahrtausende währenden Traum erwachend gelangen wir wieder ans gleißende Tageslicht und fahren weiter bis 1 km hinter VARGAS, wo wir nach links in die N 634/A 8 Richtung TORRELAVEGA abbiegen. Wir lassen uns um TORRELAVEGA (Wegweiser: OVIEDO) herumführen, verlassen die Schnellstraße bei der Ausfahrt 234, folgen den Wegweisern nach ALTAMIRA/SANTILLANA DEL MAR.
Am Ortsbeginn machen wir zunächst nach links einen Abstecher zu der nur 2 km entfernten **Höhle von Altamira** [N 43° 22' 41.3" W 4° 7' 24.8"], die am reichsten mit prähistorischen Tierzeichnungen ausgeschmückt wurde. Sie ist dem "gewöhnlichen" Publikum nicht mehr zugänglich. Die Höhlenwände begannen sich, genau wie in LASCAUX, mit einem Grünalgenbe-

lag zu überziehen, der die herrlichen Farben verdeckte. Beleuchtung sowie Kohlendioxid und Feuchtigkeit der Atemluft reichten den bedürfnislosen Algen völlig aus, um kräftig zu wuchern. So gibt es inzwischen neben der echten Höhle eine Nachbildung, deren modellierten Wänden und synthetischen Farben der Menschenbesuch nichts ausmacht (offen: Di-Sa 9.30-20.00; So 9.30-15 Uhr; Sa ab 14.30 + So freier Eintritt).

Diese ist wirklich gelungen! Und neben ihr findet der Besucher eine umfangreiche, interaktive Ausstellung über die Vorzeit, weitere Höhlen sowie das Leben unserer Steinzeitvorfahren anhand von Funden, Nachbildungen und witzigen Videos.

Wenig später ist SANTILLANA erreicht, das wohl das besterhaltene, sorgsam restaurierte **mittelalterliche Städtchen** Spaniens ist. Sofort werden wir an RIQUEWIHR im Elsass erinnert, und ähnlich wie dort drängen sich auch hier die Menschen (keinesfalls am Wochenende besuchen!!!).

Es gibt mehrere, meist überfüllte Parkplätze! Auf dem großen **Gemeindeparkplatz [063:** N 43° 23' 22.1" W 4° 06' 23.6"] direkt rechts des Tourismusamtes (Hinweisschilder!) darf man offiziell **eine** Nacht bleiben (geringe Gebühr).

Santillana de Mar

Höhepunkt des Rundganges durch die zwei Hauptstraßen mit den alten Herrenhäusern, deren offene Türen einen kurzen Einblick in die großzügigen Vorräume gestatten, ist die **Kollegiatskirche** des Klosters SANTA JULIANA, die ja dem Städtchen seinen Namen gegeben hat, mit dem besonders reich ausgestatteten romanischen **Kreuzgang** aus dem XII. Jahrhundert (Öffnungszeiten: 10-13.30/16-19.60 Uhr, Mo geschl.).
Jetzt sind es nur noch wenige Kilometer bis zum Atlantik!
Am Ortsende von SANTILLANA machen wir noch einen Halt beim schön angelegten Campingplatz, von dem aus Sie das Städtchen sicher beruhigter besuchen können.

(064) WOMO-Campingplatz-Tipp: Santillana

GPS: N43° 23' 34.3" W4° 06' 47.4" **Öffnungszeiten:** ganzjährig.
Ausstattung/Lage: Restaurant, Supermarkt, Pool, viel Schatten; am Sandstrand/ nächster Ort: 300 m. WOMO + 2 Pers.: 20-30 € + 3,60 € Strom. **Zufahrt:** siehe Text.

Auf der C 6316 gelangen wir zum ebenfalls sehenswerten COMILLAS.
Die Strandstraße umgeht den Ortskern. Am Ortsbeginn, noch vor dem Campingplatz, kann man links hinauf zu einem großen, ruhigen **Parkplatz** [**065:** N43° 23' 14.2" W4° 17' 15.4"] fahren, gut geeignet für einen Stadtbummel. Wer unbedingt am Strand stehen möchte, fährt einfach weiter auf der Strandstraße und am Kreisel rechts hinab zum linken Ende des schönen Sandstrandes (zeitweise geringe Gebühr). Bei Übernachtungen im WOMO wird meist ein Auge zugedrückt.
Von beiden Parkplätzen ist die Altstadt nur 500 m entfernt: Wir spazieren zunächst durch den Park hinauf zum neugotischen

"Palacio de los Marqueses de Comillas". Links davon entdecken wir den reizenden Pavillon **"El Capricho"** (Foto) unseres Freundes Antonio Gaudi (1852-1926), dessen Skulptur nebenan nachdenklich sein Werk betrachtet. Wir beschließen spontan, unser nächstes Haus im gleichen Stil zu erbauen!
Unmöglich ist es, den gewaltigen Bau der **"Universidad Pontifica"** auf dem gegenüberliegenden Hügel zu übersehen.

Jetzt ist Stadtbummel angesagt! Wie praktisch, dass man dabei als erstes über die i-Stelle im Bürgermeisteramt stolpert. Aber auch ohne Stadtplan ist das schön herausgeputzte Städtchen leicht zu "erobern".
Zum WOMO zurückgekehrt, fahren wir nur noch wenige hundert Meter nach Westen, dann überqueren wir hinter LA RABIA das gleichnamige Flüsschen und schwenken nach rechts zur **Playa de Oyambre** ein.

Der riesige, feinsandige Strand verschlägt uns fast den Atem! Nicht nur wegen seiner Schönheit und der tosenden Gewalt sich überschlagender Atlantikbrecher – sondern auch wegen der Zahl der Badegäste. Der weitläufige **Parkplatz** [N 43° 23' 21.2" W 4° 19' 47.3"] direkt hinter dem Strand ist fast gefüllt (links zwei **Campingplätze**), davor drängen sich die Badegäste. Wesentlich geringer ist der Andrang im rasenbewachsenen Dünengelände rechts daneben. Früher konnte man mit dem Fahrzeug hineinkurven, jetzt touren dort nur noch Golfcaddies über die gepflegten Rasenflächen. Zu Fuß kann man jedoch zum Dünenrand hinaufsteigen. Dort haben wir einen Platz im I. Rang, von dem aus wir fröhlich zum Strand hinabkugeln können. Am Abend, als die Besucherströme zu den Pensionen und Campingplätzen zurückgeflutet sind, wird es um uns herum fast einsam; nur ein einziges Zelt schmiegt sich nebenan in eine Bodenfalte.

Über Nacht hat ein für Nordspanien typischer, totaler Witterungsumschwung eingesetzt. Eine steife Brise rüttelt am WOMO, braune Regenwolken hetzen aus Nordwest heran und beginnen ihre Entladetätigkeit direkt über uns, weil die vordersten sich am Wall der **Picos** südlich von uns stauen - jetzt ist Anorak- und Gummistiefelzeit! Wir erkunden die Umgebung: das kleine Eukalyptuswäldchen hinter den Dünenwellen und den Mündungstrichter des **Rio Ravia** östlich davon, in dem man – zumindest bei Flut – ohne Brandungswellen baden und surfen kann. Hat die Ebbe den Trichter leergesaugt, gehen Menschen und Möwen gemeinsam auf Jagd nach den zurückgebliebenen "Bodenschätzen": Muscheln, die Schalen mit den Gehäusen der Röhrenwürmer oder der Seepocken bedeckt; Tange riesigen Ausmaßes, vom Wellenschlag losgerissen und zerschlissen, bieten Unterschlupf für kleine Seesterne und Krebse, bis der zurückkehrende Flutstrom sie wieder umfängt.

Die Straße setzt sich, an der Küste entlang, nach Nordwesten fort. An den **Campingplätzen** vorbei gelangen wir über einige grüne Weidehügel nach 3,5 km zunächst zu einem kleinen, nahezu einsamen Strand (**Playa de Gerra**) mit einem kleeblattförmigen **Parkplatz** (mit 2,00-m-Balken), umgeben von Wiesenflächen. Sie gehen über in den riesigen Sandstrand, auf dem wie zur Verzierung Felstrümmer herumliegen. Hier ist mehr Ruhe als am **Playa de Oyambre** – und auch kein Campingplatz in der Nähe!

(066) WOMO-Badeplatz: Playa de Gerra

GPS: N 43° 23' 32.7" W 4° 21' 59.9" **max. WOMOs:** 3-4.

Ausstattung/Lage: Münztoilette, Dusche, Wasserhahn, Sandstrand, Mülleimer/außerorts.

Zufahrt: siehe Text.

Sonstiges: Auf der gegenüberliegenden Straßenseite Parkplatzwiese gegen geringe Gebühr.

Dann geht es wieder empor durch ein Eukalyptuswäldchen, an dessen Ende man erneut Meeresniveau erreicht hat. Hier kann man rechts leider nur noch am Straßenrand parken.

Auf der anderen Straßenseite hat sich das einladende Restaurant "Meron" etabliert, dessen Küche bereits mehrere Leser

gelobt haben; das umliegende Wiesengelände darf von den Gästen offensichtlich kostenlos als **Campingareal** genutzt werden, der Sandstrand ist 1 A!
Nebenan ein weiterer, aber kostenpflichtiger Parkplatz.

(067) WOMO-Badeplatz: Playa de Meron

GPS: N 43° 23' 21.8" W 4° 22' 27.7" **max. WOMOs:** > 5.
Ausstattung: Toilette, Dusche, Wasserhahn, Entsorgung, Sandstrand, Mülleimer.
Zufahrt: An Playa de Oyambre und Playa de Gerra vorbei bis zum nächsten Strand.

Noch 1 km weiter westlich, wo das Küstensträßchen auf die N 634 nach SAN VICENTE einmündet, biegen wir unmittelbar vor der Einmündung nach rechts zur **Playa El Rosal** [N 43° 23' 21.4" W 4° 22' 58.9"] ab. Wir kommen am **Camping "El Rosal"** **[068:** N43° 23' 19.8" W4° 23' 06.9"] vorbei, aber der schönste Teil des kilometerbreiten Sandstrandes "gehört" nachts einigen wenigen Wohnmobilen, die in dem davorliegenden Wiesengelände "vor Anker liegen". Am Tage drängt sich – bei schönem Wetter – auch hier das Badepublikum, und die schlaue Stadtverwaltung von SAN VICENTE hat den Platz eingezäunt und kassiert Parkgebühren.
Die Kassiererin deutet meinen fragenden Blick richtig: „Das Übernachten ist eigentlich nicht erlaubt, aber viele machen's!"
Die **Ria de San Vicente** ist riesig im Vergleich zu der von **La Rabia**. Auch hier ist der Mündungstrichter zwischen dem Leuchtturm an der **Punta Sillas** und der Straßenbrücke nach SAN VICENTE ein einfacheres Surfrevier als der freie Atlantik, wo sogar manch erfahrener Balancekünstler beim Beachstart für die Erheiterung der anderen Badegäste sorgt.
Am Abend, der Strand ist bereits nahezu menschenleer, lockert die Bewölkung wieder etwas auf, und ein blutroter Sonnenuntergang hinter dem Leuchtturm an der **Punta Sillas** entfacht eine hitzige Diskussion darüber, was das in Spanien für den nächsten Tag bedeuten könnte...

TOUR 5 (ca. 90 km / 1-2 Tage)

San Vicente – Unquera – Potes – Fuente Dé

Freie Übernachtung:	Panes, Santa Maria de Lebeña, Sto Toribio, Los Llanos, Fuente Dé.
Trinkwasserstellen:	Unquera, Sto Toribio, Fuente Dé.
Campingplätze:	San Vicente, Potes.
Besichtigungen:	Desfiladero de la Hermida, Santa Maria de Lebeña, Kloster Toribio de Liébana, Fuente Dé.
Wanderungen:	Fuente Dé – Peña Vieja (2613 m).

KARTE TOUR 5+6

Wenn man am Ortsende von SAN VICENTE den **Rio Barquera** überquert hat, kann man sich von der uneinnehmbaren Lage der **Stadtburg** überzeugen. Trutzig beherrscht sie das Ende eines Bergrückens; eine intakte **Stadtmauer** schließt sich an, die gotische Wehrkirche **Santa Maria de los Angeles** aus dem XIII. Jahrhundert mit einschließend.
Nun verlieren wir den Küstenverlauf aus den Augen, erst die

Trichtermündung des **Rio Nansa** bietet wieder Meerblick. Kurz darauf ist schon UNQUERA erreicht, wo wir die Küste verlassen und scharf nach Süden auf die Berge zuhalten (N 621 Richtung POTES). Unmittelbar hinter dem Ortsausgang kommen wir links noch an einem **Brunnen** vorbei, dann beginnt die Straße sofort ihr Anstiegswerk.

Zunächst sind es saftige Wiesen und Felder, die unseren Weg begleiten, die Vegetation mit Ahorn, Nussbaum, Esche und Edelkastanie erinnert an das südliche Rheintal. Wie üblich, haben die Straßenbauer das Werk der Natur lediglich für ihre Zwecke fortgesetzt und die Straße neben den Lauf des **Rio Deva** gelegt. So folgen wir ihm flussauf, mal rechts, dann wieder auf der anderen Seite, wo er eben am meisten von den Felsen abgenagt hat.

In PANES (nicht nach rechts Richtung COVADONGA abzweigen!) biegen wir 100 m nach der Abzweigung rechts zur "Area recreativa" ab. Dort gibt es einen großen **Parkplatz [069:** N43° 19' 32.2" W4° 35' 04.7"], Ruhebänke, schöne Spazierwege - und Gaststätten nahebei.

Hinter PANES wird's immer enger. Jetzt sind weite Passagen der Strecke in den Fels hineingesprengt, der **Desfiladero de la Hermida** (Foto) umfängt uns mit seinen gewaltigen Steilwänden. Manche Abschnitte sind so eng, dass nicht einmal mittags das Sonnenlicht bis zur Sohle der Schlucht hinabreicht.

Nicht ganz wohl ist uns in unserer Haut, wenn unsere Blicke die Steilhänge emporklettern, an überstehenden Felsen hängenbleiben.

Was mussten erst die maurischen Soldaten empfunden haben, aus dem sonnigen CORDOBA als Strafexpedition gegen aufrührerische Christen in diese düsteren Gebirgstäler entsandt?

Man schrieb das Jahr 722. Oben, in den Wänden, hockten die Männer **Pelayos**, eines westgotischen Fürsten, der sich dem maurischen Machtanspruch nicht unterwerfen wollte. Donnernd polterten die losgehebelten Felsen hinab, kreischend vor Angst entflohen die Überlebenden der Hölle. Nie wieder wagte sich ein maurischer Trupp in diese Gegend – die Keimzelle der **Reconquista**, der Rückeroberung Spaniens für den christlichen Glauben, war entstanden.

8 km hinter der **Hermida** weist uns ein Hinweisschild zu dem Bergdörfchen LEBEÑA und kurz vor ihm zum westgotischen Kirchlein **Santa Maria de Lebeña** mit großem **Parkplatz** + WC [**070:** N 43° 12' 53.7" W 4° 35' 24.7"], das man auf keinen Fall auslassen darf (offen: Di-So 10-13.30, 16-19.30 Uhr)!

Santa Maria de Lebeña

Hier, in der Einsamkeit und Geborgenheit des Gebirges, ist eines der eindrucksvollsten Zeugnisse präromanischer Baukunst erhalten geblieben. Das aus dem Jahre 930 stammende Kleinod besticht durch seine geschlossene Form in Gestalt eines griechischen Kreuzes, und an ein nordgriechisches Meteora-Kirchlein erinnert es auch am ehesten.

Die Säulen, die im Geviert den Tragpfeilern vorgesetzt sind, besitzen mit stilisierten Eulen verzierte Kapitelle. Darüber erheben sich die typischen Dreiviertelkreis- oder Hufeisenbögen, die so sehr auf arabische Baukunst hinzuweisen scheinen, obwohl ihr Ursprung keineswegs geklärt ist.

Auffallend ist der wohl noch aus heidnischer Zeit stammende **Altarstein** mit der flammenden Sonnenscheibe, die später als Christussymbol umgedeutet wurde (vgl. das Tympanon des Westportals der Kathedrale von JACA)!

Ebenfalls Hufeisenbögen zieren Tür und Glockenstuhl des freistehenden, quadratischen Campanile. Sonnensymbole auch

an den Konsolen des Dachstuhles, z. T. sorgfältig restauriert, so wie man allenthalben das Bemühen staatlicher Stellen beobachten kann, wertvolle Bauwerke zu erhalten.
Weiter geht es entlang des **Rio Deva**, mit dem wir in POTES nach rechts Richtung ESPINAMA/FUENTE DÉ abbiegen. Hinter POTES führt eine Stichstraße links steil hinauf zum Kloster **"Santo Toribio de Liébana"**. In diesem Franziskanerkloster aus dem 7. Jh. wird ein Splitter vom Kreuz Christi aufbewahrt. Eine Ausstellung im Kreuzgang zeigt einige der farbenprächtigen Blätter des "Beatus" (Foto), benannt nach dem Mönch Beatus, der im 8. Jh. einen Kommentar zur Apokalypse verfasste und mit einmaligen Miniaturmalereien illustrierte (das Kloster hat einen großen **Parkplatz** [**071:** N 43° 9' 1.9" W 4° 39' 11.8"] mit **Toiletten**).

Noch schöner, ruhiger und vor allem aussichtsreicher steht man 400 m weiter bei der **Ermita de San Miguel**.
Schon seit einiger Zeit halten wir Ausschau nach einem schönen, schattigen Picknickplätzchen. Die wenigen ebenen Wiesen, die zwischen Fels und Fluss liegen, sind von ihren Besitzern verbarrikadiert. Zu stark ist der Ansturm vor allem einheimischer Touristen in dieses landschaftlich einmalige, geschichtsträchtige Gebiet. Der einzige schöne Platz, auch zum **Übernachten** geeignet, liegt bei »km 10«, 100 m hinter LOS LLANOS unter hohen Walnussbäumen, direkt am Fluss.

(072) WOMO-Stellplatz: Los Llanos
GPS: N 43° 08' 08.1" W 4° 42' 51.8"
max. WOMOs: 2-3.
Ausstattung/Lage: Schatten, Wasserhahn, Plätscherbach/Ortsrand.
Weiterer Platz bei »km 14« mit Wasserhahn.

In FUENTE DÉ endet die Straße in einem gigantischen Gebirgskessel.
Dort sollte man nicht vor 19 Uhr eintreffen, sonst wird man von den Besucherhorden überrollt, die alle darauf warten, sich von dem "Teleferico", einer frei schwebenden **Seilbahn**, über 750 m in die Höhe liften zu lassen (offen: 9-20 Uhr).

(073) WOMO-Wanderparkplatz: Fuente Dé

GPS: N 43° 08' 41.0" W 4° 48' 53.2"; 1092 m. **max. WOMOs:** >5.
Ausstattung: Brunnen, Mülleimer, Wanderwege, Seilbahn, Gaststätte.

Wir empfehlen, entweder morgens **vor** 9 Uhr einzutreffen, wenn die Seilbahn ihren Betrieb aufnimmt, und sofort aufzufahren oder abends nach 19 Uhr. Dann wird es auch in FUENTE DÉ einsam, man findet auf dem großen Parkplatz hinter dem Parador rechts einen ruhigen **Übernachtungsplatz** und kann am nächsten Morgen unter den Ersten sein.

Viertel vor 9 Uhr stehen wir mit einem kleinen Grüppchen spanischer Bergsteiger am Billethäuschen. Fachleute sind um diese Zeit unter sich. Urlauber sind keine Frühaufsteher. Bergschuhe und Rucksäcke bestimmen das Bild, niemand, der mit Turnschuhen oder ähnlichem losziehen würde. Lobende Blicke streifen die Ausrüstung unserer Kinder. Wenige Minuten später schießt die erste Kabine mit uns in die Höhe, in vier Minuten gewinnen wir mühelos fast 700 Höhenmeter.
Schnell haben wir ausgerechnet, dass uns jetzt noch knappe 1000 Meter Höhenunterschied vom Gipfel der **Peña Vieja**, einer der höchsten Erhebungen des Zentralmassivs der PICOS DE EUROPA trennen. Das muss doch ein Spazierweg sein!
Zunächst geht es in einer Viertelstunde auf ebenem Jeepweg (auf dem sich die Bequemsten der Bequemen von der Seilbahn bis zum **Refugio de Aliva**, einem Berghotel, fahren lassen können) bis zur **Horcadina de Cobarrobres**. Hier gabelt sich der Weg; sollen wir rechts (nach Osten) oder links (nach Westen) gehen?
Die Besteigung der **Peña Vieja** über die Osthänge können wir keinesfalls empfehlen. Erst müsste man nach rechts bis zur **Fuente de Resalao** auf dem viel begangenen und vor allem jeepbefahrenen, staubigen Weg weit wieder absteigen. Dann geht es zwar sehr schön links durch Krokuswiesen, die einem Golfclub alle Ehre machen würden, oberhalb des luxuriösen "Chalet Real" eben weiter, aber oberhalb der **Minas de la Providencia** gelangt man an ein sehr steiles Schotterfeld. Hat man das überwunden, sieht man glatte Felsnasen vor sich, die lediglich mittels ein paar verrosteter, verbogener Stahlstifte zu erklimmen sind, ohne Seilschaft fast Wahnwitz!
Wir wenden uns also an der **Horcadina de Cobarrobres** nach links, der Weg ist eben und bequem, und gelangen nach weiteren 20 Minuten an den zerfurchten Fels **La Vueltona**, zu dessen Füßen wir ein erstes Schneefeld bestaunen können. Schneeballschlacht im August, wer hätte das gedacht!

Peña Vieja (2613 m), Nordhang

Hier gabelt sich der Weg, und die Bequemlichkeit hat ein Ende. Um es gleich vorweg zu sagen: Bis zum Gipfel der **Peña Vieja** sind es noch stramme 1 1/2 Stunden über mehr oder minder mühsame Geröllpfade, kein Spaß für Sandalenfüßler. Wer nicht entsprechend ausgerüstet ist, sollte jetzt einen Kreis nach links schlagen und über die **Fuente Escondida** wieder zur Seilbahn zurückkehren.
Wir halten uns rechts! Die Landschaft ist auf Unbelebtes reduziert: Steine, Wind, Sonne. Über eine endlose Schotterhalde, dann weiter in steilen Serpentinen gelangen wir nach 40 Minuten an eine weitere Weggabelung. Links glänzt uns aus einem Geröllfeld wie ein silbernes Raumschiff die **Cabana Veronica** entgegen, die am Weg zu den **Horcados Rojos** Unterschlupf in Notfällen bietet. Außerdem finden wir auf einem Felsklotz in orangener Schrift den Hinweis "**Peña Vieja**" und steigen weiter nach rechts. Jetzt wird's erst richtig steil! Die ersten Steine machen sich unter den rutschenden Sohlen selbständig. Abstand halten!
Nach weiteren 15 Minuten ist der **Collado de Canalona** erreicht, heulend zischt uns ein eiskalter Begrüßungswind um die Ohren, als wir den Kopf zwischen den Zacken der Felsen hervorstrecken. Wir beeilen uns, um die Felsen herum in den Windschatten zu gelangen – und haben endlich unser Ziel vor Augen! Hinter einer flachen Mulde erhebt sich, steil und glatt wie die Wand eines überdimensionalen Zeltes, der Gipfelhang.
Noch eine gute halbe Stunde – erst wieder eben, darauf fast unverschämt steil und rutschig – dann, ja dann sind alle Mühen vergessen! Der Gipfelrundblick ist unbeschreiblich schön. Wie vom Mast eines Schiffes schaut man die Kämme und Täler, Schneefelder, Schaumkronen gleich.

Peña Vieja (2613 m), Gipfelrundblick

Aber kaum hat sich die erste Begeisterung gelegt, schweifen die Gedanken schon weiter: Zwei Stunden Aufstieg – dann ist der Rückweg auch nicht ohne!
Zunächst ist er mehr ein Abrutschen als ein Abstieg. Man hält besser respektvollen Abstand zu anderen Gipfelstürmern, schnell kann sich eine kleine Steinlawine in Bewegung setzen.
Nach fast zwei Stunden Rückmarsch wartet an der Bergstation noch eine böse Überraschung in Form einer langen Schlange. Der Rückblick auf die Ereignisse des Tages beschäftigt uns jedoch so sehr, dass die Zeit verfliegt, bis die Gondel mit uns in die Tiefe hinabschwebt, unserem WOMO entgegen.

Dort herrscht Hochbetrieb, alle Parkplätze sind besetzt, und wir machen einem suchenden Wohnmobilfahrer eine große Freude, indem wir uns sofort auf den Weg machen zu unserem nächsten Ziel, der **Garganta del Cares**.

TOUR 6 (ca. 80 km / 2 Tage)

Potes – Panes – Desfiladero del Cares – Poncebos – Camarmeña – Garganta del Cares – Sotres –Cain

(Karte siehe Tour 5)

Freie Übernachtung:	Los Llanos, Sto Toribio de Liébana, Panes, Poncebos, Sotres.
Trinkwasserstellen:	Fuente Dé, Los LLanos, Sto Toribio de Liébana.
Campingplätze:	Potes, Arenas de Cabrales.
Besichtigungen:	u. a. Desfiladero del Cares, Römerbrücke, Garganta del Cares.
Wanderungen:	Garganta del Cares, Riego del Tejo – Bulnes.

In der Caresschlucht bei der Gaststätte Mildón in Mildón

Zunächst rollen wir am **Rio Deva** entlang über ESPINAMA und POTES zum **Desfiladero de la Hermida** zurück. In PANES verlassen wir die N 621 nach links Richtung CANGAS DE ONIS/ARENAS DE CABRALES.

Aber wir tauschen nur das Flüsschen aus, das sich seinen Weg durchs Gestein gefressen hat. Der **Desfiladero del Cares** steht der **Hermida** in nichts nach. Nur unsere Augen sind schon etwas verwöhnt, nehmen als Selbstverständlichkeit hin, was vorher gigantisch war. Einen Stopp lohnt unbedingt die alte Römerbrücke "Puente La Vidre" [N 43° 18' 55.4" W 4° 43' 2.5"], wenige Meter hinter TRES CARES. Die Badegumpe unter ihr sieht sehr verlockend aus - und einen Parkplatz mit Tisch & Bank wartet auch schon!

In ARENAS DE CABRALES passieren wir zunächst den schön am Fluss gelegenen **Campingplatz** "Naranjo de Bulnes" [**074:** N43° 17' 59.8" W4° 48' 10.5"] (WOMO + 2 Pers.: 20-23 € + 3,80 € Strom).

In der Ortsmitte schwenkt der Fluss nach Süden ab, am Ortsende liegt links der kostenlose, große kommunale **Parkplatz** [**075:** N43° 18' 05.8" W4° 49' 02.1"].

Wir folgen dem **Rio Cares** weiter auf kurvigem Sträßchen und müssen uns derweil Gedanken machen für den nächsten Morgen, denn die Wanderung in der **Garganta del Cares** ist kein Trip in der Einsamkeit. Diese Schlucht ist in Spanien etwa so bekannt wie bei uns der Schwarzwaldhöhenweg, entsprechend ist der Andrang!

Es empfiehlt sich also, entweder in ARENAS DE CABRALES zu übernachten oder uns zu dem großen, neuen **Parkplatz** [**076:** N43° 16' 32.0" W4° 50' 01.7"] 2 km vor dem eigentlichen Schluchtbeginn zu begleiten. Dort schläft man ungestört und fährt am nächsten Morgen ganz zeitig (ca. 7-8 Uhr) zur Schlucht, wendet dort und parkt am Straßenrand.

Nach 2 km kommen Sie an dem Dörfchen PUENTE PONCEBOS und dem Elektrizitätswerk von CAMARMEÑA vorbei, durchfahren einen kleinen Tunnel. Hinter ihm gabelt sich die Straße: Nach rechts endet sie nach wenigen Metern, hier sollen Sie parken. Parkplätze gibt es nicht, die Fahrzeuge stehen am Wegrand. Nach links, über die Brücke, ist man gleich auf dem (meist überfüllten) **Wanderparkplatz** vor der unterirdischen Seilbahn (Funicular) nach BULNES, durch die auch das letzte Dorf Spaniens Anschluss an die Außenwelt bekommen hat.
Gestern hatten wir eine anstrengende Bergtour, also soll es heute nur leichte Kost geben!

In Turnschuhen spazieren wir den bequemen Weg oberhalb des Flusslaufes entlang.
Schon hundert Meter hinter dem Tunnel ärgern sich unsere Kinder zum ersten Mal, als wir den Wanderpfad Richtung BULNES nach links in einer Seitenschlucht verschwinden sehen. „Der wäre nicht so langweilig wie dieser Oma-Weg!“ maulen sie.
300 m hinter dem Tunnel, dort, wo die Asphaltbahn endet, ignorieren wir großzügig ein Hinweisschild, das nach oben in einen jämmerlich schmalen, steilen Seitenweg hineinzeigt: "DESFILADERO * DEL CARES * CAIN".

Das kann ja nur ein Umweg für Gebirgsziegen sein ....
Unsere Kinder maulen zum zweiten Mal. Aber dann genießen wir doch den bequemen Weg, der sich immer oberhalb des sprudelnden Flüsschens an der Wand entlangzieht, oft mühsam herausgesprengt aus dem harten Gestein (Foto). Hinter jeder Biegung, jedem Felsen, den der Weg umrundet, tun sich neue Blickwinkel auf, die Natur kennt keine Wiederholung.
Nach einer Stunde gemütlichen Entlangschlenderns, gerade wurde energisch der Wunsch: „Dann wollen wir wenigstens am Wasser spielen!“ vorgetragen, hört plötzlich der Weg auf!
Wir sind so verdutzt, dass wir erst minutenlang nach der Fortsetzung suchen, bis wir das Endgültige begreifen: Man hat sich die große Mühe gegeben – um dann einfach aufzuhören!
Nur ein Lehmpfad windet sich noch zum Ufer hinab, kaum begehbar für gesittete Spaziergänger. Damit findet der Spaziergang wenigstens einen vernünftigen Abschluss, beschließen wir und turnen zum Wasser hinab.
Dort geht jeder seiner Lieblingsbeschäftigung nach: Die Kinder lassen sich auch nicht von 10 Grad Wassertemperatur schrecken, meine bessere Hälfte nimmt ein Sonnenbad, und ich grüble über das Unsinnige dieses Weges nach: „Da muss es doch eine Fortsetzung geben!“
Wie von selbst setzen sich meine Füße flussaufwärts in Bewegung, klettern über einen Schotterhang. Mühsam zwänge ich mich durch verfilztes,

stachliges Gestrüpp, ziehe mich an einer Mauer hoch und stehe plötzlich wieder auf einem Spazierweg, der jedem Kurbad zur Ehre gereichen würde! Jetzt begreife ich langsam, warum 300 m hinter dem Tunnel das Schild nach oben zeigte: Zwei Wege führen Richtung CAIN, das am oberen Ende der CARES-Schlucht liegt. Der untere ist zunächst bequem, endet dann aber abrupt, und man gelangt nur unter Mühen nach oben. Auf dem oberen Weg überklettert man mühselig eine riesige Felsnase, befindet sich aber dann plötzlich auf dem bequemen Spazierweg ohne gefährliche Turnerei. Auf jeden Fall ist der Spazierweg in der CARES-Schlucht, der sonst die Traumnote 1 verdient hätte, eine Eulenspiegelei sondersgleichen. Seinen Sinn kann man nur in technischen Gründen suchen, denn angelegt wurde der Weg nicht für Spaziergänger, sondern als Bau- und Kontrollstrecke für den "Canal de la Electra del Viesgo". Schließlich bezieht das Elektrizitätswerk von CAMARMEÑA seine Energie von einem Teil des Cares-Wassers, das von CAIN bis PONCEBOS am Hang der Cares-Schlucht entlang in einer Betonrinne bzw. in Rohren verläuft, um dann beim Elektrizitätswerk, in die Tiefe stürzend, Turbinen anzutreiben.
Wie eine Gemse rutsche ich inmitten einer Steinlawine an anderer Stelle zum Flüsschen zurück, der Andeutung eines Serpentinenpfades folgend. Sofort werde ich neugierig ausgefragt. Die Kombination aus mühsamer Kletterei und geheimnisvollem Wasserlauf, der hin und wieder im Felsen verschwindet, übt einen unwiderstehlichen Zwang auf meine Familie aus, und zum zweiten Male zwänge ich mich durchs Unterholz den Hang empor, diesmal den Führer spielend.
Gegenseitig ziehen wir uns die Mauer hoch und genießen den Panoramablick tief hinein in die Klamm. Zunächst sind wir die einzigen, die den Windungen des Weges flussaufwärts folgen, immer rechts die steile Wand und links den Abgrund; ungesichert! Wie von selbst halten wir uns stets am rechten Wegrand, einem natürlichen Sicherheitsbedürfnis folgend. Erst nach einer guten Stunde Marschzeit, wir nähern uns CAIN, belebt sich die Wanderroute. Unsere Kinder machen sich einen Spaß daraus, die Regeln des spanischen Begrüßungsrituals zu ergründen: 'Buenos dias', 'buenos tardes', 'hola'. Unermüdlich wechseln sie die Floskeln, zählen die Antworten und stellen nach einiger Zeit fest: 'Hola' hat mit 60 % Anteil gewonnen.

Jetzt wird die Klamm noch schmaler, man glaubt fast, die gegenüberliegende Wand greifen zu können. Immer häufiger sind Fußgängergalerien in die Wand hineingesprengt, mussten besonders weit vorspringende

Felsen durchtunnelt werden. Schließlich wechselt der Weg noch viermal auf schmalen Metallgitterbrücken die Flussseite, dann breitet sich vor uns im strahlenden Sonnenlicht das malerische Gebirgstal von CAIN aus.
Dort, wo wir die Klamm verlassen, wird mit einer Art Stauwehr ein Teil des Wassers in den Elektrizitätskanal abgeleitet. Dahinter breiten sich schöne Liege- und Zeltwiesen aus, wo eine ganze Reihe von Urlaubern den Blick auf die 2596 m hohe **Peña Santa** und die sie umrahmenden Gipfel der **Picos** genießt.
In einem etwas schmuddeligen Gasthof machen wir Rast. Ein spanischer Student an unserem Tisch, dessen Bergsteigerausrüstung mit Vorräten für mehrere Tage bepackt ist, gibt uns bereitwillig Auskunft: Ja, CAIN könne man auch von Süden mit dem Auto anfahren, das Sträßchen sei aber nur etwas für Fahrer mit starken Nerven. Er selbst komme aus CANGAS DE ONIS und seine diesjährige Semesterferientour führe ihn über COVADONGA, Lago Enol, Peña Santa, CAIN, Peña Vieja nach FUENTE DÉ, von wo aus er dann wieder mit dem Bus nach Hause fahren werde.
Die Augen unserer Kinder bekommen bei der Erzählung dieses verdächtige Glitzern, das anschließend meist seltsame Wünsche zur Folge hat. Und schon geht es los: „Das müssten wir auch mal machen! Das wäre mal eine richtige Tour! Können wir uns nicht wenigstens die tollen Seen, den **Lago Enol** und den **Lago de la Ercina**, ansehen?“
Auf dem Rückmarsch geht uns jedenfalls nicht der Gesprächsstoff aus. Unmerklich steigern wir unser Tempo, überholen einen Wanderer nach dem anderen. Da, unser Wasserrastplatz weit unten!
Kurz darauf endet der breite Weg, geht in einen zerfurchten, steinigen Maultierpfad über, der sich sofort bergan schwingt. Weit bleibt die Sohle der Klamm unter uns zurück, das Rauschen des Flüsschens verklingt. Dann, nach 15 Minuten, ein zerfallenes Haus, und wieder geht es hinab, unserem Parkplatz entgegen.
Hinweis: Der untere Weg ist zeitweise wegen Steinschlaggefahr gesperrt!

Genau 2 1/2 Stunden sind seit unserem Aufbruch in CAIN vergangen, für einen gemütlichen Marsch muss man also etwa drei Stunden pro Strecke ansetzen.
Natürlich waren wir nicht nur ein Mal in der Cares-Schlucht! Bei unserem letzten Besuch holten wir den Besuch von BULNES nach, einem Dörfchen, wohl einmalig in den Picos!

Etwa hundert Meter hinter dem Tunnel steigen wir links zum Rio Cares hinab, überqueren ihn auf einem zierlichen Spitzbogenbrückchen (Puente de la Jaya, darunter romantische Badegumpe), tauchen hinein in die schmale Schlucht **"Riego del Tejo"**.
Der Wandersteg ist schmal und steil – und war doch die "Hauptstraße" nach BULNES, einer der letzten spanischen Ortschaften ohne Straßenanschluss! Natürlich verweigern wir den Funicular, die hochmoderne Tunnelbahn, die Lebensmittel, Gasflaschen, Fußfaule usw. nach BULNES transportiert – aber nicht uns (einfache Fahrt 18 €, hin und zurück 22 €, Kinder 6 €)! Wir brauchen 1 1/2 Stunden für die 400 Höhenmeter,

Beginn des Wanderweges nach Bulnes (man sieht den Naranjo de Bulnes)

genießen die Stille, die Blicke hinab in den tief unter uns zurückbleibenden Schluchtgrund und hinauf zu den immer weiter emporwachsenden Felsriesen. BULNES liegt dort, wo sich die Schlucht zu einem kleinen, grünen Tal verbreitert: Kirche, zwei Gaststätten, ein paar Bauernhäuschen, Viehställe und eine Refugio, wo man Infos über das Wetter und den Zustand der weiterführenden Wanderwege einholen kann. Wir steigen noch ein paar Schritte links am Dorf vorbei in die Höhe – jetzt müsste man rechts durch die Scharte den markanten Kegel des **Naranjo de Bulnes** (2519 m) erspähen können, aber tiefhängende Nebelbänke vermiesen uns den Blick ...

Für den Rückmarsch braucht man, stets nur bergab, eine knappe Stunde. Wie gut, dass wir das WOMO bereits gewendet hatten, denn schon gegen Mittag ist alles vom spanischen Wandervolk zugeparkt.

Natürlich haben Sie schon entdeckt, dass der linke Straßenast weiter ins Gebirge führt, über TIELVE nach SOTRES, und auch diese Strecke haben wir ausprobiert.
Sie ist u. E. nur für kleinere WOMOs bis ca. 6 m Länge geeignet, und man sollte als Fahrzeit den frühen Morgen oder späten Abend wählen.
Unterwegs sichtet man, außer einer gigantischen Naturkulisse, am Ortsbeginn von TIELVE eine uralte Bogenbrücke, die hinüberführt zu einer genau so alten Mühle, aber auch zum Friedhof (also muss sie noch länger halten!).

Natursteinbrücke vor Tielves

Nach insgesamt 11 km Bergfahrt haben wir SOTRES erreicht und freuen uns über den großen, fast ebenen Parkplatz am Ortsende (mit Wanderkarte an seinem Beginn).

(077) WOMO-Wanderparkplatz: Sotres

GPS: N 43° 08' 41.0" W 4° 48' 53.2"; 1092 m.
max. WOMOs: >5.
Ausstattung: Wanderwege, Gaststätten.
Zufahrt: Am Funicular de Bulnes links vorbei noch 11 km.

TOUR 7 (ca. 60 km / 2 Tage)

Poncebos – Arenas de Cabrales – Soto de Cangas – Covadonga – Lago Enol – Lago de la Ercina

Freie Übernachtung:	Lago Enol, Lago de la Ercina.
Trinkwasserstellen:	Avin, Villar, Lago de la Ercina.
Campingplätze:	Arenas de Cabrales, Avin, Soto de Cangas.
Baden:	Lago de la Ercina.
Besichtigungen:	u. a. Covadonga, Gebirgsseen, Bergwerksmuseum.
Wanderungen:	Lago de la Ercina – Refugio Vega Redonda.

„Wohin fahren wir eigentlich jetzt?“ kommt mehr zufällig die Frage aus dem Hintergrund, während unser WOMO neben dem Lauf des **Rio Cares** Richtung ARENAS zurückrollt.
„Natürlich zu den Gebirgsseen!“ antworte ich gelassen und greife gleichzeitig das Lenkrad etwas fester, denn der Begeisterungssturm lässt das Fahrzeug schwanken.
In ARENAS DE CABRALES

biegen wir wieder in die AS 114 ein, die uns in gemütlichen Schleifen nach Westen führt. Nach 2 km links ein belebter Parkplatz [N43° 18' 42.7" W4° 50' 19.1"], von dem aus jeder sein ganz persönliches Traumfoto vom Naranjo de Bulnes, dem Symbolberg der Picos schießen kann (Foto links).

In AVIN (**Campingplatz** "Picos de Europa") kann man 300 m nach dem Campingplatz besonders bequem Wasser zapfen und sich dabei gemütlich unter eine Weinlaube setzen. Über VILLAR, wo ebenfalls ein **Trinkwasserbrunnen** am Straßenrand plätschert, kommen wir zur Straßengabelung bei SOTO DE CANGAS (**Campingplatz "**Covadonga"), wo wir uns links Richtung COVADONGA/LOS LAGOS halten.

„Da, habt ihr nicht gesehen?“ Während alles zu den Fenstern stürzt, bringe ich das WOMO vor dem nächsten "Stelzenhaus" zum Stehen. Wir machen Bekanntschaft mit dem ersten "horreo", dem typischen asturischen Getreidespeicher, der sich neben jedem Bauernhaus findet: Auf stämmigen Steinsäulen ist ein solides Holzhäuschen errichtet; jedes trägt die persönliche Note seines Besitzers, keines gleicht ganz einem anderen. Mal ist es von einem geschnitzten Holzgeländer umgeben, mal zieren es Blumenkästen. Stets aber befinden sich zwischen Säulenende und Boden des Speichers flache, meist kreisrunde Steinplatten, die zuverlässig das Einwandern hungriger Nager verhindern.

COVADONGA, das ORLEANS Spaniens, kommt in Sicht. Tausende drängen sich auch jetzt noch, am Abend, vor der Treppe zur "**cueva santa**", der letzten Ruhestätte Pelayos, des Maurenbezwingers. „Das schauen wir uns morgen früh an, wenn die Spanier noch schlafen!“ beschließen wir schnell und schwenken links in den **Parkplatz P 4** [**078:** N43° 18' 48.1" W5° 03' 40.6"] ein, den letzten vor COVADONGA.

Hinweis: Die Zufahrt zu den Bergseen ist reglementiert! Z. Zt. (vom 26.7. - 8.9.) ist die Straße für Privatfahrzeuge von 8.30 - 20.00 Uhr gesperrt, das Übernachten ist dort oben verboten.
Aber: Von vier Großparkplätzen (2 € Parkgebühr) aus starten regelmäßig Kleinbusse (8 € Gebühr hin und zurück).
Pünktlich um 8 Uhr machen wir unseren Pflichtbesuch bei der "Cueva santa", besichtigen die "Heilige Jungfrau des Schlachtfeldes", Schutzpatronin von Asturien und das Grab Pelayos, des Maurenbezwingers ...

Covadonga, Cueva santa

Kurz darauf passieren wir den (noch) geöffneten Kontrollpunkt: "Zufahrt gesperrt von 8.30 - 20.00 Uhr" – keine neue Regelung, um den sommerlichen Ansturm zu bändigen.
In endlosen Kehren und Serpentinen, die oft nur im ersten Gang genommen werden können, gewinnen wir langsam Höhe. Die Straße ist gepflegt, aber z. T. sehr schmal, Leitplanken fehlen auch an gähnenden Abgründen oder sind durch Reihen von Randsteinen ersetzt ....
Kurz vor dem Aussichtspunkt **Mirador de la Reina** überwinden wir das steilste Stück mit ca. 18 %. Schließlich ist der erste der beiden Hochgebirgsseen, der **Lago Enol**, erreicht. Wie ein blauschwarz schimmerndes Kleinod liegt er in sattgrüner Weidelandschaft, umrahmt von gewaltigen Felstürmen.
Am Beginn des Sees notieren wir eine Schotterstraße, die nach rechts abzweigt. Wir rollen 500 m weiter bis zur nächsten Straßengabelung: Links geht's hinab zu dem neu angelegten

Lago Enol

Parkplatz des "Museo de Minas de Buferrera", einem äußerst sehenswerten **Bergwerksmuseum** (dessen Schlenderwege auch hinauf zum **Lago de la Ercina** führen).

Museo Minas de Buferrera

(079) WOMO-Wanderparkplatz: Los Lagos I

GPS: N 43° 16' 35.8" W 4° 59' 09.6"; 1040 m. **max. WOMOs:** >5.
Ausstattung/Lage: Toiletten, Waschräume, Wasserhahn, Wanderwege, Gaststätten, Bergwerksfreilichtmuseum, Infocenter mit Naturausstellung/außerorts.
Sonstiges: Starker Andrang! Zufahrt von 8.30-20 Uhr gesperrt! Übernachten verboten!

Rechts hinauf geht's zum **Lago de la Ercina**, wo links der Gaststätte ein zweiter (geschotterter) Parkplatz wartet.
Genüsslich lassen wir unsere Blicke kreisen. Der spanische Student in CAIN hatte nicht zu viel versprochen! Die Landschaft verdient drei Sterne im inoffiziellen WOMO-Landschaftsführer. Aber auch die perfekte Anlage mit sauberen Toiletten, gepflasterten Wegen, perfekter Beschilderung, freundlichem Service, schöner Naturausstellung usw. ließe sich nur mit Superlativen beschreiben.
Seit gestern haben wir strahlenden Sonnenschein, kein Wölkchen steht am tiefblauen Himmel. Da können wir doch nicht den ganzen Tag faulenzen! Grübelnd studiere ich die 25.000er Wanderkarte "Picos de Europa I". 4 km südlich unseres Sees befindet sich eine Schutzhütte, der **Refugio de Vega Redonda**, vom **Lago Enol** aus führt ein Wanderweg hin. Schnell sind wir zur Schotterstraße westlich des **Lago Enol** zurückgekehrt (Wegweiser: Casa Pastores/Vega Redonda), holpern 2,8 km bis zum **Wanderparkplatz Pan de Carmen**.

(080) WOMO-Wanderparkplatz: Los Lagos II

GPS: N 43° 15' 39.2" W 5° 00' 33.4"; 1083 m.
max. WOMOs: 1-2. **Ausstattung/Lage:** Wanderweg; außerorts.
Hinweis: Übernachten verboten.

Wie hingezaubert steht nach kürzester Zeit die ganze Mannschaft vor dem WOMO, an den Füßen die schweren Bergschuhe, Anorak und Vesper in den Rucksäcken (man kann ja nie wissen....)!

Erste Alm Vega la Piedra, Blick zurück zum Wanderparkplatz

Zunächst geht es auf dem (gesperrten) Jeepweg weiter. Dann überqueren wir eine Brücke, nun steiler hinauf, vorbei an einem Brünnlein zur ersten Alm Vega la Piedra. Die Wiesen sind golfrasenkurz abgeweidet, nur die giftigen Büschel der Eisenhutstauden ragen hoch empor, ihre blauvioletten Blütentrauben leuchten uns schon von weitem entgegen und laufen den längst vertrauten Stachelginster-, Heide- und Krokusblüten völlig den Rang ab.

Wiesenweich ist der Pfad, den viele Wanderer getrampelt haben, nur noch wenige Minuten, dann geht er in Geröll und Fels über.
Linkerhand grüßt der 1379 m hohe Gipfel des **El Diadiellu**.

Eine zweite Alm mit verfallenden Steinhütten wird passiert, links unterhalb wieder ein Brunnen, ein einsamer Hirtenhund badet im Tränktrog. Ein letzter Kamm, dann sichten wir erstmals die neue Schutzhütte, solarstromversorgt. Natürlich statten wir erst der alten Schutzhütte mit ihrer eigentümlichen Nur-Dach-Konstruktion einen Besuch ab (längst ist sie auf dem Altenteil).

Endspurt – und es gibt Vesper und Quellwasser vom **Brunnen** neben der neuen Hütte (wo man nicht nur ein Lager für die Nacht, sondern auch Speis' und Trank bekommt).

Während ich ein Photo von der 1508 m hoch gelegenen Schutzhütte schieße, beobachten wir ein Phänomen, das geradezu das Gruseln aufkommen lässt: Dichtester Nebel quillt plötzlich über den Kamm, den wir eben noch im strahlenden Sonnenschein überquert hatten, verdeckt alles hinter sich, erreicht in Minutenschnelle die Hütte, verkürzt die Sicht auf 5-10 Meter. Schnell in die Anoraks, denn die wohlige Temperatur lebt in dieser Höhe nur von der Sonnenstrahlung – und auf zum Rückmarsch! Nur gut, dass wir den Weg kennen!? Zusätzlich haben besorgte Mitmenschen die Strecke durch hochkant eingegrabene Felsbrocken markiert, die alle 3-5 Meter wie warnende Finger emporragen – auf dem Hinweg hatten wir sie gar nicht beachtet – jetzt sind sie an den Stellen, wo dichter Rasen keine Spuren hinterlässt, die einzige Hilfe.

Wir trotten vorsichtig durch den grauen Schleier. Um uns herum nur Kuhglockengebimmel, mal schemenhaft eine Gestalt – Baum oder Felsen? Da die Almhütten am Wegrand, der gesicherte Steilhang.

Eisern auf dem Weg bleiben, auch wenn uns Ortskundige überholen, die immer wieder eine der vielen Abkürzungen nehmen!

Die Zeit dehnt sich endlos; nimmt denn der Rückweg kein Ende? Ein Bach wird überquert, es sind ja seit der **Vega Redonda** erst 30 Minuten vergangen! Nach einer weiteren halben Stunde treffen wir auf den Beginn des Jeepweges. Wir atmen tief durch. Jetzt kann nichts mehr schief gehen!

Da tauchen auch schon die vertrauten Umrisse unseres WOMOs aus dem Nebel auf (Gesamtstrecke: 10,5 km, Hinweg 1 1/2 Std., Rückweg 1 1/4 Std).

Nebel am Wanderparkplatz Pan de Carmen

TOUR 8 (ca. 120 km / 1-2 Tage)

Covadonga – Cangas de Onis – Playa de Cuevas del Mar – Ribadesella – Playa de la Vega – Arenal de Moris – Playa de La Espasa – Playa de Rodiles

Freie Übernachtung:	Playa de Cuevas del Mar, Arenal de Moris, Playa de la Espasa, Playa de Rodiles.
Trinkwasserstellen:	Cangas de Onis (Ver-/Entsorgung), Las Rozas, Nueva, Playa de Cuevas del Mar, Prado, Playa de La Espasa.
Campingplätze:	Vega, Arenal de Moris, Playa de la Espasa, Playa de Rodiles.
Baden:	Playa de Cuevas del Mar, Arenal de Moris, Playa de La Espasa, Playa de Rodiles.
Besichtigungen:	u. a. Covadonga, Cangas (Römerbrücke), Höhle Tito Bustillo, Autofahrerhöhle Cuevas.

Nach Stunden nieselt es noch immer aus den Nebelschwaden. Da kann man nur den Rückzug antreten! Trotz der kühlen Temperaturen kommen unsere WOMO- Bremsen ganz schön ins Stinken, bis das Fahrzeug als erstes Ziel den **offiziellen WOMO-Stellplatz [081:** N43° 21' 07.9" W5° 07' 31.8"] von CANGAS DE ONIS mit **Ver-/Entsorgung** ansteuert.
Nun, eine Schönheit ist dieses eingezwängte Refugium auf dem allgemeinen Parkplatz sicher nicht, aber man muss ja nicht dort übernachten, da wissen wir besseres!

Unverzichtbar ist die Besichtigung der "**Puente Romano**", der alten römischen Brücke über den **Rio Sella** am Westrand von CANGAS DE ONIS (Parkmöglichkeit nach der Brücke links). Man sieht diesem kraftstrotzenden und doch eleganten Bauwerk förmlich an, dass es für die Ewigkeit gebaut ist.

Cangas de Onis, Puente Romano

Wasser fassen gefällig?
Direkt **hinter** der Brücke, die vor LAS ROZAS den **Rio Sella** überquert, sprudelt es rechts neben einem Brunnenhaus [N43° 22' 28.3" W5° 08' 57.2"] aus einem dicken **Brunnen**rohr (gut anfahrbar!).
Durch unsere Gebirgstouren haben wir ein ganzes Stück Küste ausgelassen, dabei aber nicht viel verpasst – bis auf eine Ausnahme, die wir Ihnen nicht vorenthalten können:
Bei ARRIONDAS stoßen wir auf die breite N 632, biegen rechts Richtung RIBADESELLA/SANTANDER.
Nach 14 km, vor LLOVIO, schwenken wir in die vierspurige, aber mautfreie A 8/E 70 Richtung SANTANDER ein. An der zweiten Ausfahrt, bei »km 319«, verlassen wir sie nach NUEVA – für einen längeren Aufenthalt oder eine ruhige Übernachtung haben wir einen Traumstrand zu bieten – die **Playa de Cuevas del Mar**!
Wir rollen rechts parallel zur Autobahn weiter nach Osten, am Ortsbeginn von NUEVA kann man nach links einen Bahnübergang benutzen. Wenn man diese Abfahrt, weil ohne Wegweiser, verpasst, entdeckt man das Hinweisschild zum Strand spätestens an der nächsten Kreuzung im Ort (mit

Fotoapparatsymbol)! Wohnmobile, die höher als 2,50 m sind, werden in der Bahnunterführung stecken bleiben oder zum Bahnübergang zurückfahren.
Kurz darauf unterqueren wir die Autobahn, rollen 1500 m durch ein Tal mit üppiger Vegetation nach Norden – und machen kurz vor dem Badeparadies entsetzt eine Vollbremsung: Ein Naturtunnel (Foto), halb efeuverhangen, im Inneren mit herabdrohenden Felsspitzen verziert, scheint nur PKWs Durchschlupf zu erlauben! Was tun?

Ich suche mir einen langen Stock, durchschreite das Hindernis mit hochgestrecktem Arm im Zickzack und breche bei jedem Deckenkontakt weitere Stücke vom Stecken ab. Oh je, da bleibt nicht viel übrig! Dann werde ich, neben der Straße mit ausgestrecktem Arm und Stockrest liegend, vermessen: Gut 3 m – das reicht! Im Schneckentempo, jederzeit hartes Kratzen oder gar Krachen erwartend, ziehe ich die Fahrzeugschnauze um den tiefsten Durchhänger der Tunneldecke herum, aufatmend begrüßen wir Sonnenlicht und Sandstrand – **schön**!
Der "Strand der Meereshöhlen" ist ein optischer Genuss: Rechts und links des feinen Sandstrandes bilden schroffe Felsen Spalier bis hinaus zum offenen Meer, geben dem Inneren der Bucht Schutz vor der Wucht der Brandung, haben sich dabei aber so weit aufgeopfert, dass tiefe Höhlen in ihnen ausgewaschen wurden, die es zu untersuchen gilt! Zu einem kleinen "Tochterstrand" auf halbem Wege zur offenen See rechts könnte hinüberschwimmen, wer nach Einsamkeit lechzt. Es ist ein Vergnügen, sich auf der Campingliege auszustrecken und den Blick schweifen zu lassen – dieser Platz ist ein Höhepunkt an der asturischen Küste!

(082) WOMO-Badeplatz: Playa de Cuevas de Mar

GPS: N 43° 27' 23.6" W 4° 56' 14.2" **max. WOMOs:** 2-3.
Ausstattung: Gaststätte, Dusche, Wasserhahn, Sandstrand, Mülleimer.
Zufahrt: Die A 8 Ribadesella – Santander bei »km 319« verlassen, weiter nach Osten bis Nueva und noch 1,5 km zum Strand. Achtung! Maximalhöhe ca. 3,00 m.
Sonstiges: Zwei Brunnen, Telefon und Lebensmittelladen in Nueva.

Bufones-Wandertipps: Bufones sind röhrenförmige Auswaschungen an der Steilküste, durch die bei stürmischem Wetter das Meerwasser dröhnend hinaufschießt.
a) Nur wenige Schritte sind es, an der Gaststätte vorbei nach Osten auf die Steilküstenhöhe zu ersten Bufones.
b) Einen schönen Wanderparkplatz findet man, wenn man landwärts den Naturtunnel durchqert und nach 700 m rechts über Villanueva nach La Pesa fährt. Dort rechts über Garaña (Wegweiser: Bufones) und Llames auf schlimmem (?) Holperweg zum **Steilküstenparkplatz** [**83:** N43° 27' 29.6" W4° 58' 47.1"].

Bufoneswanderweg, Parkplatz markiert

Von hier aus wandern wir, von Bufones zu Bufones, die immer abenteuerlichere Formen annehmen, bis zu dem abgebildeten "Doppelbogen" und kehren dann zum WOMO zurück. Dabei ist der gesamte Wanderweg schön, auch wenn die Bufones "schweigen".
Die Weiterfahrt sollte man frühmorgens oder spätabends antreten, da das letzte Wegstück meist zugeparkt wird.

Den Badeort RIBADESELLA erreichen wir, die AS 263 benutzend, genau zur Mittagessenszeit, d. h. gegen 14 Uhr. In einer kleinen Gaststätte in der Nähe des Hafens bruzzeln verführerisch die Fische "a la plancha", auf einer heißen Platte, einladend funkelt der "Clarete", der spanische Weißherbst, in den Flaschen hinter der Theke. Wir erleben einen der Höhepunkte spanischer Gaumenfreuden in dieser bescheidenen Kneipe. Gesättigt und bester Laune stehen wir wenige Minuten später vor der berühmten prähistorischen Höhle **Tito Bustillo** (auf der anderen Seite der **Ria Sella** links). Dort bekommen wir sofort unsere Strafe für langes Schlemmen verpasst:

Geschlossen!

Nur noch max. 375 Personen werden täglich eingelassen, um die unersetzlichen Kunstwerke zu schonen. Zwar ist die (theoretische) Öffnungszeit von 10-16 Uhr (Mo, Di geschl.), aber eben nur bis zum 375-Personen-Limit (die enttäuscht Abgewiesenen können sich immerhin an einer schönen Fotoausstellung vor dem Höhleneingang (und einem Picknickplatz [N43° 27' 27.7" W5° 4' 0.3"] 200 m nach der Höhle links) erfreuen.

Hinweis: Der Höhlenbesuch kann vorbestellt werden unter der Telefonnummer: +34 902 306 600 bzw. +34 985 861 255

Sie möchten gar nicht in einer Höhle herumlaufen? Sie möchten eine Höhle vom WOMO aus erleben? Folgen Sie uns!
Wir fahren an der Bustillohöhle vorbei, folgen immer der "Hauptstraße".LA CUEVONA DE CUEVES ist die erste Abzweigung

nach links. Hinter TEZANGOS unterqueren wir die Autobahn, halten uns dahinter links nach CUEVES. 1,5 km später liegt links der Straße ein bequemer **Wanderparkplatz** [**084:** N43° 26' 14.8" W5° 04' 28.8"] und dahinter tut sich das Naturwunder vor uns auf - die **Cuevona von Cuevas**:

Einfahrt in die Cuevona

Wir sind perplex! Wie kann ein solch kleines Bächlein, wie es links der Straße durch die Höhle fließt, diesen gewaltigen Karstdurchbruch geschaffen haben?

Ein Fahrzeug durchquert die Cuevona

Wir rollen vorsichtig durch die 300-m-Höhle, wenden am Parkplatz dahinter (dann endet im Dörfchen CUEVAS die Straße), genießen die Fahrt ein zweites Mal. Schließlich wandern wir durch die unterirdische Pracht, erfreuen uns an den dezent beleuchteten Felsstrukturen und Tropfsteinen. Wahrlich ein Genuss!
Über EL CARMEN kehren wir Richtung RIBADESELLA zurück zur Küstenstraße N 632, spuren uns nach links ein.
Die kurvige Straße, die sich durch das bergige Küstengebiet windet, lässt kaum Blicke auf die Strände zu. So bleibt uns nichts anderes übrig, als eine Stichstraße nach der anderen zur Küste abzuklappern – und mehr oder minder enttäuscht weiterzuziehen. Aber wer sucht, der findet!

6 km westlich von RIBADESELLA kommen wir durch den Weiler TORRE. Hinter »km 9«, dort, wo linkerhand die "Mina Anna" die Gegend mit einem Staubschleier überzieht, biegen wir rechts zur 1,8 km entfernten **Playa de Vega**. Das schöne Sträßchen führt am Fuße eines gigantischen **Felsenmeeres** aus Kalkfelsspitzen entlang, durchquert einen Tunnel (davor Parkplatz mit Picknicktischen).
Dann biegt links die Zufahrt zum **Campingplatz** "Playa de Vega" [**085:** N43 28 29.1 W5 08 04.6] (WOMO + 2 Pers.: 21 € + 4 € Strom) in einer Waldlichtung im Hinterland ab.
Wir passieren das Dörfchen VEGA mit vielen alten, schönen **Horreos** und einem **Brunnen**, dahinter wartet ein erster, sauber angelegter Parkplatz. Das folgende Strandangebot kann man nur mit einer Vokabel beschreiben: Perfekt - nur nicht für WOMOs, denn die Parkplätze sind entweder mit 2,50-m-Höhenschranken versperrt oder kosten Parkgebühr; das Übernachten ist verboten.
Wir kehren zur N 632 zurück; 6 km weiter westlich sind wir in PRADO bei »km 15,6« (an der Abzweigung **Brunnen**) nach ARENAL DE MORIS hinabgekurvt. Oberhalb des schönen Sandstrandes residiert ein **Campingplatz**, aber das interessiert die freien Camper nicht, die die zwei leicht schrägen **Parkplatzwiesen** mit gepflasterten Wegen hinab zum Strand (dort Gaststätte, **Toiletten** und Dusche) belegt haben.

(086) WOMO-Badeplatz: Arenal de Moris

GPS: N 43° 28' 27.6" W 5° 10' 47.1" **max. WOMOs:** >5.
Ausstattung/Lage: Sandstrand, zwei leicht schräge Wiesenparkplätze, Gaststätte (dort Toiletten, Duschen, Mülleimer)/außerorts.
Zufahrt: Von Ribadesella 12 km auf N 632 nach Westen. In Prado rechts hinab.

Ihnen ist mehr nach Campingplatz?
Dort finden Sie auch ein gepflegtes Schwimmbad für stürmische oder kalte Badetage.
Nun sind wir weit oberhalb des Meeresspiegels, kurven durchs felsige Steilküstenhinterland, passieren CARAVIA und turnen wieder zur Küste hinab. Kaum angekommen, entdecken wir unmittelbar **vor** dem Flüsschen **Rio Espasa**, hinter »km 19«, eine Zufahrt zu einem geschmackvoll angelegten Parkplatzareal hinter dem schönen Sandstrand, der **Playa de La Espasa**. Leider besteht von 20-11 Uhr "Wohnwagenverbot".
Das macht aber nichts, da man 300 m **hinter** dem Flüsschen rechts zur Parkplatzwiese für die Wohnmobile kurven kann:

(087) WOMO-Badeplatz: Playa de La Espasa
GPS: N 43° 28' 26.7" W 5° 12' 59.9" **max. WOMOs:** >5.
Ausstattung/Lage: Sandstrand, Wiesenparkplätze, östlich des Flusses Toiletten, Duschen, Mülleimer/außerorts.
Zufahrt: Westlich Caravia und 300 m nach dem Rio Espasa rechts.

Am Ostufer der **Ria de Villaviciosa**, an der **Playa de Rodiles**, fünf Kilometer von der Hauptstraße entfernt, werden wir wieder fündig. Dort, wo die Stichstraße auf den Strand trifft, wendet man sich entweder nach links (Richtung **Campingplatz**) und findet dort längs der Straße einige wenige Parkplätze unter der Steilwand. Rechts wartet ein großer, schön angelegter, tags oft rappelvoller Parkplatz (mit WC, Duschen und Bar). Das ausgedehnte Eukalyptuswäldchen – einst der ultimative Campertraum, ist inzwischen komplett mit Holzbarrieren abgesperrt, dafür aber mit Picknicktischen und -bänken vollgestellt.

(088) WOMO-Badeplatz: Playa de Rodiles
GPS: ca. N 43° 31' 55.0" W 5° 22' 25.5" **max. WOMOs:** >5.
Ausstattung/Lage: Sandstrand, Duschen, Toiletten, Bar, Mülleimer/außerorts.
Zufahrt: Von Ribadesella auf N 632 nach Westen. Vor der Ria de Villaviciosa rechts.
Sonstiges: Mehrere Gaststätten, Camping verboten, übernachten erlaubt.

In der vordersten Reihe des Eukalyptuswäldchens sind zur Dünenbefestigung Sternkiefern *(Pinus pinaster)* angepflanzt. Zwischen diesen Nadelbäumen mit den längsten Nadeln (bis 25 cm) und den größten Zapfen, die bis zu acht Stück sternförmig um einen Ast herumstehen, richten wir uns ein.
Die Kiefern haben genau "Hängemattenabstand", und direkt davor kann man zwei Meter hinunter auf den goldgelben Sandstrand springen. Mindestens einen Kilometer dehnt sich die flache Bucht, setzt sich nach links in die wellengeschützte Ria fort.

KARTE TOUR 9
COSTA VERDE
88:Pl. de Rodiles WC
Tazones
El Puntal
91
90
Villaviciosa
Infiesto
El Conventin
89
Playa de España
92
Gijón
WC 93
Ausfahrt 389: Supermärkte
Candas
Luanco
Bañugues
96
B
Cabo de Peñas
97:P. de Verdicio WC
98:Ensen. de Xago WC
Ausfahrt 397
Aviles
Oviedo
nach Leon
95
94
Alto del Naranco
San Miguel de Lillo
Sta María de Naranco
Grado
Cabruñana
Salas
La Espina
100: Concha de Artedo WC
101:P. de S.Pedro WC
Cudillero
99
Ausf. 431
438
Soto
Cabo Vidio
102
Oviñano
103:Pl. de Cadavedo WC
Cadavedo
450
Cabo Busto
104
Busto
Canero
Playa de Cueva WC
467
105
Luarca
Playa de Otur WC
18%
Otur
N
10 km

TOUR 9 (ca. 200 km / 2-3 Tage)

Villaviciosa – Playa de España – (Abstecher "El Conventin") – Gijón – (Abstecher Oviedo) – Aviles – Cabo de Peñas – Playa de Verdicio – Ensenada de Xago – Cudillero – Playa de S. Pedro – Cabo Vidio – Playa de Cadavedo – Cabo Busto – Luarca – Otur

Freie Übernachtung:	El Puntal, Gijón, Oviedo, Cabo de Peñas, Playa de Verdicio, Ensenada de Xago, Cudillero, Concha de Artedo, Playa de S. Pedro, Cabo Vidio, Playa de Cadavedo, Cabo Busto.
Trinkwasserstellen:	u. a. Tazones, vor Cabo de Peñas, Playa de Cadavedo.
Campingplätze:	u. a. Playa de España, Gijón, Bañugues, Playa de S. Pedro, Cadavedo, Luarca, Otur.
Baden:	El Puntal, Bañugues, Playa de Verdicio, Ensenada de Xago, Concha de Artedo, Playa de S. Pedro, Playa de Cadavedo.
Besichtigungen:	u. a. El Conventin, Gijón, Oviado, Cabo de Peñas, Cabo Vidio.

Am nächsten Morgen ist der Himmel wieder bewölkt. Wir können über Eintönigkeit des Wetterverlaufs wirklich nicht klagen. Kurzentschlossen packen wir zusammen – Fahr- und Besichtigungswetter! Aber wo soll es langgehen? Weiter an der Küste, auf Badeplatzsuche oder durchs Hinterland mit Besichtigung von OVIEDO? Da wir uns nicht entscheiden können, welche Tour Ihnen mehr zusagen würde, haben wir wenigstens zwei Inlandsabstecher gemacht!
12 km sind es zunächst zurück zur N 632 und auf ihr nach rechts bis VILLAVICIOSA am Beginn der gleichnamigen Ria. In der Ortsmitte zweigen wir links in die AS 113 Richtung OVIEDO ab! Kaum haben wir die letzten Häuser hinter uns gelassen, wird die schmale Küstenebene wieder wellig, hügelig, bergig. Serpentinen schlängeln sich die Hänge hinauf, alle Aufmerksamkeit ist auf die Fahrkünste der Entgegenkommenden und die Breite des eigenen WOMOs gerichtet. AUFPASSEN!
Völlig unerwartet und wirklich erst im letzten Augenblick erspähen wir bei »km 7,5« hinter VILLAVICIOSA das Schild, das uns nach rechts zum Kirchlein SAN SALVADOR DE VALDEDIOS (auch "El Conventin" genannt) weist.

Das bezaubernde Bauwerk, das wir am Ende eines 1,5 km kurzen Stichsträßchens erblicken, stammt aus dem IX. Jahrhundert. Seine

typisch mozarabische Steinmetzarbeit und die Hufeisenfenster am klar gegliederten dreischiffigen Baukörper zu bewundern reicht eigentlich völlig aus. Auf das Klingeln an der benachbarten Klosterpforte (Di-So 11-13, 16.30-18 Uhr), das tief im Inneren des weitläufigen Baues verhallt, erscheint ein kleines Männchen. Leider verstehen wir kaum etwas von seinen Ausführungen, während er uns durch die düsteren Wandelgänge schleppt. Vom XIII. bis zum XVIII. Jahrhundert wurde an dem Komplex gebaut und umgebaut. Lediglich die Klosterkirche strahlt noch vom Glanz vergangener Zeiten. Besonders auffallend sind vier holzgeschnitzte Reitergestalten hoch oben in der Vierung, zu deren Füßen Mauren mit gespaltenen Köpfen niedersinken. So verstand man wohl christliches Tun zu Zeiten der Reconquista, der Rückeroberung Spaniens für das Christentum; ruhiger **Parkplatz** [**089:** N 43° 26' 13.4" W 5° 30' 25.9"].

Zurück in VILLAVICIOSA überqueren wir nach links den Fluss, biegen dann rechts Richtung TAZONES, entlang der Westseite der **Ria de Villaviciosa**.

Nach knapp 6 km passieren wir das Ortsschild von EL PUNTAL und 500 m weiter weist uns ein Hinweisschild nach rechts hinab zur:

(090) WOMO-Badeplatz: Playa El Puntal

GPS: N43° 31' 42.1" W5° 23' 15.7" **max. WOMOs:** 3-4.

Ausstattung: Tische & Bänke, Schatten, Gaststätte, Duschen, Sandstrand 100/300 m.

Zufahrt: An der Westseite der Ria Villaviciosa nach Norden.

Dort steht man genau gegenüber der **Playa de Rodiles**. Zwei Unterschiede: Die Besucherdichte ist nahe Null, denn es gibt nur bei Flut einen vernünftigen Strand!
Und: Man kann sogar noch in das Eukalyptuswäldchen hineinfahren!
Bis zum Kap bei TAZONES zu fahren lohnt sich auch. Dort gibt es zwar nur einen kleinen "Hausstrand" unterhalb der Kaimauer, aber einen schönen, großen **Parkplatz [091:** N43° 32' 38.6" W5° 24' 14.1"] am Ortsbeginn. Ein Bummel durch die typische Atmosphäre dieses malerischen Fischerdörfchens ist jedoch ganz nett, und ein schmackhaftes Fischgericht in einer der Gaststätten am Hafen wäre auch nicht zu verachten!
700 m vor TAZONES führt ein schmales Sträßchen weiter Richtung GIJON. Wir halten uns immer rechts, machen noch einen Umweg über die **Playa de España**.

Playa de España

Das nenne ich einen goldgelben Sandstrand! Leider ist das Parkplatzangebot nicht gerade riesig - es sei denn, man beglückt den schönen Campingplatz, der nur 200 m vom Strand entfernt ist.

(092) WOMO-Campingplatz-Tipp: Playa de España

GPS: N43° 32' 33.3' W5° 31' 47.1" **Öffnungszeiten:** 15.5. - 17.9.
Ausstattung/Lage: Restaurant, Supermarkt, viel Schatten; Sandstrand 200 m/nächster Ort (Gijón): 10 km. WOMO + 2 Pers.: 20 € + 4,50 € Strom.
Zufahrt: siehe Text.

Die Region um VILLAVICIOSA ist ein Zentrum des spanischen Apfelanbaues (wir haben das schon lange an der Vielzahl der Apfelplantagen gemerkt). Aber Spanien exportiert doch kaum Äpfel. Was machen die mit dem leckeren Obst?

Sidra, ein leicht vergorener Apfelmost, ist das Nationalgetränk der Asturier und wird in allen chigres (Kneipen) angeboten. Auch wer lieber Wein trinkt - in Asturien wird kein Wein angebaut - sollte auf keinen Fall einen Besuch in einer Sidreria (Spezialkneipe für Sidra) versäumen.
Schon das Einschenken ist ein Genuß: Sidra muß am Glasrand hart aufprallen, um zu schäumen und der Mundschenk versteht es, den Apfelsaft in hohem Bogen ins Glas zu gießen. Dann sind die Gäste an der Reihe: das Glas wird ausgetrunken bis auf einen kleinen Rest, der mit einem Ruck in einen bereitstehenden Holzbottich gekippt wird.
Früher gab es nämlich nur ein Glas für mehrere Leute zusammen und mit dem letzten Schluck putzte man das Glas, bevor man es weitergab. Heute bekommt zwar jeder sein eigenes Glas, aber sonst hat sich nicht viel geändert.

Verständlich, dass wir seit einer Weile nach "Sidra-Bodegas" Ausschau gehalten haben. Nur 1,5 km seit dem Strand haben wir Glück und halten auf dem Hof der **Gelo-Cider**. Man ist zwar überrascht, aber freundlich und wir kommen nicht nur in der Genuß einer kurzen Führung, sondern erleben auch das Einschenken - und zwar aus einem turmhohen Edelstahltank. Die alten Holzfässer sind keinesfalls auf dem Altenteil, sondern warten auf die neue Ernte! Mit "nur" 6,5 % Alkohol ist der Sidra übrigens ein wohlschmeckendes und bekömmliches Getränk.

Bei VENTA DE LAS RANAS stoßen wir wieder auf die N 632, biegen rechts, dem Wegweiser "GIJON" folgend.
GIJON ist ein Sammelbegriff für Kohle und Eisen, Werften und Hüttenwerke und früher hatten wir die Industriestadt immer südlich umfahren, ohne einen Blick nach rechts oder links zu werfen. Dies war ein Fehler, wie wir bald erfahren werden.
Zunächst fesselt uns ein Blick hinab von der Höhe **Alto del Infanzón** auf einen riesigen Gebäudekomplex, versammelt um einen zentralen Kuppelbau mit einem 120 m hohen, schlanken Turm, zu dem wir einen Abstecher machen mussten! Es ist die **Universidad Laboral**, die Arbeiteruniversität, eine Fachschule für Landbau und Technik. Sie wird von Jesuiten geleitet und

bildet gleichzeitig 2000 Internatsstudenten aus; wir sind ganz perplex von der Größe der Anlage. Hier biegen wir rechts ab, Wegweiser "GIJON par SOMIÓ", die Zufahrt zu unserem Stellplatz ist eigentlich ganz einfach: Immer geradeaus und dann nach rechts, dem Wegweiser zum Campingplatz folgend, denn der (inoffizielle) Stellplatz liegt nur 500 m davor, am Beginn des Camino Mimosas bzw. am Rande des Parque Rinconin.

(093) WOMO-Picknickplatz: Gijón (Camino Mimosas)

GPS: N43° 32' 50.0" W5° 38' 12.2"; Camino Mimosa 4. **max. WOMOs:** > 10.
Ausstattung/Lage: Liegewiesen, Spazierwege, Stadtbushaltestelle/Ortsrand.
Zufahrt: Auf der N-632 Rtg. Gijon, denn rechts "Gijon par Somió". Von der Ctra. Piles al Infanzón vor dem Hafen rechts in die Camino Arriba (Campingplatzwegweiser).

Gijón, Skulptur "Solidaridad" im Park Rinconin

Ein erster Spaziergang führt uns durch den **Park Rinconin**, vorbei an der Edelstahlskulptur "Solidaridad" des Künstlers Pepe Noja, zu einem kleinen Sandstrand und dann entlang der Felsküste. Von hier aus hat man einen schönen Blick auf die **Playa de San Lorenzo**, den 1,5 km langen Hausstrand von GIJÓN hinter dem sich der "paseo", die schöne Flaniermeile entlangzieht und die Altstadthalbinsel. Bis zum Strandbeginn wäre es 1 km zu Fuß. Wir machen den (vergeblichen) Versuch, mit

Gijón, Playa de San Lorenzo

dem WOMO ins Zentrum zu fahren und dort einen Parkplatz zu finden. Eine bessere Alternative wäre der Bus, der direkt vor dem Stellplatz hält, denn es gibt einiges zu besichtigen: Die bergige **Altstadthalbinsel** Santa Catalina mit den kleinen Fischerhäusern (und vielen Sidrerias), das berühmte **Eisenbahnmuseum** [N43° 32' 28.9" W5° 40' 18.6"] (Museo del Ferrocarril) und das noch berühmtere **Aquarium** [N43° 32' 27.3" W5° 40' 33.7"], das einzige in Spanien, in dem alle fünf Arten von Wirbeltieren vertreten sind sowie eine einzigartige Nachbildung eines kantabrischen Flusses.
Auch ein Dudelsackmuseum (Museo de la Gaita) gibt in GIJÓN - oder dachten Sie, der Dudelsack sein eine Erfindung der Schotten?

Beim Bummel durch die Altstadt fällt uns wieder OVIEDO ein, das doch viel schöner als GIJÓN sein soll...
So folgen wir beim Verlassen Gijóns dem Wegweiser "Todas direcciónes" zur A 8, die wir nach 8 km gegen die A 66 nach OVIEDO eintauschen. Von dieser wechseln wir an der Ausfahrt 25 (Oviedo Centrum) beim Ikea auf die A 66a/N 634, entdecken auch bald die violetten Wegweiser "Monumentos prerrománicos", die uns zu einem großen, baumbestandenen Parkplatz führen.

(094) WOMO-Stellplatz: Oviedo (Monumentos)

GPS: N43° 22' 35.6" W5° 52' 01.6"; Avenida de los Monumentos.
max. WOMOs: 2-3.
Ausstattung/Lage: Baumschatten, kurzer Fußweg zu den Kirchen, Buslinie 10 ins Zentrum/außerorts.
Zufahrt: Die A 66 Gijón - Oviedo bis Ausfahrt 25, dann A 66a/N 634/ Monumentos.

Santa María del Naranco ist ein präromanisches Bauwerk, das Mitte des 9. Jahrhunderts unter dem asturischen König Ramiro I. (842–850) als Belvedere einer Palastanlage gebaut und später als Kirche genutzt wurde. 1985 wurde Santa María del Naranco zusammen mit San Miguel de Lillo in die Liste der UNESCO-Kulturdenkmäler aufgenommen.

Das Gebäude ist ein rechtwinkliger Bau aus Quader- und Bruchsteinen. Es ist mit einem Satteldach gedeckt und in zwei Stockwerke gegliedert, die in einen Mittelraum und zwei, im Osten und Westen anschließende Seitenräume unterteilt sind. Das Untergeschoss, auch als Krypta bezeichnet, besitzt im Mittelraum ein von Gurtbögen gestütztes, sehr tief ansetzendes Tonnengewölbe. Die beiden Seitenräume sind holzgedeckt, der östliche Raum könnte als Bad gedient haben. Das obere Stockwerk ist durch einen doppelten Treppenaufgang an der Nordseite von außen zugänglich. Die Räume des ersten Stocks tragen Tonnengewölbe mit Gurtbögen. Den östlichen und westlichen Abschluss bilden Loggien, sogenannte miradores, deren hohe, offene Dreierarkaden mit gestelzten Rundbögen eine herrliche Sicht auf Oviedo und die kantabrische Kordillere bieten und den Namen Belvedere rechtfertigen.

Die Kirche **San Miguel de Lillo** wurde im Jahr 848 ursprünglich Maria geweiht. Chroniken des 9. Jahrhunderts betonten die Schönheit und Vollkommenheit der Kirche, der keine andere in ganz Spanien gleichkäme. Nachdem die Kirche im 12. oder 13. Jahrhundert durch einen Erdrutsch stark beschädigt wurde, ist heute nur noch ein Drittel des ehemals dreischiffigen Baus erhalten, und zwar ein westlicher Vorbau mit dem Eingangsportal und das erste Joch des Langhauses.
(Auszüge aus Wikipedia)

Wir stapfen die paar Schitte hinauf zu den berühmten Kirchen. Dort kann man sich auf die Wiese setzen und die Schönheit der Bauwerke in aller Ruhe auf sich wirken lassen.
Am nächsten Morgen steigen wir in den Bus der Linie 10 und verlassen ihn an der Station "Uria Centro", nur wenige Schritte sind es entlang des Parque de San Francisco, an dessen Ende wir im Tourismushäuschen einen Stadtplan samt Besichtigungsempfehlungen in Empfang nehmen.
Hui, das wird ein Tagesorgramm!
Fuente Foncalada (Brunnen aus dem IX. Jh.), gotische Kathedrale mit der Cámara santa (beide Weltkulturerbe), in der Reliquien aufbewahrt werden wie das Schweißtuch Christi, Dornen aus der Dornenkrone und Splitter des Kreuzes.
Es folgen das archäoligische Museum (u.a. Filme über die Höhlen Asturiens), diverse prächtige Paläste, aber auch

Fonte Foncalda

Oviedo: Heimkehrer, Woody Allen, Pelayo, Schultz & Schinken

Einkaufsbummelstraßen, Skulpturen am Wegrand und zum "krönenden Abschluss" der Besuch der Plaza de Fontán. Aber nicht wegen des kleinen namensgebenden Brunnen, sondern wegen des riesigen Mercados (Hühnerfüße kosten 6,48 €/kg) und der umliegenden, gemütlich-typischen Gaststätten.

Für die Rückfahrt ist uns ein Taxi nicht zu teuer (ca. 7-8 €).
Zurück am WOMO lohnt es sich, OVIEDO auf die Dächer zu schauen. Wir passieren die geschichtsträchtigen Kirchen und kurven hinauf (Wegweiser: Alto del Naranco), vorbei an einer ausgedehnten "Area recreativa" **[095: N43° 23' 03.3" W5° 51' 23.6"]** mit **Brun-**

nen zu einem noch höher gelegenen Picknickplatz mit riesiger Christusstatue. Der Ausblick aus 635 m Höhe ist gewaltig und ein krönender Abschluss unseres OVIEDO-Abstechers.
Vor der A 66 Richtung GIJÓN wechseln wir auf die A 8 Richtung AVILES ("Autopista del Cantabrico").
Bevor wir AVILES erreichen, verlassen wir die A 8 an der Ausfahrt 397 (Richtung CANDAS/LUANCO). Schnell haben wir einige Industrieanlagen passiert, dann breiten sich neben der AS 110 wieder Maisfelder und Wiesen aus.
Vor CANDAS biegen wir links, werden um den Ort herum geführt, so auch um LUANCO (Wegweiser BAÑUGUES).
Dieses Örtchen hat einen **Campingplatz** und daneben große Wiesenflächen [N43° 37' 42.2" W5° 48' 38.2"] hinter einem feinen **Sandstrand**. Das Richtige für einen kurzen Badestopp (es gibt Gaststätten, Duschen und **Toiletten**, Tisch & Bank).
2,5 km später können Sie von einem einsamen **Picknickplatz** [N43° 38' 17.6" W5° 49' 59.4"] (mit **Wasserhahn**) Ruhe und Aussicht genießen. Noch mehr Aussicht samt Gaststätte (aber tagsüber weniger Ruhe) biete ich Ihnen an der Nordspitze der Halbinsel beim Leuchtturm am **Cabo de Peñas**, dem nördlichsten Punkt Asturiens, umringt von scharfen, meerumschäumten Klippen (bequemer Wanderweg an der Klippenkante).

(096) WOMO- Picknick- und Wanderparkplatz: Cabo de Peñas
GPS: N 43° 39' 18.2" W 5° 50' 55.9" **max. WOMOs:** 2-3.
Ausstattung/Lage: Tisch & Bank, Gaststätte, Mülleimer/außerorts.
Zufahrt: Die A 8 Gijón - Aviles bis Ausfahrt 397. Dann über Candas und Luanco zum Cabo de Peñas.

Auf der Westseite der Halbinsel geht's wieder nach Süden. Nach genau 4500 m biegen wir in VERDICIO rechts zur **Playa de Verdicio**. 1600 m später landen wir an riesigen Wiesenflächen oberhalb der sturmgepeitschten See, die zwischen Felsenriffs hindurchschäumt, um schließlich auf dem rötlichgelben Sandstrand auszurollen.

(097) WOMO-Badeplatz: Playa de Verdicio

GPS: N 43° 37' 44.4" W 5° 52' 34.4" **max. WOMOs:** >5.
Ausstattung/Lage: Bar, Duschen, Toilette, Sandstrand, Mülleimer/außerorts.
Zufahrt: Die A 8 Gijón - Aviles bis zur Ausfahrt 397 fahren, dann über Candas, Luanco und Cabo de Peñas nach Verdicio, dort rechts zum Strand.
Sonstiges: Eine weitere Strandzufahrt gibt es 1300 m weiter südlich. Sie führt, einbahnstraßengeregelt, zu schönen Wiesenflächen oberhalb der Sandstrandbucht [**097a:** N 43° 37' 28.8" W 5° 52' 41.8"] (saisonale Gebühr).

Einen vergleichbaren Platz haben wir in Spanien noch nicht gesehen! Es gibt im Umkreis von 1000 m keinen Baum, man kommt sich vor wie auf der Prärie. Verloren steht unser WOMO auf der endlosen Wiese, schließlich stellen wir es direkt an die Kante, von der Trampelpfade zu dem nur wenige Schritte entfernten gewaltigen **Sandstrandhalbrund** führen.
Das Wetter ist trüb, es nieselt, und heftige Böen zerren am Fahrzeug, unsere WOMO-Besatzung fühlt sich wie in einem

Schaukelstuhl. Wir verbringen den Abend mit Rotwein und Mau-Mau, legen uns früh ins Bett, finden keinen Schlaf. Erst jetzt wird uns der Lärm bewusst, den das tobende Meer veranstaltet. Brecher auf Brecher krachen gegen die Felsen, rollen wummernd über den Strand. Schließlich setze ich mich im Schlafanzug ans Steuer, holpere ein paar hundert Meter landeinwärts über die Prärie. Hier ist es leiser, dafür fährt jetzt der Wind pfeifend über die Außenantenne. Erst als ich sie ganz zusammengeschoben habe, findet er keine Resonanz mehr und der ersehnte Schlaf stellt sich ein.

Am nächsten Morgen fahren wir zurück zur Kreuzung an der Teerstraße, biegen rechts Richtung AVILES. 1300 m später entdecken wir nochmals eine Zufahrt zur **Playa de Verdicio**. 4 km weiter und nur noch 7 km vor AVILES, bei einer Kette braunroter Industriehallen, biegen wir rechts zur 2 km entfernten **Ensenada (Playa) de Xago**. Wir halten uns nach 1100 m nochmals an einer Gabelung rechts, durchqueren ein Eukalyptuswäldchen mit einer ockerfarben getünchten Bar und vielen Picknickplätzen, rollen dann entlang einer senkrechten Felswand, über der bei schönem Wetter die Gleitschirmflieger kreisen, zum Meeresstrand. Dort warten zwei weitere Bars auf Kunden, und zwischen dem goldgelben **Sandstrand**, der von einigen Klippen verziert wird, und dem Fahrweg finden sich auf einem Rasenstreifen reichlich Stellplätze.

(098) WOMO-Badeplatz: Playa (Ensenada) de Xago

GPS: N 43° 36' 22.0" W 5° 54' 51.7" **max. WOMOs:** >5.

Ausstattung/Lage: Schattige Tische & Bänke, Barackenbars, WC, Duschen, Wasserhahn, Sandstrand, Mülleimer/außerorts.

Zufahrt: Die A 8 Gijón - Aviles bis zur Ausfahrt 397 fahren, dann über Candas, Luanco, Cabo de Peñas und Verdicio bis zur Abzweigung bei den Industriehallen.

SALINAS und sein Nachbarort AVILES werden beide nicht den Preis für die schönste Industriestadt Spaniens gewinnen; wir rollen an Werft- und Hafenanlagen östlich des **Rio Albares** entlang. Das Industriegebiet, wie wir schnell erkunden, beschränkt sich "nur" auf die beiden Ria-Flanken, das Zentrum von AVILES ist dagegen durchaus sehenwert (wenn man einen Parkplatz gefunden hat).Nach einem solchermaßen erzwungenen Kurzbesuch lassen wir uns vom Wegweiser LUARCA/ Aeropuerto zurück zur A 8 leiten. Diese führt zunächst durchs Landesinnere. Wir sind darüber nicht gram, denn die Badestrände von Aviles und Salinas sind durch die Großstadtnähe regelmäßig überbevölkert.
An der **Ria de Pravia**, vor der der angekündigte Flugplatz liegt, sichten wir mal kurz die See, dann zieht unsere Straße wieder hinauf ins bergige Hinterland. Die neue Straßenführung kennt jedoch weder Berg noch Tal, kühne Viadukte und tief eingekerbte Straßenschluchten sorgen für flottes Vorankommen.
Wir verlassen die schnelle Bahn an der Ausfahrt 431 CUDILLERO, turnen am Kreisel zunächst rechts, steil bergab, zu dem reizenden Fischerdörfchen.
Das WOMO darf zwar nicht hinein (was man bei dem Besuch schnell begreifen wird), aber 500 m vorher findet man reichlich Parkraum an der Hafenmole.

(099) WOMO-Stellplatz: Cudillero (Hafen)

GPS: N43° 33' 57.2" W6° 09' 02.1" **max. WOMOs:** > 5.
Ausstattung: Fischverkauf, Spazierweg zum Dörfchen 500 m, dort Gaststätten.
Zufahrt: Auf der A 8 von Aviles nach Westen bis Abfahrt 431, danach rechts hinab.

Concha de Artedo aus der Vogelperspektive

Steil führt das Stichsträßchen zur **Concha de Artedo** hinab (am Kreisel bei der A8 links), vorbei an der Gaststätte "Casa Fernando 2" mit **Wohnmobilentsorgung** [N43° 33' 36.0" W6° 10' 35.6"]. In der Talsohle biegen wir vor dem **Rio Ferrera** rechts Richtung **Playa de Artedo**. Das schmale Teersträßchen führt bis zu einem luxuriös angelegten, großen **Badeparkplatz** [**100:** N 43° 33' 37.9" W 6° 11' 20.1"] mit WC, das WOMO steht auf Plastikrasengitter, Holzbalken unterteilen die Parkareale. Ein toller Holzbalkensteg führt in 5 min. zum etwa 500 m breiten Strandhalbrund. Das Meer schäumt bei Flut auf einen "Sand", dessen Korngröße zwischen Faust- und Kindskopfformat variiert – erst bei Ebbe wird das feine Sandstrandangebot sichtbar!

SOTO DE LUIÑA lag einst an der Durchgangsstraße, seine **Playa de S. Pedro** war bekannt und permanent überfüllt. Jetzt zieht die Schnellstraße in schwindelnder Höhe über dem Ort dahin; ob die Lage dadurch wohl anders ist?
Wir verlassen die neue A8, turnen hinab nach SOTO, biegen vor dem weißen, quadratischen Uhrturm hinab zur **Playa de S. Pedro**.

(101) WOMO-Badeplatz: Playa de San Pedro

GPS: N 43° 34' 39.5" W 6° 13' 19.4"
max. WOMOs: 2-3. **Ausstattung:** Tische & Bänke, Gaststätte, Duschen, Toilette, Sandstrand 100/300 m.
Zufahrt: Auf der A 8 von Aviles nach Westen bis Abfahrt 438 Soto, weiter siehe Text.

Bei unserem Besuch waren sogar die vorderen Wiesenplätze, nur 100 m hinter dem feinen Sandstrand, fast leer – welch' Wunder. Offensicht gilt: Je schwieriger ein Plätzchen zu finden ist, desto geringer ist zumindest die Zahl der "Laufkundschaft". Ein neuer Campingplatz liegt links der Strandzufahrt, er war aber bei unserem Besuch mit Dauercampern gefüllt.

Zurück an der vierspurigen A 8 überqueren wir sie zum Leuchtturm am **Cabo Vidio**. Bereits an der Zufahrt sehen wir eine ganze Reihe von Ausbuchtungen mit Tischen und Bänken. Der schönste, ruhigste und aussichtsreichste Platz ist direkt vor dem Leuchtturm rechts – so denken wir! Rollt man aber 700 m vom Leuchtturm zurück bis zum zweiten Picknickplatz rechts (mit einer Betonsäule), so findet man dort den Beginn eines bequemen Fußweges, der im Zickzack zum einsamen **Sandstrand** am Fuße der Steilwand (Foto) hinabführt.

(102) WOMO-Picknick- und Badeplatz: Cabo Vidio
GPS: N 43° 35' 15.8" W 6° 14' 26.8"; 88 m. **max. WOMOs:** 2 x 2.
Ausstattung/Lage: Tische & Bänke, Sandstrand unterhalb/außerorts.
Zufahrt: Auf der A 8 von Aviles nach Westen bis Abfahrt 438 Soto, weiter siehe Text.

Weiter geht es auf der "schwebenden" Schnellstraße, der Straße der Viadukte. Nach 13 km (Ausfahrt 450) verlassen wir sie, durchqueren CADAVEDO, passieren den **Campingplatz** in der Ortsmitte rechts (dahinter kleiner Supermarkt).
Hinter den letzten Häusern zieht das Teersträßchen in Schleifen hinab zum Strand, durchbricht genau in der Mitte eine halbkreisförmige Felsarena, in die das Meer hineinbrandet. Zu unseren Füßen breitet sich zunächst ein Kies-, dann ein Sandstrandstreifen aus, und wir können rechts in einen Logenwiesenplatz einschwenken mit Wasserhahn, Duschen und Toiletten. Marschiert man auf dem Strand ein paar Schritte nach rechts, dann findet man eine **Zwillingsquelle**, die direkt aus dem Felsen quillt. Wendet man sich links, dann kommt man zu einer Strandbar, im Hinterland wartet eine restaurierte Wassermühle auf Ihren Besuch.

(103) WOMO-Badeplatz: Playa de Cadavedo
GPS: N 43° 33' 04.4" W 6° 22' 17.2" **max. WOMOs:** 3-4.
Ausstattung/Lage: Parkplatzwiese, Tisch & Bank, Grillstellen, Duschen, Toilette, Bar, Sandstrand/außerorts.
Zufahrt: Auf der A 8 nach Westen bis Abfahrt 450 Cadavedo, weiter siehe Text.
Hinweis: Camping & Hunde verboten.

Vier Kilometerchen sausen wir weiter nach Westen auf der Schnellstraße, bei der Ausfahrt 454 geht's rechts nach BUSTO. Nach 2 km haben wir das kleine Dörfchen mit einer besonders schmalen Passage (Ausweichstrecke am Ortsbeginn rechts)

passiert, halten geradewegs auf einen kleinen Leuchtturm zu, der das **Cabo Busto** besetzt hält. Angesichts des Leuchtturms erblickt man linkerhand ein kleines Kiefernwäldchen. Rollt man an seinem Beginn links, so findet man dort garantiert **keinen** Badeplatz, aber heideromantische **Picknickplätze** [**104:** N 43° 33' 52.7" W 6° 28' 17.5"; 72 m] an der bizarren Steilküste mit Tisch & Bank und gemauerten Sitzbänkchen an der Steilkante zum Schauen und Träumen.

Traumblick beim Cabo Busto

Wir kehren nicht zur A8 zurück, sondern unterqueren sie und schwenken dahinter in die alte N 632 bis CANERO, dann auf der N 634 Richtung LUARCA/BARCIA. Bald liegt die herrliche **Playa de Cueva** unter uns. Steil und schmal (?) geht es hinab (die Begrenzung auf Fahrzeuge bis 2 m Breite ist durchaus berechtigt!).

Unten erwartet VW-Bus-Piloten & Co. eine Vielzahl von **Badeplätzen** [N 43° 33' 0.0" W 6° 28' 20.0"] (auch mit Schatten), Bar, Duschen, WC ...

Luarca, von oben sehr bequem zu begucken

Elegant schwingt sich unsere schnelle Bahn südlich um LUARCA herum. Dies ist ein quirliger Badeort, dessen uralter Stadtkern kaum Platz für die Straße, geschweige denn für Parkplätze bietet. Der 1,5 km entfernte, empfohlene **Campingplatz** "Tauran" [**105:** N43° 33' 03.1" W6° 33' 11.9"] (WOMO + 2 Pers.: 17 € + 3,80 € Strom) wäre vielleicht ein Anlaufplatz. Er liegt allerdings 50 m über dem Meeresspiegel, sodass Badefreuden wohl eher im kleinen Pool stattfinden. Man findet ihn, wenn man an der zweiten Abfahrt nach LUACRA die A 8 verlässt und sich am Kreisel nicht rechts, sondern links hält (ausgeschildert).
Wir ziehen weiter nach Westen. Ab »km 510«, in der Streusiedlung OTUR, ist Aufmerksamkeit angebracht!
1000 m nach der Kirche taucht, herbeigesehnt, ein Strandhinweisschild auf: **Playa de Otur**.
Das nur 1000 m kurze Stichsträßchen (nur bis 2 m Breite/5 m

Playa de Otur, zweifarbiger Sandstrand

Länge freigegeben), das oben an einem **Campingplatz** vorbeiführt und an seinem Ende mit 21% Gefälle (gemessen, nicht geschätzt!) zur Küste hinabkurvt, führt zu einem der schönsten **Badeplätze** [N 43° 33' 10.2" W 6° 35' 51.8"] unserer Tour: zweifarbiger, weicher Sandstrand, dahinter Golfrasen mit einigen Ferienhütten und Wohnwagen.

Begrüßt werden wir von einem großen Mülleimer vor einem sorgfältig gemalten "Camping-verboten"-Schild.
Der Sandstrand wird eingerahmt von malerischen Felsenpartien. Ihre vorderen, bei Flut überschwemmten Abschnitte sind bei Ebbe ein unerschöpfliches Klettergebiet. Ausgewaschene Mulden und Rinnen bilden

jetzt kleine Teiche und Aquarien, in denen Seeigel, Seesterne, Seeanemonen, Krabben und die verschiedensten Seetange der Laminaria-Familie aus nächster Nähe bestaunt werden können. Sie kennen kein einziges dieser "Viecher" mit Namen? Selbst blutige Laien finden sich mit einem bebilderten Bestimmungsbuch (siehe "Literatur") sofort zurecht. Direkt hinter dem Strand hat sich zwischen Büschen eine Holzbude zur "Bar" ernannt, Tische und Bänke laden zum Schwätzchen ein. Ein Bretterrestaurant am linken Strandabschnitt bietet kleine Gerichte an, verkauft Brot und spendet freundlich frisches Nass aus dem Wasserhahn, **Toiletten** und **Duschen** gibt es auch...
Man könnte glatt neidisch werden auf die Besitzer der kleinen Strandhäuschen, das Zigeunerleben aufgeben, einen "rechten" Beruf ergreifen – und hierbleiben! Als Müller hätten Sie dazu gute Gelegenheit! Geht man über den linken Strandabschnitt zum zweiten und über eine Felsbarriere gar zum dritten Sandstrand, so findet man dort, in einer Senke, ein kleines Paradies: Eine winzige Mühle steht zum Verkauf und mit ihr ein kleiner Weiher, in den der Mühlbach hineinpurzelt. Aphrodite muss ihm gerade entstiegen sein, er ist umringt von verschwenderisch blühenden Montbretienbüscheln, deren Blüten der Farbe des Kaminfeuers am nächsten kommen.

Geht man auch den dritten Sandstrand bis zu seinem Ende, so kann man zu einem geheimnisvollen Bauwerk klettern: einem Metallgitterkäfig, groß wie ein LKW, in dem die Kinder mit schaurigem Gebrüll "gefangene Riesenkrake" spielen.
Die Hauptattraktion der **Playa Otur** jedoch ist das kleine Bächlein am Ostrand, das auf seinen letzten Metern zum Meer eine 30 m lange Höhle durchfließt. Hier und zwischen den benachbarten Felsen finden Kinder und tintenfischstochernde Erwachsene endlose Spielmöglichkeiten.

KARTE TOUR 10

TOUR 10 (ca. 180 km / 2-3 Tage)

Playa de Frexulfe – Navia – Coaña – Playa de Peñarronda – Ribadeo – Playas dos Castros – Burela – Playa de Ceranzos – Viveiro – Playa de Xilloy – Barqueiro – Playa de Esteiro – Bares

Freie Übernachtung:	u. a. Playa de Frexulfe, Playa de Peñarronda, Playa de Arnao, Playas dos Castros, Playa de San Roman, Playa de Esteiro.
Trinkwasserstellen:	Playa de Frexulfe, Playa de Peñarronda, Playa de Burela, Playa de Xilloy, Playa de Esteiro.
Campingplätze:	Playa de Peñarronda, Barreiros, Foz.
Baden:	u. a. Playa de Frexulfe, Playa de Peñarronda, Playa de Arnao, Playas dos Castros, Playa de Burela, Playa de Ceranzos, Playa de Xilloy, Playa de Esteiro, Porto de Bares.

Weiter geht's nach Westen – aber OTUR spukt noch durch unsere Köpfe. Warum sollte Mutter Natur hier nicht mehrere dieser schönen, kleinen Buchten geschaffen haben!?
Nervös versuchen wir, rechterhand mit der Küstenlinie Blickkontakt herzustellen. Als uns das nicht gelingt, biegen wir nach 3,5 km rechts nach PUERTO DE VEGA ab und nach 700 m wieder rechts nach VIGO. Dort schwenken wir am Ortsbeginn rechts, passieren einen gepflegten **Picknickplatz [106:** N43° 33' 42.0" W6° 37' 33.5"] und erreichen nach 400 m einen herrlichen **Badeparkplatz [107:** N43° 33' 35.5" W6° 37' 19.0"] in malerischer Umgebung, der nur einen kleinen Schönheitsfehler hat: Zur ausgedehnten, fast menschenleeren Sandbucht im NSG der **Playa de Barayo** muss man einen Fußmarsch beginnen, der sicher länger als ein Viertelstündchen dauert und 85 Höhenmeter hinabführt!

Teleblick zur Playa Barayo

Wir durchqueren das Dörfchen VIGO (am Ortsende links gut anfahrbarer **Brunnen**), erreichen das freundliche Fischerdörfchen PUERTO DE VEGA mit netten Fischgaststätten, besichtigen im Hafenrund mit den zwei alten Kanonen den großen **Parkplatz** [**108:** N43° 33' 57.1" W6° 38' 46.8"].

Hält man sich kurz vor dem Ort links, auf NAVIA zu, durchquert das Dörfchen SOIRANA mit einem schiefergedeckten Waschhaus am Ortseingang und biegt am Ortsende rechts, so kommt man nach 500 m zur **Playa de Frexulfe**!?

Die Asphaltstraße endet an einem angelegten **Badeparkplatz** [**109a:** N 43° 33' 34.0" W 6° 40' 12.7"] am Waldrand, von dem aus man das Paradies nur durch die Baumstämme schaut – einen tollen Sandstrand, dahinter schattigen Wald, einen Fluss, der sich durch ein Tal mit reicher Vegetation schlängelt. Auch hier führt nur ein ziemlich langer Fußweg hinab....

Aber unten stehen Autos – wo ist die "richtige" Zufahrt?

Wir wenden, kehren nach SOIRANA zurück, fahren 2100 m weiter nach Westen, die Streusiedlung FREXULFE (FREJULFE) durcheilend, und entdecken dort am Ortsende die zweite Zufahrt zur **Playa de Frexulfe**. Nach 1000 m landen wir auf dem großen Parkplatz 200 m oberhalb des breiten **Sandstrandes**, dessen Freizeitangebot erweitert wird durch Barackengaststätten, Duschen (**WC** und **Wasserhahn** findet man, wenn man vor dem Parkplatz rechts hinabfährt) und eine Informationstafel, die die gefährlichen und die sicheren Abschnitte des Badestrandes kennzeichnet (zeitweise Riesenandrang!).

(109) WOMO-Badeplatz: Playa de Frexulfe

GPS: N 43° 33' 29.4" W 6° 40' 32.2" **max. WOMOs:** > 5.

Ausstattung/Lage: Gaststätten, Duschen, Wasserhahn, Sandstrand, WC/außerorts.

Zufahrt: Auf der N 634 von Otur 3,5 km nach Westen, dann rechts; weiter siehe Text.

Am rechten Strandabschnitt mündet das Flüsschen, der **Rio Frexulfe**, der den Kinder offensichtlich das größte Badevergnügen bietet und deren Eltern sattgrüne Lagerplätze an seinem Ufer.
Wir kehren nach FREXULFE zurück, halten auf NAVIA zu. Am Ortsbeginn schwenken wir rechts in den Vorort OLGA, wo wir zwischen dem Sportplatz und dem Supermarkt Eroski (preiswerte Tankstelle) einen großen, aber nicht besonders ansprechenden **Stellplatz** [**110:** N43° 32' 43.2" W6° 43' 11.7"] mit **Ver- und Entsorgung** vorfinden.
Wir durchqueren NAVIA und seine Ria, befinden uns dahinter im Ort EL ESPIN.
Etwas Kultur gefällig?
Dann halten Sie sich mit uns direkt hinter der Ria-Brücke links, nur 3 km sind es zur Keltensiedlung von COAÑA.

Das **Castro de Coaña** ist eine eisenzeitliche, keltische Siedlung aus dem 1. Jahrhundert n. Chr., der so genannten Castrokultur.
Die Fundstätte gliedert sich in zwei Bereiche: Einerseits die Akropolis, ein weitläufiger ovaler Platz auf dem höchsten Punkt der Siedlung, stark befestigt mit einer dicken Umwallung, andererseits der nördliche Siedlungsteil mit mehr als 80 Rundhütten von geringer Größe.

Zurück in EL ESPIN haben wir uns einen Badeplatz verdient! Wir schwenken links auf die N 634 und verlassen Sie 1,5 km später (Wegweiser: Playa de Arnelles). Vor dem Meer gabelt sich die Straße noch einmal, wir fahren zunächst rechts zur Playa de Foxos - und sind total überrascht:

(111) WOMO-Badeplatz: Playa de Foxos

GPS: N43° 33' 21.5" W6° 43' 34.9" **max. WOMOs:** 2-3.
Ausstattung/Lage: Liegewiese, Baumschatten, Duschen, Tisch & Bank, bewachter, kleiner Sandstrand/außerorts.
Zufahrt: Auf der N 634 von Navia 1,5 km nach Westen, dann rechts; weiter siehe Text.

Playa de Foxos

Auch die **Playa de Arnelles [112:** N43° 33' 34.8" W6° 43' 49.8"] hat einen wunderschönen Sandstrand. Man muss allerdings vom Parkplatz 45 Höhenmeter auf einem Plattenweg hinabstapfen.

Playa de Arnelles

Über dem nördlichen Rand dieses Sandstrandes haben Sie schon einen Leuchtturm erspäht, den wir als nächstes aufsuchen (1000 m zurück und rechts Richtung ORTIGUERA/Cabo San Agustin). Kurz vor dem Leuchtturm überrascht uns ein reizender, aussichtsreicher **Wiesenstellplatz [113:** N43° 33' 39.4" W6° 44' 02.1"] mit einer Ver-/Entsorgung an seinem Rande - so richtig ein Plätzchen zum Relaxen!
Vom Leuchtturm fahren wir zurück zur N 634, halten uns rechts, nehmen die nächste Auffahrt auf die A 8 und verlassen sie an der Ausfahrt 501 Barres/Castropol, folgen am Kreisel dem Wegweiser zur **Playa de Peñarronda**.
Dort stoßen wir auf ein großes Toilettenhaus und können rechts und links auf großen Parkflächen hinter dem Strand ausrollen.

(114) WOMO-Badeplatz: Playa de Peñarronda

GPS: N43° 32' 59.2" W6° 59' 42.6" **max. WOMOs:** > 5.

Ausstattung/Lage: Picknickgelände mit Tisch & Bank, Duschen, Toilette, Holzstege zum Sandstrand, Gaststätte, Campingplatz/außerorts.

Zufahrt: Auf der N 634 (oder der A 8) von Navia 18 km nach Westen, siehe Text.

Wer dem Trubel etwas entfliehen möchte, fährt nach rechts einen Hügel hinauf und findet an der Hangkante einen aussichtsreichen **Picknickplatz** [**115:** N43° 33' 13.0" W6° 59' 30.8"] mit Brunnen neben einem kleinen Kirchlein (Mirador).

Wir schauen hinab, staunen: Der Strand ist gewaltig, gewaltig in mehrfacher Hinsicht. Zunächst ist er mindestens 1 km breit und 500 m tief, was den Sandstrand anbetrifft. Rechts und links von Felsen flankiert, öffnet er sich flach zum Hinterland, geht in Wiesen und Felder über. Beherrscht wird er von einem riesigen Fels, ja einem Berg mitten im Sandstrand, der bei Flut von der See umspült, bei Ebbe jedoch trockenen Fußes durch ein Tor durchschritten werden kann – Cäsar hätte sich keinen gewaltigeren Triumphbogen bauen lassen können!

Die Sandbucht passierend halten wir uns 1000 m später rechts, kehren noch nicht zur N 632 zurück, sondern lassen uns zur Playa de Arnao führen, wobei wir an einem herrlich angelegten, baumbestandenen **Picknickplatz** [**116:** N43° 33' 17.3" W7° 0' 52.6"] mit WC, Brunnen, Grillstellen und Kinderspielplatz vorbei kommen. 800 m weiter stoppen wir auf dem Wiesenbadeparkplatz.

(117) WOMO-Badeplatz: Playa de Arnao

GPS: N 43° 32' 58.9" W 7° 01' 14.3" **max. WOMOs:** 2-3.
Ausstattung/Lage: Duschen, große Wiese, geschützter Sandstrand/außerorts.
Zufahrt: Vom Badeplatz **Peñarronda** nach Westen, am Picknickplatz vorbei.

Wir genießen den herrlichen Blick hinab auf die so atemberaubend grüne Küste, überqueren die **Ria de Ribadeo** auf der A8 – und sind in GALICIEN! Wer es auf der Karte nicht erkennt, merkt es spätestens an den veränderten "horreos". Hier sind sie nicht mehr quadratisch und holzgebaut, sondern viel kleiner und steinern, die ebenfalls steinernen Dächer an den Giebelenden werden meist mit Steinspitzen, Kreuzen und anderen Beschwörungssymbolen verziert. Eigentlich gleichen sie mehr steinernen Sarkophagen, einer fernen, asiatischen Ahnenverehrung dienend, als simplen Maisspeichern.
Von der Ausfahrt 506 (Illa Pancha) aus machen wir einen kurzen Abstecher zum Leuchtturm auf der Illa Pancha mit **Parkplatz [118:** N43° 33' 18.2" W7° 02' 32.9"] herrlicher Aussicht, überdachtem Pavillon und Wanderwegen entlang der Steilküste.
Nach diesem Aussichtsabstecher unterqueren wir die A 8, um auf der N 634 weiter nach Westen zu fahren. Bei »km 560,2« kommt im Örtchen DEVESA die erste Abzweigung zu den **Playas dos Castros**. Falls Sie nicht rechtszeitig gebremst haben – eine zweite folgt bei »km 560,8«.
Spätestens jetzt sollten Sie sich rechts halten! Wer sich die Castros-Strände nicht anschaut, der hätte etwas verpasst!
1200 m später stehen wir an, aber was heißt an, wir stehen oberhalb eines ersten Strandes, dessen Sandbereich, wie die Perle von der Muschelschale, umringt ist von absolut senkrechten Felswänden. Dass man da mit dem WOMO nicht

hinabkommt, erkennt man gleich – aber wie sind die zwei Burschen hinabgeturnt, die sich auf der topfebenen Sandfläche ein Strandtennisfeld markiert haben und akrobatische Verrenkungen anstellen, um jeden Ball zu erjagen?
Schließlich entdecken wir die elegante Steintreppe, die die Badelustigen durch einen Natursteinbogen in die heimelige Sandarena entlässt – ein wirklich idyllischer Strand.

(119) WOMO-Badeplatz: Playa dos Castros

GPS: N 43° 33' 16.5" W 7° 08' 02.8" **max. WOMOs:** >5.
Ausstattung/Lage: komplett, Sandstrand/außerorts.
Zufahrt: Auf der N 634 von Navia nach Westen bis Devesa (»km 560,8«), dann rechts, nacheinander kommen die **vier** malerischen Strände.

Das Parkplatzangebot? Rechts des Fahrweges sind mehrere Parkplätze, und auf der großen, abgemähten Wiese links des Weges ganz viele!

Der zweite der Playas dos Castros (Playa das Illas)

Bereits 400 m weiter im Westen führt rechts hinter einer Betonmauer eine Zufahrt zum nächsten Strand **Playa das Illas**. Dort sind kleine Parkplätze, und man kann leicht hinabsteigen zu dem **Sandstrand**, der umrahmt ist von schräg aus dem Boden steigenden, schollenförmigen Felsplatten.

Knapp 800 m weiter links der Straße große Parkplatzwiese bei einer Café-Bar. Rechts eine dritte, schmale Felsenbucht, die **Playa de Esteiro**, die sich nur durch einen schmalen Kanal zur See hin öffnet. Auch sie besitzt in ihrer Mitte staubfeinen, festen Sandboden, so richtig geeignet für sportliche Betätigungen mit Schwimmeinlagen. Einen Sonnenschirm braucht man nicht aufzuspannen. Auch bei senkrecht stehender Sonne findet man nahe der Steilwände und in ausgewaschenen Höhlungen kühlenden Schatten. Wir stehen auf unserem Wiesen-Logenplatz völlig allein, haben nur wenige Schritte über eine Felsplatte hinab zum Sport- und Badevergnügen.

Nochmals 800 m – und wir sind an der **Playa das Catedrals**. Das Service-Angebot ist wiederum komplett, der riesige Parkplatz sauber gepflastert (Camping verboten).

Wir rollen weiter nach Westen, immer an der Küste entlang. Langsam beginnt die Bebauung dichter zu werden. Wir passieren den Ort BARREIROS mit einem **Campingplatz**.

Rechts der Straße, hinter dem breiten Sandstrand, großes **Toiletten**gebäude (**Entsorgung!**) [N43° 33' 19.1" W7° 10' 30.3"], viele Duschen und **Wasserhähne**.

Es werden uns jetzt immer wieder Sträßchen angeboten, um nach links zur N 634 zurückzukehren, zum Beispiel Richtung REINANTE und SAN MIGUEL. Wir bleiben jedoch auf der Küstenstraße, an der weitere Strände wie an einer Perlenschnur aufgereiht sind. Erst als wir am westlichen Ufer des breiten Mündungstrichters des **Rio Masma** die Hochhäuser von FOZ auftauchen sehen, wenden wir uns nach links und erreichen in SAN COSME wieder die Nationalstraße, dort, wo das Schild **Playa de Barreiros** zum Strand weist.

Resümee: Wir haben das wohl am dichtesten mit schönen Stränden bepackte Stück der Nordküste entdeckt. Hier verläuft sich jeder Andrang, hier ist für jeden Platz (in der Hauptsaison werden weitere Wiesenflächen zu Parkplätzen umgerüstet)! Dabei nimmt von Ost nach West die Schönheit ab und dafür die Besucherdichte zu.

Westlich SAN COSME verlässt uns die N 634 an einem Kreisverkehr, zieht ins Landesinnere. Ihre Nachfolgerin ist die N 642, wir biegen in sie ein Richtung FOZ/VIVEIRO. Am Ortsbeginn von FAZOURO, direkt vor der Brücke über die Ria, kann man zu einem **Badeplätzchen** [**120:** N43° 35' 38.3" W7° 17' 49.7"] mit Komplettangebot hinabkurven, Straße und Bahnlinie sind aber recht nahe!

Bade- und Picknickplatz Playa de Fazouro

Wir biegen ab nach BURELA, nehmen aber erst die 2. Zufahrt, die zusätzlich mit dem Wegweiser "Hospital da Costa" gekennzeichnet ist. Direkt unterhalb der Krankenhausparkplätze finden wir wieder eine richtige **Ver-/Entsorgungsstation** [N43° 39' 10.9" W7° 21' 30.3"].

Hinabgekurvt zur Hauptstraße entdecken wir ein Restaurantschild: "LUZERN Hostal Cafeteria". Wir fahren nicht schlecht. Die sogenannten "Platos combinatos", im Gegensatz zu den üblichen Menüfolgen also komplette Gerichte auf einem Teller wie in Deutschland, sind riesig und preiswert.

Zur Verdauung ein kleines Spielchen? Am westlichen Ortsende von BURELA biegen wir rechts ab zur **Playa de a Marosa** direkt neben dem Stadion. Der Sandstrand ist makellos, die Ausstattung komplett.

(121) WOMO-Badeplatz: Burela/Playa de a Marosa

GPS: N 43° 40' 25.6" W 7° 22' 22.9" **max. WOMOs:** 2-3.

Ausstattung/Lage: komplett, Sandstrand, Fußballfeld, Spazierweg "Paseo maritimo" an der Küste entlang bis ins Zentrum/Ortsrand.

Zufahrt: Auf der N 642 von Foz nach Westen, nach Burela abbiegen, weiter s. Text.

XOVE, 15 km weiter westlich, liegt wieder im Landesinneren, eine kleine Halbinsel ist vorgelagert. Um die Strände zu erforschen, biegen wir in der Ortsmitte (beim **Brunnen**) rechts Richtung MORAS. Das Teersträßchen windet sich durch welliges, dann hügeliges Land, durchquert Eukalyptus- und Pinienwälder. Wir bleiben zunächst auf dem, was wir für die Hauptstraße halten, biegen also nicht links nach PORTOCELO, sondern halten weiter geradeaus. Schließlich landen wir an der Nordostecke unserer Halbinsel in ALDEA DE ARRIBA, an der Hafeneinfahrt zu einer der größten Aluminiumfabriken Spaniens. Das wird Sie vermutlich nicht besonders reizen, obwohl wir Ihnen dort die größten Wellenbrecher vorführen könnten, die wir je erblickt haben – und zwar gleich ganze Wälder von ihnen. Auch eine kleine **Sandbucht** mit **Wasserhahn** und Doppeldusche wäre geboten und davor fotogen dümpelnde Fischerbootchen.

Wir kehren zurück bis zu der Abzweigung, halten jetzt auf PORTOCELO zu. Hier finden wir ein kleines Fischerdörfchen vor und zwei kleine **Sandstrände** [N 43° 43' 6.0" W 7° 30' 52.9"] mit Duschen und **Wasserhahn**, das Wasser ist glasklar und still – ein Kinderplätscherparadies mit wenig Parkraum!

Weiter halten wir nach Westen, erreichen über VILACHA und CERANZOS die **Playa de Ceranzos (Playa de Esteiro)**, einen wirklich schönen, breiten, einsamen **Sandstrand** mit allen Einrichtungen. Das WOMO steht links der Straße auf einer Parkplatzwiese, zum Goldstrand hinter dem türkisblauen, auffällig warmen Meer sind es nur wenige Schritte ...

(122) WOMO-Badeplatz: Ceranzos/Playa de Esteiro

GPS: N 43° 42' 36.5" W 7° 33' 23.4" **max. WOMOs:** 2-3.

Ausstattung/Lage: komplett, Sandstrand, Parkplatzwiese/außerorts.

Zufahrt: Auf der N 642 von Foz nach Westen bis Xove, dort rechts (siehe Text).

Über FARO erreichen wir an der **Praia de Area** (mit praktischem **Toilettengebäude** an der Straße) [N 43° 41' 21.2" W 7° 34' 42.4"] wieder die Hauptstraße, die jetzt plötzlich LU 862 heißt und statt mit roten mit galicisch-blauen Pfosten markiert ist. Weiter geht's Richtung VIVEIRO! Die Playa von VIVEIRO, eingesäumt von Pinien und Eukalyptus, jedoch ziemlich zugebaut, leuchtet herauf. Entschuldigung! Natürlich nicht "Playa", sondern "Praia"! Wir befinden uns ja in Galicien, und die Aktivisten unter den Separatisten "korrigieren" jedes erreichbare Hinweis- oder Verkehrsschild. So lernen wir die Feinheiten galicischer Orthographie kennen – falls das Schild überhaupt noch leserlich ist. Die Straße hat breites Bundestraßenformat, es macht Spaß, auf ihr dahinzusausen.
10 km westlich VIVEIRO lacht uns, kurz hinter dem Ortsschild von SAN ROMAN (»km 77,6«), wieder ein **Sandstrand** an. Er ist wunderschön – auch der Stellplatz wurde seit unserem letzten Besuch vergrößert, eine Gaststätte kam dazu, Laufstege führen über die Düne zum Superstrand.

(123) WOMO-Badeplatz: Playa de San Roman

GPS: N 43° 42' 58.4" W 7° 37' 24.1" **max. WOMOs:** 2-3.
Ausstattung/Lage: Sandstrand, Gaststätte, Duschen, Mülleimer/Ortsrand.
Zufahrt: Auf der LU 862 bis San Roman, bei »km 77,6« rechts (siehe Text).

Kaum größer ist das Platzangebot an der **Playa de Xilloy** (auch XILHOI und XILLOI). Bei »km 75,4« (400 m nach einem **Picknickplatz** mit **Wasserhahn** und schöner Aussicht) waren wir von der LU 862 nach rechts abgebogen und stehen nun, nach 3 km, hinter dem blendendweißen **Sandstrand**, der, felsumrahmt, mit warmem, klarem, blauem, ruhigem Badewasser lockt. Fast schon selbstverständlich sind Duschen, Toiletten und **Wasserhahn**. Ein Superplatz – auch wenn man direkt an der Straße parken muss, denn die ist kaum befahren.

(124) WOMO-Badeplatz: Playa de Xilloy

GPS: N 43° 44' 33.7" W 7° 39' 02.6" **max. WOMOs:** 2-3.
Ausstattung/Lage: komplett, Sandstrand, Grillplatz, Gaststätten/Ortsrand.
Zufahrt: Auf der LU 862 bis »km 75,4« rechts (siehe Text).

Kurz vor dem Mündungstrichter des **Rio Sor**, hinter VICEDO, zieht die LU 862 noch einmal hügelan. Hinter der Kuppe machen wir einen raffinierten Abstecher": Bei »km 70,4« biegen wir links (Ribeiras do Sor), überqueren die Bahnlinie, unterqueren sie, passieren die alte Straßenbrücke, unterqueren die neue Straßenbrücke und landen nach 1000 m bei einem gepflasterten Badeparkplatz [N 43° 43' 57.8" W 7° 41' 49.8"]; nur 150 Schritte sind's zum geschützten Sandstrand in der Ria.

Wir überqueren den **Rio Sor** – oder sollte man schon **Ria La Coba** sagen? Links neben der neuen Straßenbrücke lässt man ihre abgewrackte Vorgängerin still vor sich hinrosten, noch weiter flussaufwärts erkennen wir eine Eisenbahnbrücke. Die Straße schwingt sich nach BARQUEIRO hinauf. Im Ort biegen wir rechts Richtung BARES (VARES), aber nach hundert Metern zweigen wir schon wieder halb links ab und gelangen auf bequemer Teerstraße nach zweieinhalb Kilometern zur **Playa de Esteiro**.

Dies ist wieder ein Plätzchen zum Verweilen! Bei einem Fußballplatz (links) fahren wir vor einer Sporthalle rechts zum Rande eines weitläufigen Pinienpicknickwäldchens. Dort warten **Brunnen** und Grillplätze und neben der kleinen Bar hinter der Sporthalle entdecken wir Duschen und **Toiletten**.

(125) WOMO-Badeplatz: Barqueiro/Playa de Esteiro

GPS: N 43° 45' 06.2" W 7° 43' 18.1" **max. WOMOs:** 3-4.
Ausstattung/Lage: komplett, Parkplätze am Rande des Wäldchens/Ortsrand.
Zufahrt: Auf der LU 862 bis Barqueiro, dort rechts (siehe Text).

In Kiefernwädchen hinter der Playa de Esteiro von Barqueiro

Wir fahren durch bis zum Ende der Piste, zu einem ziemlich sandigen Platz in leicht erhöhter Lage, etwas für "Sonne-versinkt-blutrot-im-Meer-Genießer".

Genau im Westen ragen die schroffen Klippen des **Cabo Ortegal** aus der schäumenden See, nördlichster Punkt der **Sierra de la Capelada**. Weiter nördlich liegt in Spanien nur noch die **Estaca de Bares** auf unserer Seite der **Ria de Sta Marta de Ortigueira**, über die unser Blick schweift. Der Strand, von unserem Plätzchen durch ein flaches Dünengelände zu erreichen, ist 1A!

Noch zwei Plätzchen haben wir auf der Bares-Halbinsel entdeckt. Rollt man an der letzten Abzweigung in BARQUEIRO geradeaus 7 km bis PORTO DE BARES, so findet man **vor** dem Ort die Abzweigung zum **Badeplatz** [**126:** N 43° 46' 14.4" W 7° 40' 38.9"] mit Duschen und Wasserhahn oberhalb der Dünen. Der Badeplatz im kleinen Fischerörtchen ist nachts für WOMO-Urlauber gesperrt - die netten Fischlokale nicht!

TOUR 11 (ca. 120 km / 2 Tage)

Barqueiro – Playa de Morouzos – Ortigueira – Playa de Forno – Cedeira – Playas de Baleo & Pantin – Valdoviño – Punta Frouxeira – Playa de Ponzos

Freie Übernachtung:	Playa de Picón, Espasante, Playa de Morouzos, Playa de Forno, Sierra de la Capelada, Playas de Baleo & Pantin, Punta Frouxeira, Playa de Ponzos.
Trinkwasserstellen:	u. a. Espasante, Playa de Morouzos, Cariño, Playa de Baleo, Playa Sta Comba.
Campingplätze:	Porto de Bares, Valdoviño, Meiras.
Baden:	u. a. Playa de Morouzos, Playa de Forno, Playa de Baleo, Playa de Pantin, Valdoviño, Playa de Ponzos.
Besichtigungen:	Estaca de Bares, Pena de Furnas, Sierra Capelada (Windpark, Kloster), Valdoviño (Vogelsee), Punta Fruxeira.

KARTE TOUR 11

Natürlich haben wir auch den nördlichsten Punkt Spaniens erwandert, die **Estaca de Bares**. Vom großen **Parkplatz** [**127**:N 43° 47' 3.3" W 7° 41' 5.2"; 82 m] vor dem Leuchtturm ist es ein aussichtsreicher 12-Minuten-Spaziergang.

Estaca de Bares, der nördlichste Punkt Spaniens

Zurück in BARQUEIRO geht's weiter nach Westen. Nach 5 km sind wir in LOIBA und biegen rechts nach Picón, überqueren die Bahnlinie. 2,4 km später fahren wir links zum Aussichtspunkt **Pena de Furnos**. Dort (45 m über dem Meeresspiegel) finden wir einen **Picknickplatz** neben dem großen **Parkplatz** [N43° 44' 42.1" W7° 44' 50.5"] vor mit Bar, tollem Blick auf die **Playa de Picón** und ihren 300 m entfernten Bade- und Picknickplatz (Pfeil).

(128) WOMO-Badeplatz: Playa de Picón

GPS: N43° 44' 38.3" W7° 44' 38.9" **max. WOMOs:** 4-5.

Ausstattung/Lage: Tische & Bänke, Treppenweg zum Sandstrand (45 m tiefer), Parkplatzwiese rechts der Straße/Ortsrand.

Zufahrt: 5 km westlich Barqueiro rechts über Loiba nach Picon, davor links zur Pena de Furnos.

Zurück an der Bahnlinie entdecken wir vor der Bahnlinie rechts einen Riesenplatz im Aufbau, genannt "Autocaravanas". Wir wünschen den Betreibern gutes Gelingen!
In ESPASANTE gibt es mit der **Playa de Concha** einen schönen Strand. An seiner linken Flanke findet man zwar wenig Parkraum [N43° 42' 56.5" W7° 48' 28.9"], dafür aber Picknicktische, Baumschatten und einen Wasserhahn. Folgt man den Wegweisern zum Porto, so steht man dort auf dem großen, betonierten **Parkplatz** [**129:** N43° 43' 20.4" W7° 48' 41.5"] direkt neben dem rechten Ende des Sandstrandes.

Porto de Espasante, Badeplatz beim Hafen

Südwestlich von ESPASANTE überqueren wir die Trichtermündung des **Rio Baleo**, die sich zur **Ria Ladrido** erweitert. Die Ria gleicht auch bei Flut mehr einer Moor- und Sumpflandschaft mit Schilf und Sauergrasbüscheln als dem Beginn des Meeres. Wir passieren das Ortsschild von ORTIGUEIRA und biegen 500 m später nach rechts – das Hinweisschild **Playa de Morouzos** (und ein Blick auf die Karte) haben uns neugierig gemacht! Am Hang oberhalb der westlichen, sumpfigen Riaflanke führt die Teerstraße entlang. Nach knapp 1500 m zweigt nach rechts eine Teerstraße zur Playa hinab, 700 m sollen es sein. Was sich dort unseren erfreuten Augen bietet, hört sich wie folgt an: Ein Picknickkiefernwald, davor ein Dünengelände, das in einen riesigen **Sandstrand** übergeht.
Im Wäldchen Sitzbänke, Tische und **Wasserhähne**, am Ende der Teerstraße zwei Bars, am Strand **Duschen** – ein Platz, um sich niederzulassen und auszuspannen. Leider ist das Wäld-

chen für Fahrzeuge gesperrt. Man biegt rechts zum Stadion und parkt auf einem ausgedehnten Wiesenplatz am Waldrand unter Platanen. Zwischen Stadion und Wald marschiert man, am Kinderspielplatz vorbei, zum Strand.

(130) WOMO-Badeplatz: Playa de Morouzos

GPS: N 43° 41' 58.9" W 7° 50' 51.8"
max. WOMOs: 2-3.
Ausstattung/Lage: Tische & Bänke, Barackenbar, Duschen, Wasserhahn, Sandstrand/außerorts.
Zufahrt: Hauptstraße bis Ortigueira, 500 m später rechts und noch 2200 m zum Strand.

Wir kehren zur Hauptstraße zurück, durchqueren ORTIGUEIRA. Nach 300 m kann man rechts zum Jachthafen abzweigen und findet dort neben dem großen **Parkplatz** [**131:** N43° 40' 59.3" W7° 51' 21.5"] die Flanierzone, Kinderspielplatz, Liegewiesen, Bänke unter Schattenbäumen - und ab und zu Markttreiben.
Kaum haben wir die letzten Häuser von ORTIGUEIRA hinter uns gelassen, begleitet uns rechterhand bereits die nächste, die **Ria de Sta Maria**. Wir fahren im strahlenden Sonnenschein, auf der dem Meer zugewandten Seite der Ria hängen schwarze Wolken, in denen es förmlich brodelt – genau dort wollen wir hin!
In PONTE MERA, wo der **Rio de Mera** sich zur **Ria de Sta Maria** erweitert, biegen wir hinter der Brücke nach rechts Richtung CARIÑO und fahren bis PEDRA (davor, in SISMUNDI, bei »km 6,0« und bei »km 7,7«, links **Brunnen**). Dort, bei »km 8,5«, führt rechts ein gutes, aber schmales Sträßchen zur "**Playa de Fornos** 3,7 km".
Durch eine Heidelandschaft turnen wir hinab zu dem silbrig glänzenden **Sandstrand**, der genau gegenüber der vorher aufgesuchten **Playa de Morouzos** mit dem Picknickkiefernwäldchen liegt; Blickweite 1 km, Fahrstrecke 15 km!
Unser Silberstrand ist von Felsen eingerahmt und bietet eine Besonderheit für Muschelsammler: Eine große Anzahl der sonst recht seltenen, rasiermesserförmigen Scheidenmuscheln *(Ensis siliqua)* liegen unbeachtet im Sand herum.
Dort, wo die Teerstraße am gemütlichen, kleinen Strandrund endet, ist rechts eine ebene Schotterfläche mit Rasenseitenstreifen zum Parken vorbereitet, ein gemütliche Ecke, die zu unseren Lieblingsplätzchen gehört. Der Himmel ist schon wieder "bayerisch", die Sonne strahlt aus einer Mischung aus hellblauem Himmel und watteweißen Flöckchen; nichts wie ins herrliche Nass.

(132) WOMO-Badeplatz: Playa de Fornos

GPS: N 43° 42' 45.4" W 7° 51' 14.6" **max. WOMOs:** 2-3.
Ausstattung/Lage: Sandstrand, Duschen, WC, Wasserhahn, Mülleimer/außerorts.
Zufahrt: Die Hauptstraße bis Ponte Mera, rechts 8,5 km bis Pedra, dort wieder rechts.

Nicht nur kleinstädtisches Flair findet man in CARIÑO am Hafen samt Flanierzone unter Palmen, sondern auch eine ganze Reihe von WOMOs, die sich längs der Strandstraße **[133:** N43° 44' 21.7" W7° 52' 17.0"] aufgereiht haben.
Zurück in PEDRA biegen wir an der Hauptstraße rechts (kleiner Wegweiser: SAN ANDRÉS DE TEIXIDO).
Schnaufend trägt uns das WOMO durch hohen Eukalyptuswald auf die **Sierra de la Capelada**. Dort oben fühlen sich schlanke Pferde und dicke Kühe wohl, die zwischen kleinen Kieferngruppen, Heidekraut, Adlerfarn und Ginster zufrieden wiederkäuen.

Nach 8 km stoppen wir in 620 m Höhe zwischen 95 (!) wirbelnden Windgeneratoren, die eine Gesamtleistung von 35 Megawatt haben.
Es ist ein futuristischer Anblick und gleichzeitig ein gutes Gefühl: Leise zischend und sausend wird die Energie des hier fast ununterbrochen pfeifenden Windes, ohne Abgase oder Strahlenmüll in elektrische Energie umgewandelt ...
Der schönste **Stellplatz** [**134:** 43° 42' 40.5" W 7° 58' 17.9"] liegt nach 11,5 km auf einem Wiesenplateau neben einem Felsenkap mit steinernem Kreuz und schönem Blick über die Steilküste. 900 m später machen wir einen Abstecher hinab zum **Klos-**

ter San Andrés, wo man für einen längeren Aufenthalt nicht den schrägen Klosterparkplatz, sondern den ebeneren **Touristenparkplatz** [43° 42' 31.9" W 7° 58' 50.2"] aufsuchen sollte.
Nach 1,6 km noch ein schattiger **Picknickplatz** im Pinienwald und 600 m später eine große **Picknickwiese** mit Aussicht, dann zieht die Straße sanft nach Süden hinab, umgibt sich wieder mit Eukalyptuswald und erreicht in CEDEIRA Meereshöhe und Hauptstraße. Am Kreisverkehr schwenken wir zunächst nach rechts, überqueren ein Flüsschen und dahinter sofort wieder links. Auf dem gepflasterten Camino Area Longa

rollen wir eine ganze Weile (der Name sagt es schon), an der Hafenkante entlang, passieren nicht nur eine wartende Fischersfrau, sondern auch eine ganze Reihe von Parkplätzen, rollen aber bis zum Ende der letzten Mole **[135:** N43° 39' 21.4" W8° 04' 14.2"] mit einem Superblick über das Hafentreiben.
Zurück am Kreisel halten wir uns rechts, Richtung Süden, auf EL FERROL zu.

Cedeira, Blick über den Hafen

Wir überqueren den **Rio de las Mestas**, am Südrand seiner Ria-Mündung zieht sich ein gewaltiger Sandstrand (ohne WOMO-taugliche Zufahrten) dahin.
Über die Höhe und wieder hinab führt uns die Straße, die seit CEDEIRA erste Klasse ist, zu den nächsten zwei Buchten mit der **Playa de Baleo** und der **Playa de Pantin**, beides Träume von **Sandbuchten** mit allen Einrichtungen.
Während die **Playa de Baleo** mit 200 m Sandstrandbreite zwischen den Felsrändern noch "gemütlich klein" genannt werden kann, liegt die Zufahrt zur **Playa de Pantin** am Nordrand eines über 1 km breiten Dünengeländes.
Zu beiden Stränden verlässt man die Hauptstraße bei »km 19,7«, nach 400 m steil und schmal bergab geht es rechts zur **Playa de Baleo** (Foto) und links zur **Playa de Pantin**.

(136 + 137) WOMO-Badeplätze: Playa de Baleo/de Pantin
GPS: N 43° 38' 40.7" W 8° 05' 59.9" / N 43° 38' 21.8" W 8° 06' 33.9"
max. WOMOs: je >5. **Ausstattung/Lage:** komplett, Sandstrand/außerorts.
Zufahrt: Die Hauptstraße von Cedeira Richtung Valdoviño bis »km 19,7«, dort rechts. 2. (breitere) Zufahrt zur Playa de Pantin vor der Kirche rechts bei »km 19,1«.
Sonstiges: Die Strandstraße zieht von der Playa Baleo hinauf zu einem prächtigen Aussichtsplatz, der nachts besonders beliebt ist ...

In VALDOVIÑO biegen wir rechts zur **Playa Frouxeira**. Das Strandangebot ist gewaltig: Eine Unmenge von Parkplätzen [N 43° 36' 50.2" W 8° 9' 7.6"], viele Badegäste, zwei **Campingplätze**, ein 3-km-Sandstrandbogen mit Dünen, dahinter ein **Vogelsee mit Spazierweg** und Beobachtungstürmen. Zumindest den schönen Rundweg um den See sollte man nicht

Valdoviño, Spazierweg am Vogelsee

auslassen (dann darf man gern mit uns flüchten)!
Südlich VALDOVIÑO gabelt sich die Straße. Wir bleiben rechts Richtung FERROL por MEIRAS (AC 116), die schöne **Playa de Frouxeira** könnte ja noch weitere Zufahrten haben ...
Am Ortsbeginn von MEIRAS folgen wir nach rechts den Schildern **"Faro Punta Frouxeira/Playa de Cristina/Playa dos Botes"**, die uns 3900 m bis zum Leuchtturm an der **Punta Frouxeira** leiten.

Punta Frouxeira, Badebucht

Liebe Freunde, dort sind WOMO-Plätzchen, wie wir sie lieben! Keine gepflasterten, engen Parkplätze, sondern verzweigte Pisten zu vielen kleinen und ganz kleinen Buchten mit klippenumsäumten Sandstränden. Jeder kann sich hier sein eigenes Plätzchen suchen!

(138) WOMO-Badeplatz: Punta Frouxeira

GPS: N 43° 36' 33.2" W 8° 11' 32.9" **max. WOMOs:** >5.

Ausstattung/Lage: Sandstrand, WC, Dusche/außerorts.

Zufahrt: Von Valdoviño bis zum Ortsbeginn von Meiras, dort rechts. Zweite Zufahrt 200 m später.

Sonstiges: Unterhalb des Leuchtturmes ist das Kap von Bunkern und Gräben durchlöchert.

Genau 7,3 km südlich vom Kreisverkehr in MEIRAS, bei »km 1,9«, biegen wir rechts nach MANDIA, 1500 m später wieder rechts nach COVAS. Dort, an der Vorfahrtsstraße, halten wir uns wieder rechts und folgen 600 m später (nicht früher!) den Wegweisern zur **Playa de Ponzos/Playa de Santa Comba**.
Das schmale Sträßchen windet sich durch die Vorgärten und verzweigt sich vor der Küste noch einmal: Rechts geht's zur **Playa de Ponzos**, links zur **Playa de Santa Comba**. Wir halten uns rechts und landen schließlich, tief aufatmend, auf dem rasenbewachsenen Parkplatz am Westende der **Playa de Ponzos** (weitere Stellplätze hinter den Dünen: Nicht links zur Playa de Santa Comba, sondern rechts und die dritte wieder links oder am Beginn des Parkplatzes rechts; leider mit einer sandigen Passage).
Zum Wasser sind es nur wenige Schritte durch die Dünen, deren Optik stark durch die überall erstrahlenden weißen Blü-

tendolden der Dünennarzisse oder Pankrazlilie *(Pancratium maritimum)* aufgewertet wird.
Über dem rechten Buchtrand schweben Gleischirmflieger, man sieht dort auch deutlich einen stumpfen, zweistöckigen Turm, einen der Überreste der **Goldmine Cobarradeiras**. Es gibt Belege dafür, dass dort seit römischer Zeit (vor 2000 Jahren) Gold gewonnen wurde. Im 20. Jh. wurde unter französischer Leitung immer noch gegraben, erst 1915 wurde die Gewinnung eingestellt. Aber wie sagt man in Bergbaukreisen:
Eine Goldmine ist nie für immer geschlossen!

(139) WOMO-Badeplatz: Playa de Ponzos

GPS: N 43° 33' 19.3" W 8° 16' 26.0" **max. WOMOs:** 2-3.
Ausstattung/Lage: Toiletten, Duschen, Wasserhahn, Sandstrand/außerorts.
Zufahrt: Von Meiras 7,3 km bis zur Abzweigung nach Mandia bei »km 1,9«, 1500 m später wieder rechts nach Covas, dort rechts und nach 600 m nochmals rechts.

Der 2 km breite, halbkreisförmige **Sandstrand** ist einsame Spitze (einsam auch im wörtlichen Sinne), goldgelb, fein und sauber bis auf eine hundert Meter breite Passage, in der Tausende von Fingertangresten *(Laminaria digitata)* angespült sind. Schmale und dornige Pfade (lange Jeans!) durchziehen die Heide-, Wiesen- und Dünenlandschaft, wie geschaffen für einen langen Spaziergang, um den anstrengenden Fahrtag friedvoll ausklingen zu lassen. Dabei gelangen wir auch zu dem weiter westlich gelegenen Stränden **Playa Sartaña** und **Playa de Sta Comba** mit einer kleinen **Kapelle** auf einer vorgelagerten Insel, zu der man nur bei Ebbe trockenen Fußes hinüberkommt. Die rührige Gemeindeverwaltung hat das Parkrund zu einer "**Area recreativa**" ernannt. Immerhin bietet sie, außer einem Trampelpfad hinab zum wunderschönen Sandstrand, eine gefasste **Quelle** und ein **Toiletten**häuschen.

KARTE TOUR 12
RIAS ALTAS
RIAS GALLEGAS
10 km
nach Lugo
nach Santiago
nach Muros
Meiras
Covas
Mandia
Ferrol
Fene
Cabo Prior
Pl. de Sta Comba
139:P. de Ponzos
140:P. de Xorxe
141:P. de Doniños
142:P. de Penencia
143
144
145
146
147
148
149
150:P. de Barrañan
151
152:P. de las Salseras
153:P. da Pedro da Sal
154:P. do Razo
155
156:P. de Seiruga
157: Pl. Niñons
158
159:P. Hermida
160:P. Balares
161
162
163:Pl. Reira
164
165
166
167
168
169
170
171:P. de Nemiña
172:P. de Lires
173:P. del Rostro
Rio Eume
Castillo Andrade
Pontedeume
Miño
Betanzos
Rio Mendo
Rio Mero
La Coruña
Autogas
Arteixo
Paiosaco
Laracha
Caión
Carballo
Cabo de San Andrian
Malpica
Buño
A Campara
Ponteceso
Rio Allones
Corme
Castro de Borneiro
Dolmen de Dombate
Laxe
Baio
Vimianzo
Rio Grande
Museum
Camelle
Arou
Denkmal
Camariñas
Ponte do Porto
Berdoias
Embalse de Fervenza
Leis
Rio Castro
Rio Xallas
Cabo Vilan
Muxia
Molinos
Morancelle
Cee
Corcubion
Frixe
Lires
Padris
Cabo Touriñan
Touriñan
Fisterra
Cabo Finisterre
WC
N

TOUR 12 (ca. 270 km / 3-5 Tage)

Playa de San Xorxe – Playa de Doniños – Ferrol – Pontedeume – La Coruña – Caion – Buño – Malpica – Playa Niñones – Playa Hermida – Corme – Playa Balares – Ponteceso – Cabo Vilan – Costa del Morte – Camelle – Playa de Molinos – Muxia – Cabo Touriñan – Lires – Playa del Rostro

Freie Übernachtung:	u. a. Playa de San Xorxe, Castillo Andrade, La Coruña, Playa Niñones, Playa Hermida, Playa Balares, Playa Bolea, Playa de Molinos, Cabo Touriñan, Playa del Rostro.
Trinkwasserstellen:	u. a. Paiosaco, Ponteceso, Camelle, div. Strände.
Campingplätze:	Playa de San Xorxe, Leis, Playa do Lago.
Baden:	Playa de San Xorxe, Playa de Doniños, Playa Niñones, Playa Hermida, Playa Balares, Playa Bolea, Playa de Molinos, Muxia, Touriñan, Playa Lires, Playa del Rostro.
Besichtigungen:	u. a. Ferrol-Hafenfestung, NSG Rio Eume, Castillo Andrade, La Coruña, Cabo Vilan, Costa del Morte, Cabo Touriñan.
Wanderungen:	NSG Rio Eume, Playa Hermida, Playa Balares, Playa del Rostro.

Schnaufend kurvt unser WOMO am frühen Nachmittag von der **Playa de Ponzos** zur Hauptstraße zurück, während sich dichte, niedrig hängende Nebelschwaden langsam als Wolken entlarven. Leichter Nieselregen zaubert Fleckenmuster auf unsere staubbedeckte Windschutzscheibe. Ob wir uns noch an den launischen galicischen Wettergott gewöhnen werden? Nun, zumindest lässt er keine Langeweile aufkommen.
An der Hauptstraße wenden wir uns nach rechts, das **Cabo Prior** ist unser nächstes Ziel. Nach 1500 m speichern wir für die Rückfahrt eine Abzweigung nach links zu diversen Stränden und ziehen weiter nach Nordwesten bis zum Endpunkt der Straße. Am Kap (kaum Parkraum) kann man neben dem Leuchtturm prächtig in die Ferne schauen. Wem es Spaß macht, wird dazu in einen der alten Bunker krabbeln ...
Zurück an der Abzweigung biegen wir rechts zu den Stränden, bereits nach 500 m geht es geradeaus zur **Playa O Vilar**.
Wir folgen der Asphaltstraße nach links, rollen durch einen Pinienwald, der zunächst den **Campingplatz As Cabazas** [N43° 32' 23.3" W8° 17' 36.9"] beherbergt (schattenlos und 200 m vom Meer entfernt), danach ziehen verschlungene Pisten durch Wald und Dünen hinter dem Sandstrand der **Playa de San Xorxe**. Nur eine, nach 1200 m, ist nicht versperrt ...
Später gabelt sich die Straße, nach rechts rollen wir zum südlichen Ende der **Playa de San Xorxe**.

(140) WOMO-Badeplatz: Playa de San Xorxe (Xurxo)

GPS: N 43° 31' 18.0" W 8° 18' 29.7" **max.WOMOs:**>5.
Ausstattung/Lage: Sandstrand, Gaststätte/Ortsrand.
Zufahrt: Von Covas Richtung Cabo Prior, an der ersten Gabelung links, nächste rechts.

Wir kehren nicht bis zur Gabelung zurück, sondern halten uns nach Süden immer in Küstennähe, folgen also im Ort **nicht** der Vorfahrtsstraße nach links, sondern rollen geradeaus weiter! Nach 500 m verbreitert sich das Sträßchen – und als kämen wir in eine andere Welt, erscheint sogar noch ein grün gestrichener Fußweg. Nach diesem Hors-d'œvre muss der Hauptgang ein Festschmaus sein – und die **Playa de Doniños** enttäuscht ihre Besucher nicht: Ein perfekt gestylter Strandbogen breitet sich vor uns aus, das umfangreiche Parkplatzangebot ist mit Rasengittersteinen ausgelegt, die Flanierwege sind dezent beleuchtet, mehrere Kinderspielplätze lassen die Kinderaugen leuchten, Tisch & Bank warten auf Sie – ein ***Platz.

(141) WOMO-Badeplatz: Playa de Doniños

GPS: N 43° 30' 12.2" W 8° 19' 04.4" **max. WOMOs:** >5.
Ausstattung/Lage: komplett, Sandstrand/Ortsrand.
Zufahrt: Von Covas Richtung Cabo Prior, an der ersten Gabelung links bis zum Strand.

Vor einer Lagune schwingt sich die nun wieder schmaler werdende Asphaltstraße hinauf zur Hauptstraße, auf der wir nach FERROL hinabrollen wollen. Wir unterqueren eine Schnellstraße, machen am Kreisel dahinter scharf nach rechts einen letzten Abstecher (Wegweiser: San Felipe/Playa Penencia). Hält man sich an einer weiteren Gabelung rechts, so erreicht man über CASTRO und FONTA die abseits gelegene **Playa de Penencia** mit geschottertem **Parkplatz** [**142:** N43° 29' 15.1" W8° 19' 16.1"], Gaststätte und Pfaden durch die Dünen zum nahen Sandstrand mit Duschen, können über die Lagune hinüberschauen zu den vielen WOMOs am Strand von Doniños.

Playa de Penencia

Hält man sich an der Gabelung links, so kann man, einen Hügel übersteigend, zur Nordflanke der Ria de Ferrol kurven. Deren schmalste Passage wird von zwei gewaltigen Sperrfestungen bewacht: **Castillo de San Felipe** und **Castillo de la Palma**. Leider muss man nach dem Festungsbesuch (offen nur im August von 10-21 Uhr), die gleiche Straße zurück, die Weiterfahrt ist versperrt.
FERROL mit seinen Schiffswerften "besichtigen" wir nur während der Durchfahrt in strömendem Regen, übersehen aber nicht den **WOMO-Stellplatz** [**143:** N43° 29' 35.8" W8° 14' 23.4"] mit Ver-/Entsorgungsstation neben dem Polideportivo/Piscina municipal A Malata .
Die N 651 nach LA CORUÑA schneidet mit einer langen

Brückenkonstruktion den Nordzipfel der **Ria de El Ferrol** ab, ist in ihren meisten Abschnitten gut ausgebaut, wir kommen trotz Steigungen und Kurven flott voran (auf die Benutzung der neuen Autobahn AP 9 kann man gut verzichten). Den Industrieansiedlungen der zersiedelten Landschaft, die im Regenschleier an uns vorbeiziehen, schenken wir kaum Beachtung. In PONTEDEUME haben wir das Regengebiet verlassen.

Unmittelbar vor der Ria schwenken wir am Kreisel rechts, unterqueren die Bahnlinie und finden **direkt** dahinter rechts und links Badeplätze im Baumschatten am linken Rand der **Playa da Madalena** [**144:** N43° 24' 53.6" W8° 10' 11.9"].

Schwenkt man hinter der **Ria de Ares** links, so wird man von sorgfältig geschnitzten Hinweisschildern ins NSG **Fragas do Deume** geleitet, dessen Kernzone der **Rio Deume** ist. An ihm rollen wir bald entlang und finden insgesamt vier Picknickplätze vor, idyllisch direkt am Flussufer gelegen. Beim letzten Picknickplatz ist zudem ein Info-Center mit Ausstellung eingerichtet, ab hier kann man prima wandern, der Fluss ist aber auch bestens z.B. zum Paddeln geeignet.

(145) WOMO-Picknickplätze: Fragas de Deume

GPS: N43° 25' 30.3" W8° 08' 00.8" / N43° 25' 40.4" W8° 07' 49.7" / N43° 25' 35.7" W8° 07' 43.4" / N43° 25' 30.2" W8° 07' 14.7" **max. WOMOs:** je 2-3.

Ausstattung/Lage: Tisch & Bank, Baumschatten, Liegewiesen, Bade- und Paddelmöglichkeit/außerorts.

Zufahrt: In Pontedeume direkt hinter der Ria links, ausgeschildert.

In PONTEDEUME droht uns ein solider **Wachturm** an, der letzte Überrest des Stadtschlosses der Grafen von Andrade. Wir rollen links an ihm vorbei, ziehen wieder die Höhe hinauf.
„Warum bist du nicht zu der Burg gefahren?“ quengelt es hinter mir, gerade rechtzeitig, um 600 m hinter dem Ortsschild von CAMPOLONGO rechts nach MONFERO abzuzweigen. An der nächsten Gabelung, 1400 m später, halten wir uns nochmals links nach TABOADA, durchqueren einen Mischwald aus hohen Pinien und Eukalyptus und biegen nach weiteren 1800 m zum letzten Mal links zum **Castillo de Andrade**, sozusagen dem "gräflichen Landsitz" aus dem XIV. Jahrhundert, **Stellplatz** [**146**:N 43° 23' 29.2" W 8° 08' 09.0"] max. für 1-2 WOMOs.
„Ist die Burg genehmigt?“ schnaufe ich nach der Kurbelei. Keine Burgruine am Rhein könnte mehr nach Ritterburg aussehen als diese Walt-Disney-Vorlage. Man kann fein in ihr herumklettern, hat einen prächtigen Blick hinab nach PONTEDEUME, auf die Ria und hinaus aufs offene Meer, wo sich die Sonne gerade dem Wasserspiegel nähert, silberne Reflexe bis zu uns heraufsendet (offen: 10.30-14, 17-20.30 Uhr).

Unsere romantische Ruine in ruhiger Umgebung liegt nur 35 km vor LA CORUÑA, der größten Stadt Galiciens. Diese muss man gesehen, ja man muss sie sich erbummelt haben! Wenig intelligent wäre es, in ihrer Nähe einen gemütlichen, ruhigen Übernachtungsplatz zu vermuten. Wir haben deshalb für Sie vorgesorgt und einen Übernachtungsplatz vor LA CORUÑA gesucht, von dem aus Sie sich am frühen Morgen frisch und tatendurstig in den Großstadttrubel stürzen können:
Wir kehren zur Hauptstraße zurück, sausen 10 km weiter Richtung LA CORUÑA, kürzen hinter MIÑO nach Westen ab, überqueren die **Ria de Betanzos**. Unmittelbar hinter der Brücke geht es links (Wegweiser: Pazo de Mariñan). Bereits nach 600 m stoppen wir auf dem schönen Picknickplatz von INSUA mit benachbartem Badestrand.

(147) WOMO-Picknickplatz: Insua

GPS: N 43° 19' 29.3" W 8° 12' 36.5" **max. WOMOs:** >5.
Ausstattung/Lage: Tisch & Bank, Brunnen, Gaststätte, Sandstrand, Duschen/Ortsrand.
Zufahrt: Von Ferrol Richtung La Coruña, hinter Miño und der Brücke über die Ria Betanzos links.

Auf der N VI halten wir Einzug in LA CORUÑA, der "Kristallenen", so genannt wegen ihrer verglasten Häuserfronten, Schutz bietend gegen Wind und peitschende Regenschauer. Wie auf Befehl fangen sie an, in der Morgensonne zu glitzern.
„Immer rechts halten!“ befiehlt der Co-Pilot. Der **Park Mendez Nuñez** zieht zur Rechten vorbei, dann das Hauptpostamt. Eine große Zahl von Parkplätzen bietet sich wenige Meter später rechterhand der **Avenida de la Marina** an, direkt am Kai, wo auch in einem kleinen Flachbau die **Touristikinformation** [N 43° 22' 11.3" W 8° 23' 54.1"] untergebracht ist (geöffnet ab 10 Uhr). Falls alles besetzt ist, rollt man ein paar Schritte weiter bis zur Zufahrt zum **Castillo de San Anton**, unübersehbar am Ende des Hafenbeckens [N 43° 22' 0.6" W 8° 23' 20.3"].

Von hier aus ist alles Sehenswerte mit wenigen Schritten zu erreichen: die **Altstadt** nördlich des Hafens mit ihren gepflasterten Straßen, beschaulichen Plätzen, ihren Kirchen und Klöstern, die **Jardines de Mendez Nuñez** mit ihren seltenen Bäumen und Sträuchern an der schmalsten Stelle der Landenge – nur 500 Meter sind es von hier quer durch das belebte Stadtviertel **Cantones** zur anderen Seite mit den Stränden **Riazor** und **Orzan**.

Wir marschieren von der Touristeninformation am Hafen zunächst, den Stadtplan benutzend, nach Norden durch die **Calle Trompeta** auf die große **Plaza de Maria Pita** (Foto), die nach Norden vom prächtigen, dreitürmigen **Palast** abgeriegelt wird.

Maria Pita, nach der dieser Platz benannt ist, muss ein resolutes Weib gewesen sein. Es war 1589, ein Jahr nach der missglückten "Armada-Expedition", die Engländer waren zum Gegenangriff übergegangen. Unbemerkt hatten die ersten Soldaten unter Francis Drake bereits die Stadttore passiert, ein Fahnenträger beeilte sich, die englische Flagge zu hissen. Maria Pita überrumpelte ihn und schrie so laut, dass die aufgeschreckten Verteidiger die Engländer wieder zurückwarfen.
Wir wenden uns nach links, passieren die **Iglesia de San Jorge**. Natürlich wacht über dem Portal der Hl. Georg mit kompletter Rüstung, unter seinen Füßen ein total zermanschter Drache. Nach der Kirche erreichen wir die

Plazuela S. Augustin mit der gleichnamigen Markthalle, schwenken nach links zur **Plaza del Humor** mit witzigen Plastiken usw. Hier fängt auch unser Magen empfindlich an zu knurren. "Cocido" fällt mir ein, das legendäre Leibgericht aller Galicier (auch "Lacon con grelos" genannt), das

Wundermittel gegen pfeifenden Wind und Regenschauer.
Neugierig spähen wir durch Türen und Fenster von Bars, Gaststätten und Restaurants. Alles sieht nach Tourismus aus, nicht nach "gutbürgerlich". Ich marschiere einfach in eine Apotheke, die Apotheker können meistens englisch oder französisch!

„Cocido?" Mein Gegenüber lacht: „Unsere Gaststättenmeile ist die **Calle de la Franja**, die westlich von der **Plaza de Maria Pita** abzweigt. Dort kann ich Ihnen das **"Casa Jesusa"** und das **"Casa Santiso"** empfehlen. Speziell Cocido würde ich im **"O Tanagra"** essen, in der **Calle del Angel**, der letzten Querstraße der **Calle de la Franja**!"
Bereits nach wenigen Schritten stehen wir vor der kleinen Gaststätte, können bis in die Küche hineinblicken.
Alle schauen uns bei unserem Eintritt neugierig an. „Wer hat euch verraten, ...?" scheinen ihre Blicke zu sagen.
Die Speisekarte ist umfangreich und unverständlich. Mein Gesicht spricht offensichtlich Bände, denn die Wirtin winkt mir zu, öffnet auf dem riesigen Herd Topf um Topf, zeigt in Kühltheke und Schüsseln.
Kaum habe ich mich entschieden, ruft mich meine bessere Hälfte zurück, deutet verstohlen auf den Nachbartisch: „Das möchte ich!" Ein tolles Durcheinander! Aber man trägt alles mit Gelassenheit, der Tischnachbar sucht uns auf der Speisekarte den Namen seines Gerichts heraus, und kurz darauf schwelgen wir in Riesenportionen.

Mein "Cocido", dessen pflanzliche Zutaten in Form des riesigen Markstammkohles in Galicien weite Felder und jeden Gemüsegarten zieren, ist außerdem eine Kalorienorgie aus verschiedenen Schweinefleischstücken; die obligatorischen Kichererbsen kullern mir dauernd vom Teller. Waltraud genießt "Merluza a la cazuela" – in der Kasserolle überbackenen Seehecht – ein Gedicht.

Gestärkt und sehr zufrieden mit unserem Apotheker kehren wir zum WOMO zurück, statten nun dem berühmten **Torre de Hercules** am Nordende der Halbinsel einen Besuch ab, einem römischen Bauwerk aus dem II. Jahrhundert (Foto).
Na ja, ganz so wild wie sein Namensvetter ist er ja nicht, aber von seiner Höhe kann

man zwischen 10-13.30 und 16-19.30 Uhr das Panorama LA CORUÑAS genießen und die Gewissheit, auf dem ältesten noch funktionierenden Leuchtturm der Welt zu stehen. Falls Sie's nicht glauben: Nebenan steht ein kleines Natursteingebäude, das nur die Aufgabe hat, die Originalschrift auf einem Steinklotz zu schützen, die das Baudatum kundtut – durch die Tür kann man die Schrift erkennen!
Beachten Sie auch den schräg um den Turm verlaufen Fries. Er ist das letzte Überbleibsel der ehemaligen Außentreppe, die erst im 18. Jahrhundert nach dem Bau der Innentreppe abgerissen wurde. Auf dem Stadtwappen ist der Turm meist mit Außenrampe abgebildet.
Der große **Parkplatz [148**:N 43° 23' 0.7" W 8° 24' 9.2"] mit **Toiletten** am Beginn des Skulpturenparks, durch den man zum Turm schlendert, ist nicht der ruhigste. Aber er hat meist freie Parkplätze, man kann von ihm aus mit dem Bus (die Museumsstraßenbahn ist stillgelegt) ins Zentrum fahren und links unterhalb findet man einen kleinen **Sandbadeplatz**.

Sie wollen entsorgen? Dann fahren Sie auf der Westseite der Halbinsel weiter (den Schienen der Straßenbahn folgend), passieren die Badebucht **Ensenada del Orzan**, das große **Fußballstadion** und bewundern die futuristische **Kugelseilbahn** zum Ausflugsberg **Monte San Pedro**.
1500 m weiter ignorieren Sie einen großen Parkplatz mit schönem Blick auf die Illas de San Pedro, denn erst nach weiteren 700 m ist die offizielle WOMO-Ver-/Entsorgung mit ebenen, terrassenförmigen **Stellplätzen** [**149:** N43° 22' 19.2" W8° 26' 41.0"] oberhalb der Gaststätte "O Portino" erreicht.

Auf der Avenida Finisterre geht's weiter nach Südwesten bis ARTEIXO. Dort schwenken wir hinter dem Gadis-Supermarkt rechts, "CAIÓN" steht auf dem Wegweiser. Nach 1,8 km sichten wir den ersten Strand, dann tut sich ein riesiger Sandstrandbogen, die **Playa de Barrañan**, vor uns auf. Zusätzlich zu den Straßenrändern wurden auch Wiesenflächen als "Estacionamientos" eingerichtet [**150:** N43° 18' 33.5" W8° 33' 18.5"].
Die Straße schwingt sich nun durchs Hinterland bis CAIÓN. Ein **Entsorgungs-Piktogramm** zeigt nach rechts zur Sporthalle; der große **Parkplatz** [N43° 19' 02.1" W8° 35' 37.7"] daneben bietet einen schönen Blick hinab nach CAIÓN und über die Küstenlinie. Vor dem eigentlichen Ort gabelt sich die Straße, rechts geht es zum modern gestylten Hafen mit reichlich **Parkraum [151:** N43° 19' 12.3" W8° 36' 13.1"] und Fischgaststätten.

Scharf nach links abgebogen, steht man gleich auf dem Badeparkplatz der Playa das Salseiras.

(152) WOMO-Badeplatz: Caión (Playa das Salseiras)
GPS: N43° 18' 53.1" W8° 36' 31.5" **max. WOMOs:** 2-3.
Ausstattung/Lage: Sandstrand, Liegewiese, Duschen/Ortsrand.
Zufahrt: In Arteixo rechts nach Caión. Am Ortsbeginn scharf links zum Strand.

Oberhalb von CAIÓ führt die Küstenstraße weiter Richtung CARBALLO. Nach 3 km schwenken wir am Kreisel rechts nach BALDAIO. Die Straße führt führt in eine weite, zum Teil überflutete Schwemmlandbucht mit einem über 3 km langen Sandstrand. Sein rechter Rand heißt **Playa da Pedro da Sal**. Fürs WOMO findet sich reichlich Platz gleich hinter den flachen Dünen [**153:** N43° 18' 05.0" W8° 39' 27.9"].

Playa da Pedro da Sal

Die Weiterfahrt zum linken Ende der Riesensandbucht erweist sich als problematisch, denn man muss sich den richtigen Weg um die Schwemmlandzone herum suchen. Schließlich reeichen wir die **Playa de Razo** mit ihren **Riesenparkplätzen** [**154:** N43° 17' 25.2" W8° 42' 10.4"], die den gewaltigen Gästeansturm kaum bewältigen können. Ich will mal hoffen, dass der Andrang nicht immer so groß ist.

Playa de Razos

Hat man aber einen Parkplatz gefunden, verläuft sich die Schar der Badegäste schnell am Riesenstrand.
Wir haben mit diesem Platz unser Angebot an dieser Küste abgeschlossen, suchen uns den Weg nach BUÑO, wo wir rechts in die breite Straße Richtung MALPICA abbiegen.
Auf guter Bahn rollen wir durch lichte Pinienwälder, nur ab und zu zwängen sich Felder mit Kohl und Mais dazwischen. "Cocido" tönt es stets aus aller Munde.
Der Ortsstrand von MALPICA ist wunderschön, feinsandig und für die Einwohner äußerst günstig gelegen, weil direkt unterhalb ihrer eigenen Häuser. Parkplätze gibt es dort keine, aber dafür um so mehr im Hafengelände [**155:** N43° 19' 20.5" W8° 48' 28.6"] – und von dort aus Bummelmöglichkeit in die nahe Altstadt.
Weiter geht's nach Westen Richtung PONTECESO. Bereits hinter »km 1« könnte man rechts zur **Hermida San Andrian** abbiegen und sich 700 m später, wieder nach rechts, einer einsamen Bucht mit Sandstrand und sehr schrägen Stellplätzen nähern, der **Playa Seaya** [N 43° 19' 36.7" W 8° 49'38.2"]!
In BARIZO, bei »km 3,9«, biegen wir rechts zur **Playa de Seiruga**. Auch an der Gabelung 500 m später halten wir uns wieder rechts und rollen auf bequemem Teer bis zum Sandstrand. Hinter den Dünen liegen große Wiesenflächen, ja,

ein ganzer Fußballplatz, eine kleine Bar wartet darauf, von Ihnen leergetrunken zu werden – ein schönes Plätzchen, das durch ein kleines Flüsschen zum Hautentsalzen noch weiter aufgewertet wird.

(156) WOMO-Badeplatz: Playa de Seiruga

GPS: N 43° 18' 53.0" W 8° 51' 29.6"
max. WOMOs: 2-3.
Ausstattung/Lage: Bar, Mülleimer, Flüsschen, Sandstrand/Ortsrand.
Zufahrt: Von Carballo nach Malpica. Am Ortsbeginn links Richtung Ponteceso, nach 3,9 km rechts und nach 500 m nochmals rechts zum Strand.

Aber der Höhepunkt des Küstenabschnitts steht uns noch bevor! Hinter »km 5« passieren wir das Örtchen MENS mit den gleichnamigen **Torres** – und weil die Mauern, die die drei wuchtigen, quadratischen Türme miteinander verbinden, so perfekt den Blick versperren, klopfen wir höflich ans Tor. Ein Kopf streckt sich aus dem geöffneten Spalt, wirft einen Blick auf meine Fotoausrüstung und bevor ich auch nur ein Wort sagen kann, wird mit einem barschen „No!" die Tür wieder zugeworfen. Na dann nicht!

Bei »km 7,5« sind wir im Ort A CAMPARA und biegen rechts zur **Playa de Niñons**. 1900 m später, gleich nach dem Ortsbeginn von BRANTUAS, müssen wir scharf rechts abzweigen, die Breite der Ortsdurchfahrt orientiert sich hier seit Menschengedenken am Radstand der Ochsenkarren. Folglich gibt es einen Menschenauflauf, als ich versuche, vor drei entgegenkommenden PKWs in einen Hühnerstall auszuweichen. Aber es klappt (breitere Zufahrt 700 m nach A CAMPARA)!

Wir passieren Friedhof und Friedhofskirche, davor rauscht die **Fonte San Xoan** in das Becken eines Waschhauses. Jetzt schwingt sich der Fahrweg hinab zur Küste – die **Playa de Niñons** strahlt uns an!

(157) WOMO-Badeplatz: Playa de Niñons

GPS: N 43° 17' 41.0" W 8° 54' 11.7" **max. WOMOs:** 2-3.
Ausstattung/Lage: Toiletten, Wasserhahn, Mülleimer, Flüsschen, Sandstrand. Kurz vor dem Strand rechts Fonte San Xoan mit Waschhaus/außerorts.
Zufahrt: Von Carballo nach Malpica. Am Ortsbeginn links Richtung Ponteceso, nach 7,5 km rechts und nach 1900 m (700 m) nochmals rechts zum Strand.

Das ist ein Plätzchen, Leute!

Vor uns öffnet sich ein langgezogenes Wiesen-U. Richtung offene See ist die Bucht flankiert von Felsen, der schöne **Sandstrand** wird beherrscht von einem zentralen Felsklotz, auf dem sich's trefflich herumklettern lässt. Seine Miesmuschelkolonien braucht man nicht nur zu bewundern ....

Eine Sandzunge ist vor dem Hauptstrand aufgeschwemmt, so dass sich dazwischen ein ruhiger, teichartiger Bereich gebildet hat, in dem auch Kinder unbeaufsichtigt spielen können. Von links rinnt ein Flüsschen in unsere Bucht hinein; wer ihm entgegenwandert, findet nach 200 m ein kleines Häuschen, eine ehemalige Mühle. Im Hintergrund der Bucht liegt ein Bretterrestaurant, an seinem rechten Fuße einen **Wasserhahn**. Hier fühlen wir uns wohl, hier bleiben wir!

Aber der restliche, der südliche Zipfel der Halbinsel bis PONTECESO will auch noch erforscht werden! Zunächst fahren wir 2 km zurück bis zur Gabelung in BRANTUAS, halten uns dort rechts, auf CORME zu. 1900 m später erspähen wir rechterhand auf der Höhe **Monte do Faro** einen Turm **mit Statue** und rechts der Straße den Eingang zu einer Anlage, die wohl zu diesem Monument führen wird. Wir biegen zwischen zwei Marmortafeln in das Gelände und haben nach 800 m die Höhe, den Turm (mit 133 Stufen) und die **Kapelle Virgen del Faro** nebenan erreicht. Hier oben könnte man aussichtsreich und ungestört übernachten!

(158) WOMO-Stellplatz: Monte do Faro

GPS: N 43° 16' 44.0" W 8° 54' 54.2"; 228 m. **max. WOMOs:** 2-3.
Ausstattung/Lage: Aussicht, Mülleimer/außerorts.
Zufahrt: Von Carballo nach Malpica. Am Ortsbeginn links Richtung Ponteceso, nach 7,5 km rechts und über Brantuas 1900 m Richtung Corme, dann rechts.

Toll ist der Blick! Wie vom Ballon aus suchen wir den Küstenverlauf ab. Dort, links von CORME, da blitzt ein weißer **Sandbogen** vor dem kleinen Inselchen **Isla de la Estrella** zu uns herauf – nichts wie hin!
An der nächsten Gabelung halten wir uns rechts, auf CORME zu und biegen kurz vor dem Ort links zur **Playa da Ermida**.

(159) WOMO-Badeplatz: Playa da Ermida

GPS: N 43° 15' 51.9" W 8° 56' 59.7" **max. WOMOs:** 2-3.
Ausstattung/Lage: Duschen, Wasserhahn, Mülleimer, Bächlein mit See, Sandstrand, Kinderspielplatz, Grillstellen, Tisch & Bank, Kletterinselchen/Ortsrand.
Zufahrt: Von Carballo nach Malpica. Am Ortsbeginn links Richtung Ponteceso, nach 7,5 km rechts nach Corme. Vor dem Ort, bei den alten Mühlen, links.

Auch dieser **Strand** ist nicht ohne! Eine weite Dünenlandschaft umringt die Wiesenflächen, die sich auf Ihr WOMO freuen.

Der Strand ist weißsandig und wellengeschützt – ein toller Kinderstrand. Hinter dem Strandwall hat sich ein Süßwassersee angestaut, in den gleich scharenweise die Frösche hüpfen, als wir zur Uferlinie stapfen, um zur **Isla de la Estrella** hinüberzugucken. Direkt neben den Stellplätzen mündet ein Bächlein in den See, dort duschen sich alle Einheimischen nach dem Bade ab, und wir machen es ihnen nach.

Das vorgelagerte Inselchen kann bei Ebbe erklettert werden. Dabei entdecken wir nicht nur die Zwergenwälder der Salzmiere *(Honkenya peploides)*, die sich prächtig als Dekoration für die Spielzeugeisenbahn eignen würden (Foto), sondern auch schnellfüßige Krabben, deren Panzer bei der Flucht zwischen die Felsplatten wie Blechnäpfe scheppern. Seesterne haben ihre Arme "liebevoll" über Miesmuscheln gelegt und saugen sie leer. Auch wir haben es den Einheimischen abgeguckt und bei Ebbe an den Felsen am rechten Rand der Bucht in Minutenschnelle zwei Kilo Miesmuscheln gepflückt, die ein genussreiches Abendessen wurden:

MIESMUSCHELN A LA ERMIDA

Man nehme einen großen Topf, fülle 2 cm hoch Wasser ein und bringt es zum Kochen. Dann gibt man die gut gesäuberten Muscheln zu und erhitzt noch weitere zehn Minuten; währenddessen schüttelt man den Topf einige Male. Man teilt die Muscheln unter die Gourmets auf, reicht dazu Weißwein, Weißbrot und Zitronenschnitze; als Gabel benutzt man eine leergegessene Muschel. Muscheln, deren Schalen beim Sammeln nicht geschlossen sind und solche, die sich beim Kochen nicht öffnen, sollte man wegwerfen! **Guten Appetit!**

CORME ist nahe, man kann hinüberbummeln; das Fischerstädtchen ist gemütlich und hat freundliche Bewohner.

Wir schlendern durch den Ort, sehen einen **Brunnen** mit vier Rohren, können am Ende des Hafengeländes weiter, an der Küste entlang, zum Leuchtturm an der **Punta Roncudo** [N43° 16' 29.9" W8° 59" 23.9"] fahren (auch ein Spazierweg führt zu ihm).

Auf dem Wege nach CORME entdeckten wir, rechts und links der Einmündung in die Hauptstraße, zwei der typischen, jedoch halb verfallenen, **galicischen Wassermühlen** (Foto). Der Mühlbach wird in einer Natursteinrinne zugeführt, stürzt ein Rohr senkrecht hinab und verlässt es, mit hohem Druck, durch eine seitliche Öffnung. Hier trifft der gebündelte Wasserstrahl auf das horizontal an seiner senkrechten Achse hängende Mühlrad. Der Mahlstein sitzt, eine Etage weiter oben, direkt auf der gleichen Achse – ein einfaches, aber überzeugendes Prinzip!

Der südlichste Strand an unserer Halbinsel ist **Playa Balares** kurz vor PONTECESO. Wir fahren zunächst zurück bis zu der Gabelung, wo wir von links aus BRANTUAS kamen, halten rechts auf PONTECESO zu. Nach 3 km folgen wir nach rechts dem Wegweiser: "BALARES 3,5 km".

Wenige Minuten später schimmert der Sandstrand **Playa Balares** durch die Bäume. Nochmals gabelt sich der Weg: links ein Strand, rechts ein Strand, dazwischen ein schattenspendendes Pinienwäldchen, neben dem wir das WOMO zur Ruhe und in dem wir uns in die Hängematten betten können (bester Stellplatz auf der Mole).

(160) WOMO-Badeplatz: Playa Balares

GPS: N43° 14' 31.0" W8° 56' 42.6" **max. WOMOs:** 3-4.

Ausstattung/Lage: Gaststätte, Duschen, Toilette, Picknickwäldchen, Spazierweg/ außerorts.

Direkte Zufahrt: Von Carballo nach Nuño, dort links nach Ponteceso. Vor dem Rio Allones rechts zum Badestrand (am Wochenende total überfüllt!).

Auch für geruhsame Abend- oder Morgenspaziergänge ist gesorgt! So zieht ein schmaler Pfad nach Süden über Granitplatten mit orangeroten Flechtenklecksen durch eine Vegetation aus Heide, Stechginster und dem gleichzeitig weißlich blühenden und mit orangenen, eiförmigen Beeren fruchtenden, sehr giftigen Herbstseidelbast *(Daphne gnidium)*. Nach einer halben Stunde ist der Sandfinger des **Rio Allones** erreicht, ein einsames Dünengebiet, in dem man sich verloren wie in einer Wüstenlandschaft fühlt.

Am nächsten Morgen stehen wir nach kurzer Fahrt in PONTECESO an der Brücke über den **Rio Allones** (davor Brunnen links). Jetzt überqueren wir ihn Richtung LAXE/BAYO. Direkt dahinter linkerhand eine **Autogastankstelle** (GPL), Bedienung mit Kreditkarten u.ä., Adapter bei der freundlichen Werkstatt gegenüber.

Castro de Borneiro

Nach 5 km geht es an der Gabelung links (Wegweiser: BAIO). Nach 2,4 km lohnt sich linkerhand ein Stopp, nicht nur wegen dem rauschenden Brunnen, sondern auch, weil das **Castro de Borneiro** [N 43° 11' 45.3" W 8° 57' 9.7], eine keltische Siedlung, nach nur 300 m Fußweg angeschaut werden kann. 3000 Jahre älter ist der **Dolmen de Dombate** [N 43° 11' 25.7" W 8° 58' 5.1"], zu dem wir 800 m später am Kreisverkehr nach rechts abbiegen.

Vor über 5000 Jahren, in der Jungsteinzeit (Neolithikum), entstand dieses eindrucksvolle Einzelgrab. Wer mag der Tote gewesen sein, für dessen Bestattung man sich so viel Mühe gab, riesige Steine aufrichtete

und eine gewaltige, tonnenschwere Platte darüber schob? Wie bewegten unsere Vorfahren, ohne schweres Gerät, diese Gewichte? Baute man Rampen, zog man die Blöcke über Rollen aus Baumstämmen? Längst ist das Grab geplündert, aber das Monument hat die Jahrtausende unverändert überdauert. Ein modernes Museum zeigt nicht nur Videos anderer Dolmen, sondern auch ein Dolmenmodell, in dem man den Felsritzungen und Malereien ganz nahe ist (deutsches Infoblatt).

Wir kehren zur Abzweigung zurück, eilen weiter nach Süden, beenden in BAIO unseren Nebenstraßenausflug. Am Ortsschild von VIMIANZO (Brunnen links) werfen wir einem Blick auf das sehenswerte **Castillo de Vimianzo** und noch vor der Kirche in der Ortsmitte, verlassen wir schon wieder die Hauptstraße, biegen nach rechts Richtung CAMARIÑAS ab.
Hauptrichtung West sausen wir davon, überqueren den **Rio Grande**, dessen Wasser lustig über das Flussbett hüpft, eine Erinnerung an unsere steilen, korsischen Gebirgsflüsse. Die Zufahrt zur alten Brücke wäre gut als **Picknickplatz** geeignet.

Wir rollen durch PONTE DO PORTO und bleiben am Nordrand der **Ria de Camariñas** auf dem Weg zum **Cabo Vilan**. Diese Ria hat so viele Ausbuchtungen wie ein Kuheuter Zitzen, zwei davon umrunden wir, bis CAMARIÑAS vor uns liegt.
Wir statten zunächst seinem kleinen, malerischen Fischereihafen einen Besuch ab, nur wenige Schritte sind es zu einigen Gaststätten, von denen wir Ihnen "Puerto Arnela" empfehlen wollen. Rechts oberhalb des Hafens, steil bergauf, kommt man zu einer aussichtsreichen **"Area recreativa"** [**161:** N43° 07' 27.1" W9° 11' 03.8"] mit Steinbänken und altem Anker.
Zurück am Hafenbeginn halten wir am Kreisel auf den **Faro** (Leuchtturm) **Vilan** zu.

Aber nicht nur einen alten Leuchtturm gibt es am **Cabo Vilan** zu begucken, sondern auch eine neue **Salzwasserfischfarm**, in der man in kreisrunden Becken den Steinbutt mit Kraftfutter unter Sauerstoffzufuhr mästet und den **Parque Eolico de Cabo Vilan**, in dem große Dreiflügelrotoren wedeln, aus kostenlosem Wind umweltfreundlich Strom machen. Fauchend ziehen sie ihre Kreise, selbst heute, bei mäßigem Wind.
Der alte **Leuchtturm** beherrscht auf seinem Kap, fast vom Ufer losgelöst, den Gipfel. Dessen Flanken sind fast völlig von lilafarbenem Heidekraut überwuchert, rechts und links der Fahrstraße liegt eine Unmenge von Stellplätzen, und wer mal eine richtig stürmische Nacht erleben möchte – hier muss er sicher nicht lange warten!

(162) WOMO-Stellplatz: Cabo Vilan

GPS: N 43° 09' 34.9" W 9° 12' 39.6"; 59 m. **max. WOMOs:** 3-4.
Ausstattung/Lage: Wiesenplätze, Aussicht/außerorts. **Zufahrt:** siehe Text.

Wo beginnt die Piste in unserer Karte?
Wir biegen zwischen der vierten und der fünften Windmühle (km0) in eine Schotterbahn (Wegweiser: Cemiterio Ingles, Prayas de Reira), folgen auf ihr immer dem Küstenverlauf. Diese Piste wird uns, rustikal, aber ohne Probleme, an die wildeste Küste Galiciens führen, die nicht ohne Grund von den Einheimischen die "**Costa da morte**", die "**Küste des Todes**" genannt wird.
Die Schotterbahn zieht den Hang hinauf, passiert ein zerzaustes Pinienwäldchen, dann geht es vorbei an den Stränden **Playa Bolea** und **Playa Beira**, die nur durch Felsenklippen voneinander getrennt sind (km 2,7). Nach 3,6 km finden wir an der **Playa de Reira** rechts der Straße "unseren" Parkplatz.

Wer es gern gewaltig hat – der ist hier richtig!
Zwischen hoch aufragenden, von Wind und Frost zersägten Porphyrfelsen, liegen eingebettet idyllische Sandfleckchen. Felsenriffs, die bei Ebbe trocken fallen, sind dicht bepackt mit herrlich dicken Miesmuscheln – und es ist keine Frage, welche Vorspeise wir uns zu unserm Sonntagsessen einsammeln. Es lagert sich gemütlich im Windschatten der rötlichen Felsen, die überall dort, wo man sie braucht, am Strand verstreut liegen. Auf Blütenteppichen spazieren wir oberhalb der Klippenküste, entdecken wunderlich geformte Felsgestalten. Das Schönste aber ist die Einsamkeit. Kaum, dass pro Tag mehr als eine Handvoll Fahrzeuge über die Piste holpert. So verwundert es nicht weiter, dass Kenner immer wieder zu "ihrem" Plätzchen an der "**Costa da morte**" zurückkehren!

(163) WOMO-Badeplatz: Playa de Reira

GPS: N 43° 09' 49.8" W 9° 10' 53.8" **max. WOMOs:** > 5.
Ausstattung/Lage: Sandstrand, Kletterklippen/außerorts.
Zufahrt: Von Vimianzo über Camariñas zum C. Vilan, beim Windpark rechts 3,6 km.

Weiter und weiter erforschen wir den Küstenabschnitt, prinzipiell die Piste wählend, die in Küstennähe verläuft. Am nordwestlichsten Punkt, dem **Cabo Tosto** (km 6,4), besichtigen wir das "**Grab der Engländer**", ein dachloses Mauergeviert, das nicht nur zum Gedenken an den Untergang der Fregatte "Serpent" im Jahre 1890, sondern für alle Schiffsbrüchigen dieses sturmgepeitschten, klippenreichen Küstenabschnitts errichtet wurde.

Am benachbarten **Playa do Trece**, einem weißglänzenden Abschnitt, dessen Sandpulver von Sturm weit die Hänge hinaufgetrieben wird, holpern wir vorbei, steigen weiter hinauf,

Costa del Morte, Blick auf Cabo Vilan

genießen die einmaligen Ausblicke auf die zerrissene Küste: Halbinseln, Inselchen, Riffs, hochschäumende Stellen, die Unterwasserfelsen verraten, kein Blickwinkel gleicht dem anderen. Schließlich erreichen wir die Asphaltstraße (km 12), 300 m danach zweigt eine steile Stichstraße hinab zu ein paar Fischerhütten (SANTA MARINA).
Wir rollen geradeaus weiter, erreichen bei »km 16,6« die Abzweigung nach AROU.
Dort gibt es ein tolles **Sandbadeplätzchen** [**164**:N 43° 11' 5.1" W 9° 6' 19.2"] mit allen Einrichtungen, aber die Zufahrt (und die Weiterfahrt nach CAMELLE) sind wirklich nur etwas für kleinere WOMOs.

Playa Arou

Größere WOMOs biegen erst nach weiteren 1300 m links nach CAMELLE ab, dem Endpunkt unserer Küstenerforschung. Dort gibt es mehrere Sehenswürdigkeiten zu begucken:

Am Beginn des Hafens ein flacher **Sandstrand** [**165**:N 43° 10' 43.3" W 9° 5' 31.6"], ein **Brunnen** neben dem Kinderspielplatz in der Mitte des Hafens, ein zweiter an seinem linken Ende, wo skurile Gebilde (Museo do Aleman) aus Kieseln und angeschwemmtem Strandgut das ehemalige Refugium eines (Lebens-)Künstlers umgeben (Foto).

Alte Frauen sitzen vor ihren Häusern und lassen die Klöppel so schnell zwischen ihren Fingern hin und her sausen, dass das Auge kaum folgen kann. Das Produkt ihrer emsigen Tätigkeit sind Borten, Kragen und Deckchen mit grazilen Mustern (in einer Seitenstraße Bäcker und kleiner Supermarkt).
Für die Rückkehr nach PONTE DO PORTO benutzen wir die direkte Verbindung, eine neue, breite Bahn, die mühelos zwei Meter Teer für die Strandpiste hätte abtreten können – aber dann wäre diese auch kein tolles Abenteuer mehr gewesen!
In PONTE DO PORTO fahren wir zunächst rechts, Richtung CAMARIÑAS, nach 500 m aber wieder links über die Ria Richtung FISTERRA/MUXIA/SANTIAGO.
1500 m weiter, in CEREIXO, überqueren wir ein kleines Bächlein und biegen dahinter rechts zu den **Torres de Cereixo** und der romanischen Kirche **Santiago de Cereixo** (schöner **Parkplatz** [N 43° 7' 54.5" W 9° 7' 37.2"] mit schattenspendender Rieseneiche). Während uns am Schlösschen ein Schild den Zutritt verwehrt, finden wir rechterhand, neben der Kirche, dessen Seitenportal die erstaunliche **Anlandung des Hl. Santiago** darstellt, endlich einmal die Gelegenheit, einen spanischen Fried-

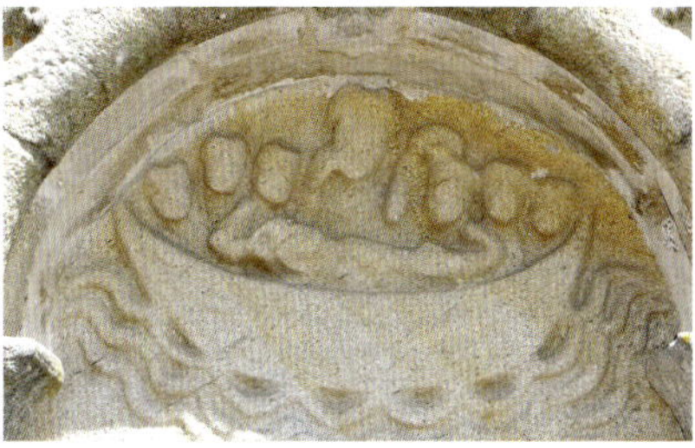

hof zu begucken, auf dem die Verstorbenen nicht wie bei uns in der Erde ihre letzte Ruhe finden, sondern in Betonschachteln neben- und übereinander aufgestapelt werden; man kommt sich vor wie in einem Containerlager.

Aufpassen!

500 m hinter dem romanischen Kirchlein und dem Friedhof gabelt sich die Teerstraße mit einer solchen Fülle von Hinweisschildern, dass man den richtigen (rechten) Weg nach LEIS fast übersieht.

Leis; Horreos mit Markstammkohl *(Brassica oleracea var. medullosa)*

In LEIS gibt es viele besonders schöne Horreos und am Ortsende eine Zufahrt zum idyllischen, langen, schmalen, wunderschönen, flachen Sandstrand **Playa Barreira de Leis**, der **Campingplatz** "Playa de Leis" [N43° 6' 54.2" W9° 9' 35.0"] liegt weit oberhalb.

Der nächste Strand, der **Playa do Lago** – und der nächste **Campingplatz** "El Paraiso" **[166:** N43° 6' 17.4" W9° 9' 51.2"] (WOMO + 2 Pers.: 17,50 € + 3,50 € Strom) – liegen nur wenige hundert Meter weiter im Süden.

Dort mündet ein kleines Flüsschen zwischen Pinien in den goldenen **Sandstrand**. Links der Straße hat man für den **Campingplatz** den Hang terrassiert, und zwar so steil, dass man an eine Stufenpyramide der Mayas erinnert wird. Der Andrang am Strand ist trotzdem gering, und für einen Badestopp bieten die Pinien freundliche **Schattenparkplätze** [N 43° 6' 15.6" W 9° 9' 55.3"] (Ausstattung: Duschen, Grillstellen, Tische & Bänke, Mülleimer).

Playa do Lago, Rückblick

Weniger Schatten, dafür aber reichlich Platz und Ruhe erwarten uns an der **Playa de Moliños (Muiños)** am letzten Zipfel unserer Kuheuter-Ria!
Zunächst stoßen wir in MOLIÑOS auf die Verbindungsstraße BERDOIAS-MUXIA und biegen rechts. Dann zweigt nach links die Straße nach CORCUBION ab, die wir nicht benutzen. Wir halten rechts Richtung MUXIA und rollen bereits 50 m später rechts auf einem schmalen Stichsträßchen hinab zur **Playa de Muiños.** Kurz darauf steht unser WOMO äußerst zufrieden vor einigen jungen Pappeln direkt am wunderschönen, ausgedehnten Sandstrand, von dem aus wir die ganze, verzweigte Ria überblicken können, sogar bis hinüber zum **Cabo Vilan**

Ein Bächlein fließt zur Playa de Muiños

mit dem Windmühlenpark. Hier gibt es so viele Wiesen, dass man Golf spielen könnte, für andere Sportarten steht ein sog. Hartplatz zur Verfügung – also Tennisrackets, Fuß- und Handbälle ausgepackt! Ein Flüsschen zum Entsalzen mündet auch ins Meer – dieser Platz ist genau richtig für den gemütlichen Familienurlaub!

(167) WOMO-Badeplatz: Playa Muiños

GPS: N 43° 05' 18.8" W 9° 11' 31.5" **max. WOMOs:** 2-3.
Ausstattung/Lage: Duschen, Hartplatz, Flüsschen, Schattenbäume/Ortsrand.
Zufahrt: Von Ponte do Porto über Leis nach Molinos, dort rechts zum Strand.

Aber wir müssen weiter, wollen zunächst **Ntra. Sra. de la Barca**, etwas frei übersetzt "Der heiligen Mutter der Schiffe" einen Besuch abstatten!
50 m waren wir ja schon Richtung MUXIA gerollt, die restlichen 4 km haben wir auch schnell erledigt.
Unmittelbar hinter dem Ortsschild, wir sehen bereits den kleinen Fischereihafen, warten rechts der Straße zwei große Parkplätze (mit **Brunnen**) oberhalb eines schönen **Sandstrandrunds** mit Felsverzierung. Da man bereits nach 300 m den kleinen Hafen und die Einkaufsläden erreicht hat, kann man hier bequem WOMO und Kinder abstellen bzw. ausladen und sich in Ruhe auf die Socken machen.
Anschließend setzen wir unseren Weg durch MUXIA, am Hafen vorbei, Richtung Kap fort, entdecken am Ortsende links, hinter der Kirche, einen **Brunnen**. Das "Kloster der heiligen Mutter der Schiffe" thront sturmumtost neben dem Leuchtturm auf der letzten Felsklippe der **Punta de la Barca** (rechts großer **Schotterparkplatz** [**168**:N 43° 6' 44.6" W 9° 13' 9.1"] mit Toilette).
Wen wundert's, dass mancher Seemann, in höchster Not und knapp vorm Ertrinken, zu dieser Heiligen betete, ihr alles versprach, sogar sein Schiff, wenn er nur mit dem Leben davon

Die "Heilige Mutter der Schiffe" an der Punta de la Barca

kommen würde. Nach der Rettung war die Freude groß – nur die Dankbarkeit reduzierte sich auf ein, wenn auch oft recht kunstvoll verziertes Modell des Schiffes. Im Längsschiff der Klosterkirche lenkt uns eine ganze Armada schönster Segelschiffe, die von der Decke herabbaumeln, von der protzigen, goldfunkelnden Retabelwand ab (meist nur vom vergitterten Eingang aus zu betrachten).

Auf den aufgeblähten Granithefeklößen des Kaps kann man fein herumturnen und sich von den aufklatschenden Brechern nass spritzen lassen oder zu dem neuen Monument beim **Mirador** hinaufsteigen, wo einen der Wind fast umbläst.

Einen letzten (?) Blick werfen wir hinüber zum Leuchtturm am **Cabo Vilan** mit den Windgeneratoren, dann verlassen wir endgültig die **Ria de Camariñas**, schlängeln uns in MUXIA hinüber zur anderen Seite des Halbinselchens (200 m nach Beginn des Hafenbeckens **unbeschildert** nach rechts, d. h. nach Südwesten). Bereits nach weiteren 200 m stehen wir verblüfft am Beginn einer breiten, neuen Straße, die direkt an der Küste nach Süden führt (wenn Sie sich verfranzen, fragen Sie am besten nach dem neuen Fußballplatz, dem **"Campo Municipal Arliña"** oder der **"Playa do Lourido"**).

Ersteren passieren wir nach 1000 m, zweitere nach 1500 m, rechts unter uns. Es ist ein tolles Sandstrandrund, die Zufahrt ist auch bequem – und an ihrem Ende ist kaum Platz zum Wenden geschweige denn zum Parken – welche Narrheit!

Leuchtturm am Cabo Tourinan

Nach 2,5 km wird die Straße plötzlich schmaler, sie ist gekennzeichnet als Pilgerweg Muxia – Fisterra. Nach 3,5 km passieren wir die paar Häuser von LOURIDO, die nächsten Weiler sind MARTINETO und VISEO. Leider bekommen wir nur Kiefern- und Eukalyptuswälder, Heidelandschaft, Weiden und ein paar Kohlfelder zu Sicht, die See verbirgt sich unterhalb einer steilen Klippenküste. Als wir schließlich eine Vorfahrtsstraße erreichen, kann es rechts nur noch zum **Cabo Touriñan** gehen. Wir düsen, an TOURIÑAN vorbei, hinüber bis zum letzten Krümel der Teerstraße am einsamen **Leuchtturm**; in den baumlosen Heideflächen mit **Stellmöglichkeiten** [**169**:N 43° 3' 11.8" W 9° 17' 52.1"] grast eine große Pferdeherde. Den Tieren hat man schwere Holzstücke an ein Vorderbein gebunden, damit sie nur die notwendigsten Schritte tun; ich kann unsere Pferdenärrin Karin kaum davon abhalten, die armen Tiere zu befreien. Auch TOURIÑAN hat einen feinen Strand!

Wir rollen vom Leuchtturm (Foto) wieder zurück und biegen nach genau 4000 m links. 1600 m bergab (dabei immer links halten), dann stehen wir in einer großen Wiesensenke, durch die ein munteres Bächlein mäandert. Es gluckert unter einem Geröllwall hindurch, dessen Inventar die Größenordnung von Kopf- bis Koffergröße abdeckt und eilt schließlich über den feinen **Sandstrand** ins Meer.

Falls Sie nicht bis zum Leuchtturm fahren wollen: Eine Abzweigung zum Strand finden Sie bereits 800 m nach unserer Einmündung in die Vorfahrtsstraße rechts; sie führt an der Pfarrkirche vorbei, hinab zum Meer (Wegweiser: MOREIRA).

(170) WOMO-Badeplatz: Touriñan/Playa de Moreira

GPS: N 43° 02' 52.3" W 9° 15' 45.2"

max. WOMOs: 2-3.

Ausstattung/Lage: Liegewiese, Bächlein, Sandstrand/außerorts.

Zufahrt: Durch Muxia nach Südwesten schlängeln, 10 km an der Küste entlang, an der Vorfahrtsstraße rechts Richtung Touriñan, nach 800 m rechts (Moreira).

Wir rollen nun auf dieser Vorfahrtsstraße nach Osten, LA CORUÑA ist angezeigt, fahren an der Stelle vorbei, wo wir in die Vorfahrtsstraße eingemündet waren und 600 m später rechts zur **Playa de Neminia** [**171:** N43° 0' 44.7" W9° 16' 3.1"]. Dort herrscht ein gewaltiger Trubel, fast alle WOMOs parken längs der Straße und machen es den später gekommenen schwer, sie zu passieren. Uns gefällt das "Ambiente" nicht, wir holpern auf Schotter weiter und im Bogen zurück zur Vorfahrtsstraße, durchqueren FRIXE, halten an der nächsten Vorfahrtsstraße rechts auf LIRES zu (am Ortsbeginn **Wasserhahn**). Durch dieses Dörfchen müssen wir uns geradezu zwängen, so eng und verwinkelt stehen die Gehöfte (breitere Zufahrt am linken Ortsrand!).

Zwischen Misthaufen und Horreos fragen wir uns zur **Playa de Lires** durch, die am Südrand der Trichtermündung des **Rio Castro** liegt.

Hier hat sich eine kleine Gaststätte etabliert, **Stellplätze [172: N 43° 0' 2.5" W 9° 15' 30.8"]** wurden für Gäste eingeebnet. Die Parkmöglichkeiten oberhalb der idyllisch zwischen Felsen eingelagerten Sandbuchten sind jedoch knapp...

Die Playa de Nemiñia liegt der Playa de Lires genau gegenüber

Wir wenden, überqueren den spärlichen **Rio Lires** und biegen **hinter** der Brücke, aber noch **vor** einem kleinen Kirchlein, nach rechts ein. Ein schmales Sträßchen führt uns bergan und dann, nach 600 m, an der Vorfahrtsstraße, wieder rechts.

Nach 2400 m biegen wir nochmals rechts (Wegweiser: u. a. FISTERRA/PADRIS) zu einem der gewaltigsten nordspanischen Strände, der **Playa del Rostro**!

Bereits nach 800 m sind wir in PADRIS, eine Teerbahn führt steil hinab bis zum Dünengelände hinter dem Nordende des über 2 km breiten **Sandstrandes**.

Auch hier verlocken wildwechselschmale Pfade zu ausgedehnten Spaziergängen, die Dünen bieten Rutschpartien, denen sich auch gesetztere Erwachsene kaum entziehen können – wahrlich ein Traumstrand!

(173) WOMO-Badeplätze: Padris/Playa del Rostro

GPS: N 42° 58' 23.9" W 9° 15' 28.8" **max. WOMOs:** je 2-3.
Ausstattung/Lage: Liegewiese, Dünen, Sandstrand/außerorts.
Zufahrt: In Lires zwischen Brücke und Kirche nach Padris, dort rechts zum Strand.
Sonstiges: Auch am Südrand der **Playa del Rostro** gibt es ein **Badeplätzchen [173a:** N 42° 57' 33.2" W 9° 16' 14.9"]. Man hält sich immer küstennah und schwenkt nach 2000 m rechts in einen 600-m-Schotterweg, der zu einem ebenen Platz oberhalb des Strandes führt. Am Strand ein Bächlein.

TOUR 13 (ca. 200 km / 1-2 Tage)

Cabo Finisterre – Cee – Playa Boca do Rio – Playa Lira – Noia – Playa Aguieira – Castro de Baroña – Corrubedo – Riesendüne – Dolmen de Axeitos – Playa Vilar – Ribeira – Mirador de la Curota

Freie Übernachtung:	u. a. Playa Boca do Rio, Playa Maceira, Playa Mar de Lira, Playa de Testal, Playa Aguieira, Playa de Queiruga, Playa de Coviña, Mirador de la Curota.
Trinkwasserstellen:	u. a. Boca do Rio, Carnota, Queiruga, Seráns, Playa Vilar.
Campingplätze:	u. a. Playa de Lariño, Portosin, Porto do Son, Palmeira.
Baden:	Playa Boca do Rio, Playa Lira, Abelleira, Freixo, Noia, Playa Aguieira, Playa de Queiruga, Playa Coviña, Playa Vilar.
Besichtigungen:	u. a. Cabo Finisterre, Mirador de Ezaro, Castro de Baroña, Dolmen de Axeitos, Riesendüne, Mirador de la Curota.
Wanderungen:	Castro de Baroña, von der Playa Vilar zur Riesendüne.

Playa del Rostro, Nordrand

Wir verlassen die **Playa del Rostro** nach Süden und gelangen drei Kilometer nördlich FISTERRA auf die Landstraße zum Kap, zu dem es nach rechts noch 5,3 km sind.

Nördlich FISTERRA liegen die schönen **Sandstrände** der Playa da Langosteira. Nach 200 m [**174:** N42° 55' 23.5" W9° 15' 41.9"] und 1,3 km [**174a:** N42° 54' 54.7" W9° 15' 57.8"] kann man links zu ihnen abbiegen.

Cabo Finisterre bietet kaum etwas, noch nicht einmal die Gewissheit, am westlichsten Punkt Europas zu stehen, denn der ist das **Cabo da Roca** nördlich Lissabons. Schöner als am Ende der Straße steht man nach 4,5 km beim großen **Picknickplatz** mit **Brunnen** und 200 m vor dem Kap rechts [**175:** N 42° 53' 12.6" W 9° 16' 19.4"].

Cabo Finisterre am frühen Morgen

Zurück nach FISTERRA und weiter Richtung CEE. Alte Frauen sind auf dem Heimweg von den Feldern, trotten müde am Straßenrand, die Ernte wie einen gigantischen Turban auf dem Kopf. Andere sitzen bereits auf den Bänken in den offenen Höfen, vor sich am Boden die Schlangen der Bohnenranken. Im Scheitelpunkt der Bucht von CORCUBION-CEE gibt es eine große Freizeitanlage [**176:** N42° 57' 11.2" W9° 11' 26.9"] mit Sandstrand, Liegewiesen, Büschen und Bäumen, Sitzbänken, Brunnen und WC – aber nicht ganz ruhig!
Die Namen huschen vorbei, sind bald nur noch Buchstaben auf der Karte.
Vor der Brücke über den **Rio Ezaro (Rio Xallas)** wartet **rechts** ein herrlicher Sandstrandbogen (mit Duschen), nach **links** kann man zum **Parkplatz** [N 42° 54' 26.8" W 9° 7' 34.1"] am Fluss hinabrollen. Aber diese Abzweigung bietet noch mehr!

Blick hinab vom Mirador de Ezaro

Folgt man nämlich dem Wegweiser **"Mirador de Ezaro"** steil, später sehr, sehr steil 2,5 km bergauf, so erreicht man einen Aussichtspunkt, für den sich die Bergfahrt gelohnt hat: Weit reicht der Blick über die Küstenlinie, zum Cabo Finisterre und die Rias im Süden – und außerdem wäre dieser Platz auch eine ruhige **Übernachtungsgelegenheit** [**177**: N 42° 54' 59.4" W 9° 06' 58.4"; 258 m]!
Was man von oben nicht sehen kann, ist die größte der Attraktionen! Zurück am Fuße des Berges schwenken wir vor den Tennisplätzen links und parken bei den Sitzbänken im Schatten [**178:** N42° 54' 45.5" W9° 07' 21.2"]. Dann marschieren wir den kurzen Weg, rechts vorbei an dem "Museo de la Electricidad" und dem Wasserkraftwerk bis zum Talschluss und sind nicht nur erstaunt, sondern geradezu erschrocken über die Wassermassen, die prasselnd zu Tale stürzen. "Norwegischer" könnten die **Kaskaden** des **Rio Ezaro** nicht sein und eine Besonderheit stellen sie zudem dar: Sie sind die einzigen europaweit, die direkt ins Meer münden!

Die Kaskaden des Rio Ezaro

Praktischer als am Ortsende von O PINDO kann man keinen Badestopp einlegen: Parkplätze, Duschen, **Wasserhähne** – und der feine **Sandstrand** warten direkt rechts der Straße.
Hinter O VISO heißt es, acht zu geben!
300 m nach dem Ortsendeschild, bei »km 21,6«, biegen wir rechts zur 1,4 km entfernten **Playa Boca do Rio** ab. Zuerst passieren wir nach 800 m, beim Stadion, einen schattigen **Picknickplatz** [**179:** N42° 50' 27.8" W9° 05' 44.8"] mit Grill-

stellen, **Brunnen**, Kinderspielplatz und **Ver-/Entsorgung** hinter der Tennisplatz.
Nach 1000 m erreichen wir einen ersten, großen Parkplatz, weitere warten nach 1400 m längs des Strandes (Zufahrt zeitweise eingeschränkt).
Rückblickend können wir mit Sicherheit sagen: Dies ist der malerischste Strand unserer Nord-Spanien-Tour! Riesige, rundgewaschene Granitkugeln liegen auf dem Sandstrand verstreut, wollen erklettert werden; hinter der Düne haben sich zwei Lagunen gebildet, die sich nur bei Flut richtig füllen – ein Kinderparadies.

(180) WOMO-Badeplatz: Playa Boca do Rio
GPS: N 42° 50' 25.6" W 9° 06' 13.9" **max. WOMOs:** >5.
Ausstattung/Lage: Sandstrand, Dusche, Brunnen, Mülleimer, Liegewiese/außerorts.
Zufahrt: Von Cee bis O Viso. 300 m nach Ortsende (»km 21,6«) rechts.

Bei einem Glas Wein (oder waren es mehrere?) begrüßt uns der Leuchtturm vom **Cabo Finisterre**, und während er unaufhörlich seine Warnung vor Klippen und Untiefen in die Weite sendet, schlafen wir, ohne dass ein Geräusch uns stört.
Dabei ist die **Playa Boca do Rio** noch nicht einmal der einzige Traumstrand in der Bucht von CARNOTA. Wem sie zu voll ist, der fährt zur Hauptstraße zurück, hält weiter nach Süden. Bei »km 23,1«, 100 m vor PEDRAFIGUEIRA, geht es z. B. nach rechts zur **Playa de Carrofeito** [**181:** N 42° 50' 7.9" W 9° 06' 6.9"].
Der dritte Platz heißt **Playa de Carnota** [**182:**N 42° 49' 37.9" W 9° 6' 0.4"] und zweigt im gleichnamigen Ort, 1300 m weiter südlich, ab (beide mit Dusche und Wasserhahn). Die Zufahrt ist schmal, der Parkplatz 300 m vom Strand entfernt.

Die Playa de Carrofeito bei Ebbe

Wunderschön bis direkt in die Dünen fahren kann man am Strand von MACEIRAS. 300 m nach dem Ortsschild biegt man bei »km 26,4«, unmittelbar vor einer Hauswand, rechts.

(183) WOMO-Badeplatz: Playa de Areeiro (Maceiras)

GPS: N 42° 48' 44.0" W 9° 06' 36.1"
max. WOMOs: 2-3.
Ausstattung/Lage: Liegewiese, Sandstrand/außerorts.
Zufahrt: Von Carnota bis Ortsschild Maceiras. 300 m später (unbeschildert) rechts.

Der letzte Platz an der Bucht von CARNOTA liegt am Ortsrand von LIRA. An der **Playa Mar de Lira [184**: N42° 48' 13.7" W9° 07' 46.9"] findet man nicht nur Sandstrand, sondern auch **Ver-/Entsorgung**, WC, Duschen, Picknickplatz, **Wasserhahn**, Schattenbäume, Kinderspielplatz – und eine Gaststätte.

Bretterstege führen durch die Düne zur Playa Mar de Lira

Wir schneiden südlich der Bucht von CARNOTA die **Punta de los Remedios** ab, passieren bald darauf das Dörfchen LARIÑO. 800 m danach führt eine Stichstraße durch ein Picknickwäldchen zur **Playa Area Maior** und zum **Campingplatz**.
Noch einfacher kommt man zur **Playa de San Francisco** in LOURO. Man parkt gleich rechts der Straße, bereits unter schattigen Pinien, purzelt hinab durch den Pinienstreifen über ein Wiesengelände und landet schon auf dem goldgelben Sand (an der Strandmauer Dusche und **Wasserhahn**). Ein prima Badestopp, natürlich nichts für länger!
Wir rollen weiter, denn noch so vieles wartet auf uns! Mit den einsamen, weitläufigen Stränden ist es allerdings jetzt vorbei. Die **Ria de Muros y Noia** ist schon dichteres Siedlungsgebiet. Über die weitere Strecke bis NOIA lässt sich zweierlei sagen: Viele, jedoch gut ausgebaute Kurven für den Fahrer, die Straße manchmal auch dreispurig, so dass man einen müden LKW überholen kann, herrliche Ausblicke für den Beifahrer auf die Buchten und Berge der Ria.
Die Landschaft ist stark zersiedelt, die Strände sind voll und nicht sehr sauber. Meist bieten sie keine schönen "Plätzchen" für unser WOMO, eine Ausnahme die **Playa de Ventin [185:** N 42° 48' 2.5" W 9° 1' 35.4"] unterhalb von ABELLEIRA (bei »km 46,9«) mit **Picknickplatz** (Vorsicht! Lichtmast mitten auf der Zufahrt!).

Picknickplatz der Playa de Ventin

Bei »km 60,2«, am Ortsende von SIAVO, biegen wir am Kreisel rechts zur **Playa de Broña [186:** N 42° 48' 9.8" W 8° 55' 46.0"] mit Duschen und Wasserhähnen. Dort kann man unter vielen Stellplätzen wählen, unter Kiefern auf feinen Liegewiesen Schatten finden – und gleich drei Gaststätten sorgen für das leibliche Wohl.
Ab dem o.a. Kreisel ist die Straße neu trassiert, gleich zwei gebogene Brücken überspannen die letzten Zipfel der **Ria**

Playa de Broña mit Tisch & Bank, Liegewiese und Schattenpinien

de Muros e Noia. Ein Schnellstraßenneubau, von Santiago herkommend, vervollständigt das Straßengewirr.
Am Ortsende von NOIA, genau 1600 m nach der Brücke über die Ria, biegen wir bei »km 74,9« rechts hinab zur **Playa de Testal**, erreichen nach weiteren 600 m ein großes Wiesengelände mit vier Schattenplatanen, direkt am **Sandstrand**. Das Wasser macht nicht immer den saubersten Eindruck. Zudem führt die neue Schnellstraßenbrücke fast direkt über diesen Badeplatz hinweg.

(187) WOMO-Badeplatz: Playa de Testal
GPS: N 42° 47' 26.2" W 8° 54' 41.4"
max. WOMOs: 2-3.
Ausstattung/Lage: Bar, Duschen, Toiletten, Mülleimer, Sandstrand/ Ortsrand.
Zufahrt: 1600 m nach der Ria-Brücke von Nois rechts 800 m zum Sandstrand.
Weiterer Platz 400 m westlich.

Erst die **Playa Aguieira**, 9,7 km südlich der Brücke von NOIA und 1,8 km nach dem Ortsendeschild von PORTOSIN, gefällt uns so, dass wir über Nacht bleiben!
Nach der 100 m kurzen, steilen Abfahrt wenden wir uns links zu den vielen schattenspendenden Platanen, zwischen die man sehr praktisch die WOMO-Schnauze reinstecken kann. Der weiße, halbkreisförmige **Sandstrand** mit einem kleinen Süßwassersee dahinter bietet uns eine ganz besondere Über-

raschung: Zum ersten Mal überhaupt finden wir hier gleich eine ganze Reihe der Großen Kammmuscheln *(Pecten maximus)*, die uns als Pilgermuscheln schon von so vielen Kunstwerken her bekannt sind. Aber natürlich stochern wir nach den ersten Zufallsfunden auch besonders eifrig im Flutsaum, schnorcheln mit der Taucherbrille im flachen, ruhigen Wasser.
Am besten macht man sich am Morgen bei Ebbe auf die Suche, denn die ersten Strandgäste (und Muschelsuchkonkurrenten) trudeln erst zwischen 10 und 11 Uhr ein. An den Felsen der **Isla Aguieira** pflücken wir uns wieder innerhalb weniger Minuten ein Miesmuschelessen ab.

(188) WOMO-Badeplatz: Playa Aguieira

GPS: N 42° 44' 29.7" W 8° 57' 50.3" **max. WOMOs:** 2-3.
Ausstattung/Lage: Duschen, Toiletten, Mülleimer, Gaststätte, Sandstrand/Ortsrand.
Zufahrt: 1800 m nach Portosin bei »km 82,9« rechts 100 m zum Sandstrand.

Weiter geht es nach Süden. PORTO DO SON hat eine nette Hafenatmosphäre, die auch vielen WOMOs gefällt [N42° 43' 38.1" W9° 00' 19.5"], sowie Kinderspielplatz und kleinen Sandstrand direkt rechts der Straße. Das Bäckerbrot und die riesigen Kalbskoteletts von SON haben wir in guter Erinnerung! Knapp 4 km weiter auf der AC 550 nach Süden erblickt man bei »km 91,6« rechts das Schild **Castro de Baroña**. Wir parken neben dem Restaurant "O Castro" [N 42° 41' 37.9" W 9° 1' 29.3"] das WOMO und machen uns zu Fuß auf den Weg.

Es sind nur ein paar hundert Meter auf der größtenteils noch mit Steinplatten belegten "Straße", zunächst an einem **Brunnen** vorbei, dann rechts zum Meer. Schon von weitem erblicken wir die erst kürzlich ausgegrabenen Reste einer etwa 2000 Jahre alten **keltischen Siedlung**. Auf den Platten der alten Zufahrtsstraße können wir mühelos noch die tief eingegrabenen Rillen erkennen, die die Karrenräder im Laufe der Zeit eingeschnitten haben. Die zu Verteidigungszwecken auf einem inzwischen verlandeten Inselchen angelegte Siedlung zeigt runde und ovale Gebäudegrundmauern, auf dem Festland und am Inselrand mehrere Verteidigungslinien. Die Dächer der

Häuser werden wohl konische Form gehabt haben.
Unbegreiflich bleibt uns die Enge, in der die Bewohner gelebt haben müssen. Wir "füllen" mit unserer Familie mühelos ein Haus, ohne dass noch weitere Personen oder gar Einrichtungsgegenstände Platz gehabt hätten. Wahrscheinlich spielte sich das gesamte Leben im Freien ab, die Häuser wurden wohl nur zum Schlafen aufgesucht.

Als nächstes kommen wir bei »km 94,5« an QUEIRUGA vorbei, werfen einen Blick auf den gleichnamigen **Strand**. Das geteerte Sträßchen führt, nachdem es den Sandstrand erreicht hat, hinter den Dünen zu einem langen Wiesenstreifen.
Unser Eindruck: Ein gemütliches Plätzchen, das sicher nie überfüllt ist.

(189) WOMO-Badeplatz: Playa de Queiruga

GPS: N 42° 40' 17.1" W 9° 02' 03.2" **max. WOMOs:** 3-4.
Ausstattung/Lage: Toilette, Wasserhahn, Grillstellen, Kinderspielplatz, Basketballfeld, Duschen, Mülleimer, Sandstrand, Gaststätte.
Zufahrt: 20 km südlich Noia, in Queiruga, rechts hinab zum Sandstrand.

Auch das nächste Plätzchen ist nicht zu verachten!
Wir überqueren den **Rio Sieira** und biegen 150 m nach dem Ortsschild von JUNO (XUNO) rechts. Am Ortsrand entlang, dann wieder rechts zurück (Wegweiser: Merendeiro), landen wir in einem ausgedehnten, recht schrägen Kiefernwäldchen mit "Area recreativa" an der **Playa de Coviña**.

(190) WOMO-Badeplatz: Playa de Coviña

GPS: N 42° 38' 52.0" W 9° 02' 02.2" **max. WOMOs:** 3-4.
Ausstattung/Lage: Bar, Tische & Bänke, Toilette, Mülleimer, Grillstellen, Pinienschatten, Sandstrand/außerorts.
Zufahrt: 25 km südlich Noia, am Ortsbeginn von Xuno, rechts halten und wieder rechts zur "Area recreativa"; von dort aus ca. 300 m durch die Dünen zum Sandstrand.
Hinweis: Sehr lohnender 10-min.-Spazierpfad zur winzigen mittelalterlichen Brücke (in der Senke nach rechts dem kleinen Bächlein folgen).

Hier gefällt es uns auf Anhieb, hier bekommt jeder sofort Kontakt mit spanischen Urlaubern! Wir brauchen nicht extra zu betonen, dass Strand und Meer erstklassig waren!?
In der Ortsmitte von XUNO verlassen wir die Hauptstraße nach rechts; wir haben mal wieder einen Küstenabschnitt entdeckt, den die Hauptstraße links (in diesem Falls rechts) liegen lässt!

Die Wegweiser nach rechts lauten: NOVAS, SERANS und CORRUBEDO. Nicht, dass Sie sich später beschweren – diese Strecke muss man gefahren sein!
Ja, Badestrände findet man auch, aber außerdem zoologisch-botanische Meeresgärten, die größte Wanderdüne Nordspaniens, einen herrlichen Dolmen – und schließlich noch einen der schönsten Strände Spaniens – reicht das?
Als ersten Ort erreichen wir BASOÑAS, folgen dem Strandwegweiser hinab zur Küstenlinie. Dort sind wir einsam, aber nicht allein: Wind und Wasser haben die braungelben Granitfelsen zersprengt, haben Risse und Löcher, Furchen, Wannen und Becken geschaffen, die auch bei Ebbe mit Wasser gefüllt bleiben. Krabben klappern in die Zwischenräume hinein, Fische zischen in den Tanguntergrund, Seesterne, Seeigel, Seeanemonen und die Vielfalt der Pflanzenwelt lassen unser

Intensivstudium ruhig über sich ergehen. Habe ich schon erwähnt, dass inmitten dieses botanisch-zoologischen Gartens ein prächtiger Sandstrand liegt?

(191) WOMO-Badeplatz: Playa de Basoñas

GPS: N 42° 37' 08.1" W 9° 03' 13.3" **max. WOMOs:** 3-4.
Ausstattung/Lage: großer Wiesenparkplatz, Sandstrand, Rettungsring.
Zufahrt: In Xuno rechts Rtg Serans, nach 3,7 km, in Basoñas, rechts hinab 1000 m.

Wir folgen weiter der Piste, die sich nach Süden am Strand entlangzieht und in SERANS wieder auf die Teerstraße stößt (an der Einmündung **Brunnen**haus mit zwei dicken Rohren). Die Straße schneidet ein Felsenkap, das **Cabo Corrubedo** ab, stößt bei einem **Picknickplatz** auf eine Vorfahrtsstraße.
An dieser Stelle gibt es einiges zu gucken: Linkerhand **Sandstrand** mit einer unglaublich hohen, riesig breiten **Sanddüne** dahinter, rechts der Ort CORRUBEDO und dahinter wieder das Meer – wir sind an der Landenge vor der **Halbinsel Corrubedo** mit dem **Cabo Corrubedo** und dem **Cabo Teira**.
Wir rollen zunächst durch CORRUBEDO hindurch, wenige hundert Meter später endet die Teerstraße beim **Leuchtturm** [N 42° 34' 34.2" W 9° 5' 23.1"] am **Cabo Corrubedo** (schöner Rundblick).
Jetzt aber wollen wir uns das Dünenungeheuer aus der Nähe begucken, es bestürmen, ersteigen?
Wir fahren nach CORRUBEDO zurück und 2000 m weiter nach Nordosten bis OLVEIRA, folgen nach rechts den Wegweisern "DUNAS/Paraxe Natural" bis zu einem **Riesenparkplatz** [**192**:N 42° 35' 3.4" W 9° 2' 41.5"].
Wir marschieren 800 m bis zu seinem Fuße - und werden von einem Verbotsschild gestoppt, das uns bis zu 6000 € Strafe

Die Riesendüne bei Olveira - Betreten streng verboten!

androht, wenn wir unseren Fuß auf die Düne setzen.
Sand ist offensichtlich ein kostbares Gut (wenn er unter Naturschutz steht!). Aber man muss bei allem Unmut den Gesamtgedanken sehen, denn der "Parque Natural do complexo dunar de Corrubedo e lagoas de Carregal e Vixán" umfasst den gesamten Küstenbereich mit Seen, Sümpfen, Düne, Stränden und wenigen Wanderwegen, erst viel weiter im Südosten, am Ende der Riesenbucht, glitzert wieder Autolack in der Sonne – dort liegt die **Playa Vilar**, unser nächster Badeplatz.
Vorher möchten wir Sie aber noch zu einem schönen **Dolmen** führen!

Dolmen de Axeitos & Hypothese der ursprünglichen Nutzung

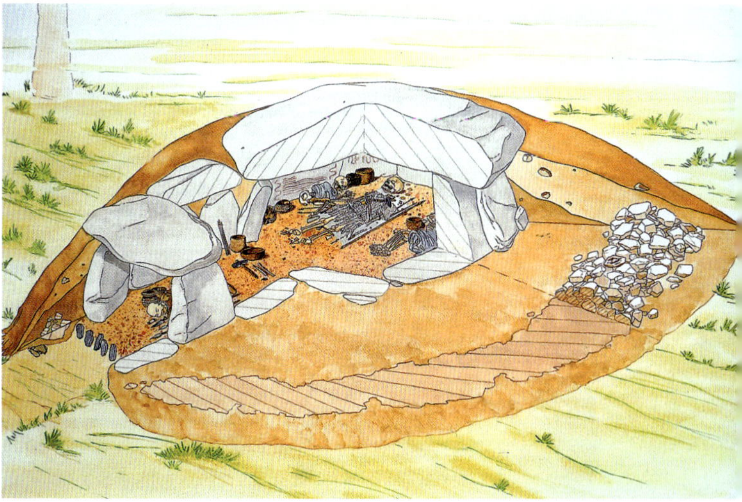

Wir rollen bis zur Teerstraße in OLVEIRA zurück, fahren nach rechts und an der nächsten Gabelung, bereits nach 50 m, bei »km 4«, wieder links. Nach 2000 m, am Ortsende von BRETAL, werden wir nach links zum **Dolmen de Axeitos** (**Ageitus**) gebeten. Wir stoppen auf einem einsamen, zum Teil schattigen **Parkplatz** [**193**:N 42° 35' 59.8" W 9° 01' 03.4"] und spazieren 100 Schritte nach rechts durch eine Anlage mit Kinderspielplatz. Der **Dolmen** liegt idyllisch in einem Eichenhain, in Ruhe kann man sich dem Monument widmen: Sieben Steine sind schalenförmig, leicht nach innen geneigt, im Kreis aufgestellt. Auf dreien von ihnen liegt ein solch gewaltiger Monolith auf, dass ich mich wiederum frage, wie ihn unsere Steinzeitvorfahren hinaufgehievt haben. Der halbelliptische Eingang hat eine Höhe von 2,30 m, in der Mitte ist das Grab 3 m hoch.
Nun aber nichts wie ins Badewasser!
Die direkte Zufahrt zur **Playa Vilar** ist ein wenig verwinkelt, bitte gut aufpassen: Zunächst rollen wir zur Straßengabelung in OLVEIRA zurück, biegen dort links, halten auf TEIXOEIRA zu. Nach 2,2 km, zwischen der Bar "Domitila" und der Bar "Lere" kurven wir rechts in ein Sträßchen hinein, das nur bis 5,5 to zugelassen ist. Auf ihm rollen wir immer geradeaus, passieren nach genau 2 km ein Steinbruchgelände mit einem Förderband, das die Straße überquert. 800 m nach dem Förderband geht's rechts zum **"Casa da Costa"**, der Info-Stelle des Naturparks (offen: 10-14, 16-19 Uhr, So 10-14 Uhr), davor rechts wartet ein **Wasserhahn**. Hier erhält man nicht nur eine Karte mit den drei Wanderwegen, sondern kann auch eine Ausstellung über das NSG besichtigen
200 m weiter biegen wir gegenüber einem verfallenen Haus ohne Dach rechts zur **Playa do Vilar**.

Playa do Vilar

Der **Badeplatz** [N 42° 33' 9.1" W 9° 1' 38.4"] ist groß, schotterig-sandig, es gibt auch Wiesenbereiche (Ausstattung: Gaststätte, Toiletten, Mülleimer). Über die Dünen führen Holzstege zum riesigen, makellosen **Sandstrand** mit Felsendekoration.
Mit Vergnügen erinnern wir uns an einen Spaziergang auf dem festen Sand bis hinüber zur Riesendüne, zu der man bequem in einem Dreiviertelstündchen schlendern kann. Unterwegs kommt man an zwei Felsformationen vorbei: Die erste ist ein gut bestückter Miesmuschelsammelplatz, die zweite muss man bestiegen haben!
So schön die **Playa Vilar** auch ist, als Übernachtungsplatz eignet sie sich (im NSG gelegen) wohl kaum. Wie wäre es mal wieder mit einem ***Aussichtsplatz in luftiger Höhe?
Über CARREIRA und RIBEIRA (STA EUGENIA) schneiden wir den Südzipfel der Halbinsel zwischen der **Ria de Muros y Noia** und der **Ria de Arousa** ab, rollen auf der Ostseite nach Norden bis PALMEIRA. Hier biegt man entweder rechts zum schönen **Campingplatz** am Nordrand der großen Sandbucht **Playa Coroso** oder links hinauf zum **Mirador de la Curota**.
Wir wenden uns nach links, hinauf zum Mirador auf der **Sierra de Barbanza** (falls Ihnen die Straßenführung komplex erscheint, dann nehmen Sie immer die Straße, die am steilsten nach oben führt!).
Das Gebirgssträßchen endet bei einem Sendeturm auf einem Gipfel der **Sierra de Barbanza** in 667 m Höhe. So hoch muss man aber nicht schnaufen, um seinen Blick über alle vier **Rias Bajas** schweifen zu lassen!
Wir stoppen erstmals bei einem **Mirador** mit einem Steinkopf à la Südsee (Mirador de la Curotiña). Hier ist die Aussicht bereits

Blick vom Mirador de la Curota auf die Ria de Arousa

phänomenal, man sitzt wie über eine Landkarte gebeugt und kann sich die nächsten Badeplätzchen aussuchen.

Dann kurven wir 2,5 km weiter hinauf, passieren bei einer Gaststätte den **Mirador de la Curota** (zu dem man links einige Stufen hinaufsteigen muss), rollen noch 300 m weiter bis zu traumhaften Krokuswiesen.

(194) WOMO-Stellplatz: Mirador de la Curota

GPS: N 42° 37' 43.5" W 8° 57' 44.4"; 490 m. **max. WOMOs:** 2-3.

Ausstattung/Lage: Gaststätte, Liegewiesen, Brunnen, Aussicht/außerorts.

Zufahrt: In Palmeira links immer bergwärts den Wegweisern zum Mirador folgen.

TOUR 14 (ca. 240 km / 2-4 Tage)

Boiro – Playa de Mañons – Padron – Santiago de Compostela – Vilanuova – Isla de Arousa – Playa A Toxa – Sanxenxo – Pontevedra – Cabo Udra – Hio – Playa Nerga – Playa Melide

Freie Übernachtung:	Playa de Mañons, Isla de Arousa, Playa de Bao, Monasterio del Poyo, Playa de Mourisca, Playa de Nerga, Playa Melide.
Trinkwasserstellen:	Playa de Mañons, Catoira, Carril, Monte Xiradella, Monasterio del Poyo, Playa de Nerga, Donón.
Campingplätze:	Santiago de Compostela, Vilagarcia, Isla de Arousa, A Toxa.

KARTE TOUR 14

Baden:	Playa de Pobra, Playa de Mañons, Vilanova, Isla de Arousa, Playa de Mexilloeira (A Toxa), Playa Montalvo, Playa de Mourisca, Playa de Nerga, Playa Melide.
Besichtigungen:	u. a. Santiago de Compostela, Isla Arousa, Cambados, Hio.

Die **Ria de Arousa** muss besonders fruchtbar sein! Nicht nur, dass hier die meisten Muschelzuchtplattformen im flachen Wasser treiben – hier können wir Sie auch in wenigen Minuten zu perfekten Herzmuschelsuchern ausbilden!
Wir waren wieder hinab zur **Ria Arousa** gerollt, erreichen sie in A POBRA.
Am Rande des weitläufigen Hafenbereichs findet man schnell einen praktischen **Stellplatz** [**195**:N 42° 36' 18.2" W 8° 55' 12.7"], von wo aus man an der herausgeputzten Strandpromenade flanieren und in eines der lockenden Lokale einkehren kann.
Die Weiterfahrt nach Süden bis zum herrlichen **Playa Cabio** [N 42° 35' 15.0" W 8° 55' 48.1"] können wir, zumindest in der Saison, nur kleineren WOMOs empfehlen.
600 m nach dem Ortsschild von BOIRO biegen wir rechts zur **Playa de Barraña** (knapp 1 km nach der Abzweigung kostenpflichtiger **WOMO-Badeplatz [196:** N 42° 38' 30.2" W 8° 53' 49.2"] mit **Ver-/Entsorgung** (gegenüber Beginn des Strandes).

Offizieller WOMO-Badeplatz am Beginn der Playa de Barraña

Die **Playa de Barraña** liegt im innersten Teil einer besonders flachen Bucht. Wüssten wir nicht, welchem nahrhaften Sport man hier frönt, wir wären über die Begrüßung empört: Großmutter, Mutter, Vater und Kinder, ganze Gruppen stehen bis zu den Waden im Wasser und strecken uns – den Hintern entgegen! Dabei wühlt man mit gespreizten Fingern im Bodensand herum, buddelt, fischt, gräbt eine Herzmuschel *(Cardium edule)* nach der anderen aus; Beutel, Taschen, ja ganze Säcke füllen sich in Windeseile. Bis zu 2000 Muscheln können pro Quadratmeter

Muschelsucher in der Ria de Arousa

unter der Sandoberfläche sitzen, strecken nur ihre Siphonen zum Herbeistrudeln der Nahrung heraus.
Wir lernen schnell, und auch Sie können sich im Nu die Zutaten z. B. für eine leckere Muschelsuppe einsammeln!
Die schön angelegte **Playa de Barraña** [**197**:N 42° 38' 26.2" W 8° 53' 07.6"] (Duschen, **Wasserhähne**, Liegewiesen) ist trotz der Nähe des Ortes nicht überlaufen. Allerdings gibt es mehrere Strandabschnitte mit verschiedenen Zufahrten, man muss sich halt nicht gerade den gefülltesten heraussuchen (einen Campingplatz gibt's auch!).

Komfort an der Playa de Barraña

Aber entfernt von den Städten steht es sich doch gemütlicher! So rollen wir suchend weiter nach Süden, stoßen zunächst auf die riesige **Playa de Carageiros** mit kleinem Parkplatz. Erst am Ende des Strandbogens, an der **Playa da Retorta** können wir in einem Picknickwäldchen das WOMO abstellen oder, rechts um einen Muschelzuchtteich herum, direkt zum **Sandstrand** [**198**:N 42° 36' 32.3" W 8° 52' 03.5"] mit Duschen rollen.

Playa da Retorta

Nach weiteren vier Kilometern landen wir an der Ostseite der Boiro-Halbinsel an der **Playa de Mañons**. Im Picknickpinienwäldchen oberhalb des Strandes findet man feine Schattenplätze für das WOMO.

Der goldgelbe **Sandstrand** ist nicht nur Bade- und Herzmuschelsuchplatz: Am rechten Rand der Bucht werden Muschelplattformen montiert und repariert und ich nutze die Gelegenheit, um mir die schwimmenden Ungetüme in Ruhe aus der Nähe, von der

Seite und von unten anzugucken! Die Schwimmer sind vier bis sechs gewaltige Eisentonnen, die mit glasfaserverstärktem Kunststoff dick überzogen sind, um dem aggressiven Salzwasser besser trotzen zu können. Darauf sind längs und quer zwischen zwanzig und dreißig kräftige Vierkantbalken montiert, ein kleines Wäldchen muss für eine einzige Plattform gefällt werden.
25 x 25 m, also über 600 qm stabiles Holzraster können nun hunderte von Muschelkörben aufnehmen, in denen die Zutaten für so viele spanische Gerichte heranwachsen. Ältere Schwimmer wurden aus Holzbrettern hergestellt. Das Holz wurde geteert, mit einem Drahtnetz bespannt und dann 1 -2 cm dick betoniert. Viele dieser nur langsam verrottenden Wracks verunzieren die Küsten der Rias.

(199) WOMO-Badeplatz: Playa de Mañons

GPS: N 42° 37' 51.8" W 8° 51' 09.2" **max.WOMOs:**2-3.
Ausstattung/Lage: Duschen, Toilette, Wasserhahn, Gaststätten/Ortsrand.
Zufahrt: Am Ortsende von Boiro rechts den Wegweisern zur Playa de Mañons folgen.
Hinweis: 200 m landwärts liegt rechts der Straße ein offizieller WOMO-Stellplatz für 5 WOMOs mit **Ver- und Entsorgung**.

Den Abend verbringen wir zwischen den Pinien, endlich können wir mal wieder in der Hängematte schaukeln ....
Am nächsten Morgen haben wir es eilig, Großes steht uns bevor. So haben wir kaum einen Blick für den Rest der **Ria de Arosua**, an der entlang wir nach Nordosten eilen: SANTIAGO DE COMPOSTELA, 60 km trennen uns noch vom religiösen Zentrum Spaniens!

Im IX. Jahrhundert entdeckte man hier unter mysteriösen Umständen das **Grab** des Apostels Jakobus des Älteren. Nüchterne Geschichtsforscher sehen eher einen Zusammenhang mit der Eroberung Spaniens durch die Mauren kurz zuvor. Man brauchte einfach göttliche Hilfe, um den als unbesiegbar geltenden Heiden entgegentreten zu können.
So wird bereits 844 berichtet, der Hl. Jakobus (Santo Jago = Santiago) habe als Ritter auf der Seite der Gläubigen in die Schlacht von CLAVIJO eingegriffen und ihnen zum Siege verholfen. Im "**El Cid**", der spanischen National-Heldensage, wird die Bedeutung des "Matamoros", des Maurentöters, auf eine einfache Formel gebracht: „Die Mauren rufen Mohammed, die Christen Santiago!"
Waren es seine "kriegerischen" Erfolge oder lag es daran, dass Jerusalem wegen der Türkengefahr in den nächsten Jahrhunderten zu gefährdet lag – die Pilgerströme nach Santiago wuchsen in die Millionen, in ihrem Gefolge siedelten sich an den Pilgerwegen Mönche an, versorgten die "Jakobsbrüder", pflegten sie notfalls kostenlos. Dankbare Pilger, die Erlösung von ihren Leiden gefunden oder Vergebung ihrer Sünden erhalten hatten, stifteten zum Teil erhebliche Geldbeträge; Klöster wurden gegründet, Kirchen und Hospize gebaut. SANTIAGO kam zu Reichtum, den wir auch heute noch in großartigen Bauwerken bestaunen können.

Wir lassen uns zur Schnellstraße AG 11 leiten, entern sie an der Auffahrt 23, sausen bis PATRON. Dann sind die restlichen 35 km, trotz steigendem Verkehr und einiger Ortsdurchfahrten, eine Kleinigkeit.
Wir nähern uns auf der N 550 der Pilgerstadt von Südwesten, fahren stangengerade in die Stadt (Centro cidada) hinein. Da der mittelalterliche Stadtkern für WOMOs nicht befahrbar ist, haben wir uns rechtzeitig für Sie um parktische Parkplätze bemüht. Diese finden Sie wie folgt:
1. Bei der Anreise auf der AG 56 von NOIA Parkplatz mit V/E in BERTAMIRÁNS, Calle de las Perqueiras [N 42° 51' 36.4" W8° 38' 55.2"]. Schöner steht man 2 km südöstlich in ORTOÑO auf dem ruhigen Kirchplatz [N42° 50' 57.2" W8° 38' 12.4"] (Foto).

2. Bei der Anreise von PADRON auf der N 550 offizieller Stellplatz mit V/E und Linienbus nach Santiago in MILLADOIRO, Travesia do Porto [**200:** N42° 50' 42.6" W8° 34' 50.8"].
3. Die N 550 heißt in der Stadt zunächst **Rua da Choupana**, dann **Rua de Santa Marta de Arriba**, schließlich **Avenida de Rosalia de Castro**. Hier entdecken Sie an einem Kreisverkehr nach links die Wegweiser "Hospital/Campus Sur". Diesen folgen Sie – aber nur 50 m, dann schwenken Sie nach rechts in das Straßennetz, das sich zwischen der Universität (Campus Sur Universitario) und dem Alamedapark erstreckt. In diesem Bereich kann man sehr preiswert parken und sicher auch ungestört übernachten (von unserem **Parkplatz** [**201**: N 42° 52' 36.3" W 8° 33' 8.5"] in der Avenida de Vigo bis zur Kathedrale waren es, nach Osten durch den Park, genau 700 m).
Wichtiger Hinweis: Um 8 Uhr müssen Sie diesen Platz belegt haben, um 9 Uhr ist alles zugeparkt!
4. Santiago hat auch einen **Campingplatz** "As Cancelas" [**202:** N42° 53' 21.7" W8° 31' 27.6"] (WOMO + 2 Pers.: 21 - 29 € + 5 € Strom) in der Rua de Xullo, ca. 2,5 km nordöstlich der Kathedrale. Bushaltestelle ins Zentrum (alle 15 min. nur 180 m entfernt.

Santiago de Compostela, Eindrücke

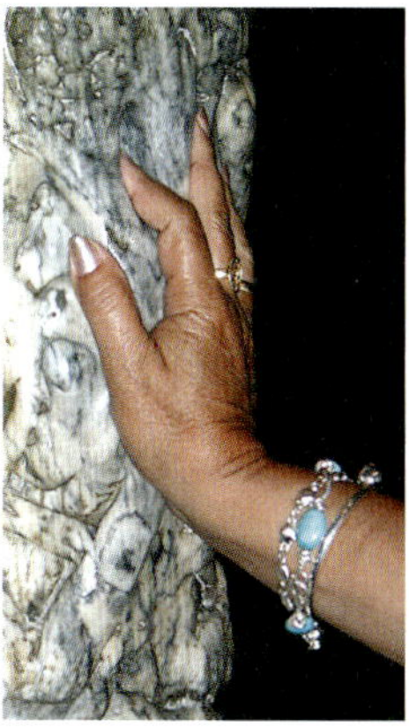

Im Park neben unserem Parkplatz (201) kann man auch wunderbar bummeln und Siesta halten, wir entdecken das Denkmal für die Schriftstellerin Rosalia de Castro, dahinter einen **Brunnen** mit Löwenkopf. Hinter der Kirche Sta Susana senkt sich die Parkanlage zur Stadt, und vom Rande des Parkes aus sind es nur noch 300 m zum alten Stadtkern mit der Kathedrale (i-Center, wo Sie einen Stadtplan erhalten, sind ausgeschildert).

Bald haben wir die riesige **Plaza del Obradoiro** (Plaza de España) erreicht. Die Pracht der sie umgebenden Gebäude verschlägt uns fast den Atem. Wo sollen wir nur anfangen, worauf uns konzentrieren?

Nach guten vier Stunden (incl. Mittagessen in der "Fressgasse", der Rua do Franco) haben wir die größte Zahl der Sternchen in den Kunstführern "abgehakt": das **Hostal de los Reyes Catolicos** auf der Nordseite der Plaza mit seinem wunderschönen plateresken Portal, den **Portico de la Gloria** der **Kathedrale** hinter der barocken **Obradoiro-Fassade**, das romanische Kircheninnere mit der Figur des **Hl. Jakobus**, zu der man hinter dem Altar auf einem kleinen Treppchen emporsteigen kann, die **Puerta de las Platerias**, das kunstvolle Portal der Goldschmiede.

Ein Rundgang durch die bezaubernde **Altstadt** mit ihren stillen Gassen, in denen jedes Gebäude lange Geschichten aus alter Zeit erzählen könnte, bildete den Abschluss unserer Besichtigung. An dieser Stelle möchten wir Ihnen auch unser Lieblingsplätzchen in Santiago verraten! Es ist der Garten des Hotel/Café "Costa Vella" an der Ecke Costa Vella/Rua da Porta da Pena. Sie sollten ein beschauliches Stündchen in dieser Blumenoase als Endstation Ihres Santiago-Besuches einplanen!

Bis PADRON kehren wir die gleiche Straße zurück, auf der wir morgens nach Santiago geeilt waren (N 550) und bleiben auf ihr bis PONTECESURES. Etwa 12 km südlich SANTIAGO kommen wir durch ESCLAVITUDE. Den prächtigen, barocken **Kirchenbau** links der Straße kann man wohl kaum übersehen. Zu seinen Füßen rauscht in einem **Brunnenhaus** [N42° 47' 02.6" W8° 39' 00.4"] gutes Wasser aus zwei Rohren (gute Parkmöglichkeit rechts der Straße, ein Zebrastreifen geleitet Sie hinüber!).

Am südlichen Ortsausgang von PONTECESURES (ENFESTA) schwenken wir nach rechts auf die Küstenstraße nach VILAGARCIA ab, um an der Ostseite der **Ria de Arousa** einen neuen Badeplatz zu suchen.

Um es gleich vorweg zu sagen: Bis zur portugiesischen Grenze "läuft" nicht mehr viel unter der Rubrik "schöne Badeplätzchen". Die Gegend ist im Einzugsbereich der großen Städte PONTEVEDRA und VIGO dicht besiedelt und zwischen ihnen mit Ferienhäusern vollgestopft. Deshalb empfehlen wir dem eiligen Urlauber auch, abkürzend von SANTIAGO die N 525 nach ORENSE zu nehmen. Dort trifft er auf unsere Tour 15 und kann noch vieles mit uns erleben!

Wir fuhren trotzdem alle Strände ab; sie sind samt und sonders gut geeignet für einen Badestopp, ein Plätzchen zum Verweilen war schwer zu finden. Aber der Reihe nach!

2 km südlich von PONTECESURES machen wir einen Abstecher zum "Praia fluvial de Vilarello". Nach insgesamt 3,3 km haben wir die Bahnlinie überquert und stehen oberhalb eines schön angelegten, komplett ausgestatteten Flussbadeplatzes des **Rio Ulla**.

(203) WOMO-Flussbadeplatz: Vilarello

GPS: N42° 42' 20.3" W8° 42' 21.7" **max. WOMOs:** >10.

Ausstattung/Lage: Bademöglichkeit, Liegewiese, Schattenbäume, Kinderspielplatz, Duschen, Brunnen, Grillstelle, Gaststätte/außerorts.

Zufahrt: 3,3 km südlich Pontecesures abbiegen (ausgeschildert).

Flussbadeplatz Viarello am Rio Ulla

Vor der Kirche von CATOIRA, 10 km südlich von ENFESTA, liegt ein kleiner Platz mit Bäumen. Besonders gutes Wasser liefert die **Fonte Gaiteira** (am Kreisverkehr davor rechts und nach 50 m rechts unterhalb der Straße).

Wiederum 8 km später, diesmal am Hafen von CARRIL, ein Platanenplatz mit **Brunnen** unter einem großen Anker (nebenan Kinderspielplatz und viele gemütliche Gaststätten).

Südlich von VILAGARCIA, das nahezu nahtlos mit VILAXOAN zusammengebaut ist, umrundet ein Teersträßchen eine kleine Halbinsel mit dem Ort VILANOVA DE AROUSA. Wie wir bald feststellen, ist das Sträßchen eine einzige Strandpromenade, der Strand heißt **Playa das Sinas** und ist schon einigen hundert anderen Personen bekannt.

Das bedeutet in schlichten Worten, dass man zwar eine Parkmöglichkeit am Straßenrand entdeckt, manchmal sogar mit Baumschatten. Auch ein großer, asphaltierter Parkplatz [N 42° 34' 29.3" W 8° 49' 40.9"] mit Kinderspielplatz findet sich, von dem aus man sich in die lauen Fluten stürzen und anschließend abduschen kann. Für einen Stadtbummel in VILANOVA DE AROUSA empfehlen wir Ihnen, im Jachthafen zu parken [**204:** N42° 33' 52.5" W8° 50' 02.9"].

Aber ein ruhiges Plätzchen haben Sie hier sicher nicht entdeckt! Dafür müsste man in dieser Ecke Spaniens auf eine Insel flüchten!

Und wir entdecken Sie, die Fluchtinsel: Erst vor ein paar Jahren wurde die tolle, genau 2001 m lange Brücke (Foto) zur **Isla de Arousa** fertiggestellt.

Wir folgen dem Wegweiser: "Ponte de Acceso a Illa de Arousa", huschen hinüber auf das schmale Inselchen, das an seinem Südostviertel nicht nur mit einigen tollen Badeplätzen, sondern auch mit einem sehenswerten **Naturschutzgebiet** aufwartet.

Gleich am Ende der Brücke liegt links eine riesige Parkplatzwiese mit der **Playa de Bao**.

(205) WOMO-Badeplatz: Playa de Bao

GPS: N 42° 32' 47.5" W 8° 51' 44.6" **max. WOMOs:** >10.

Ausstattung/Lage: Sandstrand, Toiletten, Duschen, Wasserhähne, Gaststätte/außerorts.

Zufahrt: Sofort hinter der Brücke zur Insel de Arousa links.

Rollt man an der Parkplatzwiese vorbei, dann kann man 500 m später nach Süden abschwenken. Man passiert mehrere Campingplätze und nach 2000 m endet die Straße an der Barriere vor dem Naturschutzgebiet. Vorher liegen, links im Pinienwald und unmittelbar hinter dem Sandstrand, mehrere kostenpflichtige Parkplätze, z. T. mit Toiletten, Duschen und Gaststätte.

Wir verbringen den Nachmittag und eine Nacht an der **Playa de Bao**, verlegen dann unseren Standort an die Barriere des Naturschutzgebietes. Dort kann man durch Feuchtgebiete,

Heideflächen und Kiefernwäldchen, vorbei an Felsenlandschaften und Südseebuchten wunderschön bummeln. Es ist ein paradiesisches Fleckchen Erde, zu dem viele Badegäste mit Picknickkorb und Badesachen wandern, um eine der schönen Sandbuchten zu besetzen, aber auch die letzte Bucht vor dem Naturschutzgebiet ist ein Traum [N 42° 31' 56.4" W 8° 52' 8.2"].

Isla de Arousa, letzter Badeplatz vor dem NSG

Hier liegen wir faul am Strand und schauen dem Wasserspiegel zu, wie er abebbt; wie stark ist hier eigentlich der Tidenhub?
Ich binde eine leere Flasche an einen Stein, trage diesen "Schwimmer" jede halbe Stunde weiter hinaus zur Wasserlinie, bis diese nicht weiter zurückweicht. Gegen 13 Uhr kann ich mich zur Ruhe setzen, meine Flasche schaukelt schon im flachen Wasser. 19 Uhr! Ich muss eine ganze Weile schwimmen, bis ich Flasche und Stein einholen kann. Das Wasser geht mir nur bis zum Hals; Tidenhub also 1,50 m!

Am nächsten Morgen erforschen wir auch das "restliche" Küstengebiet der Insel, können kurz und knapp feststellen: uninteressant für Badegäste. Lediglich der **Brunnen** in AROUSA, dem Hauptort der Insel, sei erwähnt. Man findet ihn am Ortsende links, am Beginn des südlichen Hafenbeckens.
Weiter rollen wir auf der Hauptstraße nach Süden.

Stadtbummel gefällig? Dafür empfiehlt sich das Örtchen CAMBADOS, unterwegs schon mehrfach ausgeschildert wegen seines **Paradors** in historischem Gebäude (Foto).

Aber der gesamte Stadtkern ist schön, mittelalterlich, gut restauriert; besonders sehenswert ist die **Plaza de Feriñanes** am Nordende der Altstadt (Parkplätze [N42° 31' 9.1" W8° 49' 3.2"] südlich der Altstadt rechts am Hafen).

Die Südostecke der **Ria de Arousa** ist keine Ria, sie ist eine Schärenwelt à la Südschweden! Immer verästelter wird der Küstenverlauf, immer größer die Zahl kleiner und kleinster Strände, deren Hänge meist von Ferienwohnungen überwuchert und deren schmale Zufahrtsstraßen schon am Vormittag von den PKWs der Badegäste verstopft sind.

Wir lassen auch die Halbinsel **A Toxa** mit dem Ort EL GROVE nicht aus, umrunden sie gegen den Uhrzeigersinn. 1,3 km hinter EL GROVE kann man links eine Stichstraße zum **Monte Xiradella** hinaufbrummen. Dort warten nach 1,4 km **Picknickplätze [206**: N 42° 28' 12.7" W 8° 53' 1.3"] (mit Brunnen und Kinderspielplatz im Pinienwald) und 400 m weiter (zu Fuß!) ein Rundumblick über die ganze Halbinsel mit ihren Stränden.

Die nächste Stichstraße führt nach rechts zum neuen **Meeresaquarium** [42° 29' 1.0" W 8° 53' 25.9"], in dem wir nicht nur die Fauna des Atlantik und der Südsee, sondern auch (erstmals für mich), den Aufbau einer Muschelplattform präsentiert bekommen (offen: 10-21 Uhr).

600 m weiter biegen wir rechts zur **Playa de Mexilloeira**. Dies ist einer der weniger besuchten Strände der Halbinsel, übernachtungsgeeignet (an der Zufahrt **Brunnen**haus).

(207) WOMO-Badeplatz: Playa de Mexilloeira

GPS: N 42° 28' 38.8" W 8° 54' 12.8" **max. WOMOs:** 2-3.

Ausstattung/Lage: Sandstrand, Mülleimer, Brunnen an der Einmündung/Ortsrand.

Zufahrt: Halbinsel A Toxa gegen den Uhrzeiger umrunden, hinter O Grove rechts (ausgeschildert).

Hinweis: 300 Schritte westlich liegt der Lagoa do Bodeira mit geschützter Vogelwelt.

A Toxa, Playa de Mexilloeira

An der nordwestlichsten Ecke der Insel liegt die Playa Carreiro. Wir passieren den Campingplatz "Paisaxe" und die römische Ausgrabung "Adro Vello", erreichen den Badeplatz am Endpunkt der Straße.

(208) WOMO-Badeplatz: Playa de Carreiro

GPS: N42° 28' 34.0" W8° 56' 13.0" **max. WOMOs:** >5.

Ausstattung/Lage: Sandstrand mit Felsumrahmung, Mülleimer/außerorts.

Zufahrt: Halbinsel A Toxa gegen den Uhrzeiger umrunden bis zum Nordwesten.

Jetzt geht's an der Westküste der Halbinsel nach Süden, schließlich wieder nach Osten. Strand auf Strand leuchtet rechts der Straße herauf, ein **Campingplatz** folgt auf den anderen, empfehlenswert die kleine **Playa O Espiño** mit der Gaststätte "O Pepe". Der absolute Knaller jedoch ist die **Playa de la Lanzada** [**209:** N 42° 27' 6.2" W 8° 52' 39.5"]!
Dieser Saharasandstreifen liegt am Südrand der Landenge zur Halbinsel. An 4 km Sandstrand zählen wir über 1000 PKWs rechts der Straße, dann haben wir lieber aufgehört!
Aber den Leuten gefällt's: Liegestuhl- und Sonnenschirmverleih, Bars und Buden wie beim Oktoberfest, aber auch eine ganze Reihe von Duschen, Toiletten und **Wasserhähnen**.
Wir flüchten weiter nach Südosten, registrieren hinter einer winzigen Halbinsel mit der Kapelle **Ermita la Lanzada**, bei der man ruhig stehen kann, eine ganze Reihe weiterer Strände mit langsam wieder abnehmender Besucherdichte. Genannt seien die **Playa de Maxor** bei »km 24,6« (kostenpflichtiger **WOMO-Stellplatz** [**210:** N 42° 25' 1.6" W 8° 52' 8.8"] samt Ver- und Entsorgung 200 m vorher) und die **Playa Montalvo** [**211**: N 42° 23' 49.7" W 8° 50' 49.6"], zu der wir bei »km 21,5« nach rechts abzweigen (Wassersäule 50 m nach der Abzweigung links vor dem Picknickwäldchen, am Strand Duschen und Toilette).
Das Örtchen PORTONOVO ist eine interessante Kombination aus Hanglage der Häuser, Hafenatmosphäre und **Sandstrandhalbrund**, hinter dem man, allerdings direkt neben der Straße, parken kann.
Die letzten Kilometer vor PONTEVEDRA werden wir von einer immer mehr zunehmenden Fahrzeugdichte überrascht. Bisher waren die nordspanischen Straßen eher "leer". Als ich in RAXO versuche, beim Wasserhahn am Straßenrand einzuparken, verursache ich schon nach wenigen Sekunden einen Verkehrsstau.
Wer Stress, Stau und Landstraßenhitze entfliehen möchte, biegt 8 km weiter, in SAN JOAN DE POIO (bei »km 3,2«) zum gleichnamigen Kloster ab, denn dort kann man nicht nur die Schönheit der Kosterkirche bestaunen oder am **Brunnen** Wasser fassen, sondern auch im kühlen Schatten würdiger Platanen die Ruhe und einen Kaffee genießen; der **Parkplatz** [**212**: N 42° 26' 45.2" W 8° 41' 07.4"] ist übernachtungsgeeignet.
Solchermaßen seelisch und nervlich gestärkt düsen wir durch PONTEVEDRA, erfreuen uns an ein paar Kilometern vierspuriger Bahn bis MARIN, jetzt auf der Ostseite der **Ria de Pontevedra**. Zunächst locken Geruch und Farbe des Wassers nicht zum Bade, aber mit der Entfernung zur Großstadt klärt sich das Badenass wieder, wie z.B. in AGUETE, wo man auf der Mole parken [**213:** N42° 22' 33.2" W8° 44' 11.4"] und "nebenan" im Sandstrandrund schwimmen kann.

Kurz vor BUEU registrieren wir links hinter zwei Palmen einen schönen **Brunnen** und rechts die **Aus**fahrt der **Playa Mayor**. Einbahnstraßengeregelt muss man 400 m später, bei »km 9,9« zum Strand hinabrollen. Sie möchten gar parken? Auch dafür ist gesorgt, denn die Anlieger haben ihre Wiesenflächen hinter dem Strand in Parkplätze umgewandelt und kassieren 2 €/Tag.
Ein wahres Idyll entdecken wir **hinter** BUEU.
Die Straße war gerade zur Höhe hinaufgekurvt, um die Halbinsel mit dem **Cabo Udra** abzuschneiden, da erspähen wir in BELUSO, bei »km 3,7« eine Abzweigung nach rechts zu diesem **Cabo Udra**; ob da auch ein Strand ist?
Wir biegen ab, passieren nach 700 m ein schönes Kirchlein, landen nach 1800 m an einer Kreuzung (mit **Picknickplatz** [**214**: N 42° 20' 4.4" W 8° 49' 29.1"] und **Wasserhahn**), die wir uns gut merken, rollen noch 300 m nach rechts hinab zu einer kleinen, aber feinen, felsgerahmten **Sandbucht**.

(215) WOMO-Badeplatz: Playa de Mourisca
GPS: N 42° 20' 13.5" W 8° 49' 21.7"
max. WOMOs: 1-2.
Ausstattung/Lage: Sandstrand, Dusche, Wasser, WC, Mülleimer, Barackengaststätten/Ortsrand.
Zufahrt: Westlich Bueu, in Beluso, bei »km 3,7« rechts 2,1 km zum Strand.

Hier ist es gemütlich! Zwar hockt ein Bretterrestaurant hinter dem Strand, aber es dient meist nur als Eis- und Getränkebude; manchmal werden Sardinen auf dem Grill gebraten. Von den Bewohnern der paar Ferienhäuser, die im Hinterland zwischen den Feldern liegen, wird man sicher nicht reich. Das Wasser ist glasklar, frisch und ruhig, hier bleiben wir!
Wo aber ist das **Cabo Udra**?
Kurz vor Sonnenuntergang marschieren wir die 300 Schritte hoch zur Kreuzung bei dem Picknickplatz, wenden uns nach rechts, folgen bergan 1,2 km einem Schotterweg. Es wird ein gemütlicher Abendspaziergang bis hinauf zum Kap. Dort oben sind große **Wiesenflächen**, wo man Ball spielen, faulenzen oder in das kleine Café einkehren kann. Wir warten, bis der Sonnenball am jenseitigen Gebirgsrand der Riaküste versinkt. Dann bleibt noch genug Zeit bis zur Dunkelheit, um an der anderen Flanke des Kaps entlang wieder zur Kreuzung und zu unserem "Familienstrand" zurückzuschlendern.

Ein **Kunstwerk** besonderer Art gilt es, im Örtchen HIO, 10 km weiter im Süden zu bestaunen!
Das **Crucero de Hio** [N 42° 16' 13.2" W 8° 49' 46.7"] ist eine wunderschöne, meisterhaft detaillierte Steinmetzarbeit, die die Kreuzabnahme Christi darstellt. Wohl gibt es eine ganze Reihe solcher Kreuze in Nordspanien, eine solche Liebe zum Detail haben wir aber bisher nicht gesehen.

Und dann spielt uns der Zufall einen Streich! Bei der Rückfahrt Richtung PONTEVEDRA verpasse ich die Abzweigung, fahre versehentlich geradeaus weiter und erst 700 Meter später links ab nach NERGA (an der Abzweigung **Brunnen**).

Ehe ich mich recht versehe, ist das kleine Dörfchen schon durchkurvt und bergab geht's, vorbei an einer Ziegelwand mit **Brunnen**. Fünfhundert Meter später stehen wir mit offenem Mund an einer bezaubernden Badebucht – das hätten wir nicht mehr erwartet!

Die **Playa de Nerga** liegt geschützt im Windschatten des **Cabo de Home** und der etwa 6 km entfernten **Cies-Inseln**. Das Parkplatzangebot beschränkt sich auf einen schotterig-sandigen Streifen hinter dem Strand, das weitere Gelände hinter dem Sandstrandbogen ist NSG.

(216) WOMO-Badeplatz: Playa de Nerga

GPS: N 42° 15' 24.5" W 8° 50' 01.6" **max. WOMOs:** 1-2.

Ausstattung/Lage: Sandstrand, WC, Duschen, Wasserhahn, Strandbar/Ortsrand.

Zufahrt: In Hio nach Süden dem Wegweiser nach Nerga folgen.

Wir verlassen den Strand, wenden uns an der Hauptstraße nach links. Der letzte Ort an der Westküste der Halbinsel zwischen den Rias von PONTEVEDRA und VIGO ist DONÓN (am Ortsbeginn rechterhand **Brunnen**). Nach genau 3700 m haben wir diesen letzten Ort durchquert, die Straße gabelt sich dort, wo ihr Teerbelag endet. Wir schwenken nach links, auf eine staubige Schotterstraße (Wegweiser: "Playa de Melide", außerdem eine Tafel mit eingezeichneten Wanderwegen; zum Wanderparkplatz biegt man an der Gabelung nach rechts ab). Zunächst geht es weiter bergauf, dann schütteln wir eben, aber weit oberhalb der Steilküste, von Furche zu Furche. Die Aussicht ist toll: Felsküste, blaue See, im Südwesten die **Islas de Cies**. Die Sicht ist so gut, dass wir die Sandstrände dieser

Inseln blitzen sehen.

Nach genau 2400 m Schotterpiste gabelt sich erneut der Weg: Nach rechts ist die Weiterfahrt oft versperrt, nach links kommt man zum weißen, schlanken **Leuchtturm "Punta Subrido"**, davor kann man schön zwischen hohen Pinien stehen, hat einen freien Blick nach drei Himmelsrichtungen – und ist ganz allein. Dafür muss man einen Fußweg, wohl 300 m, hinab zum tollen **Sandstrand** unterhalb des Pinienwaldes in Kauf nehmen (ein großer Parkplatz liegt 250 m weiter im Hinterland). Wir erkunden die Spazierwege zu zwei weiteren Leuchttürmen, probieren das klare, warme Badewasser und entdecken mitten im Wald auch einen **Brunnen**; am Strand gibt es eine Barackenbar.

(217) WOMO-Badeplatz: Playa de Melide

GPS: N 42° 14' 54.5" W 8° 51' 50.6" **max. WOMOs:** 3-4.
Ausstattung/Lage: Mülleimer, Barackenbar, Wanderwege, Sandstrand/außerorts.
Zufahrt: Am Ortsende von Donón nach links 2,4 km auf Schotterpiste.
Sonstiges: Der Platz liegt am Rande des NSG! Bei Problemen mit den Parkwächtern zur Gabelung in Donón zurückfahren und rechts zum Wanderparkplatz (218) mit schöner Aussicht aufs Cabo do Home (Foto).

Zurück in DONÓN testen wir den **Wanderparkplatz [218: N 42° 16' 22" W 8° 51' 42.1"]**. Er ist eben, groß und übernachtungsgeeignet.

TOUR 15 (300 km / 2-3 Tage)

Cangas – Pontesampaio – Vigo – Baiona – Arrabal – A Guardia – Tui – Porriño – Orense – Gargantas del Sil – Monasterio de Ribas de Sil – Castro Caldelas – Puebla de Trives – A Rua – O Barco – Las Medulas

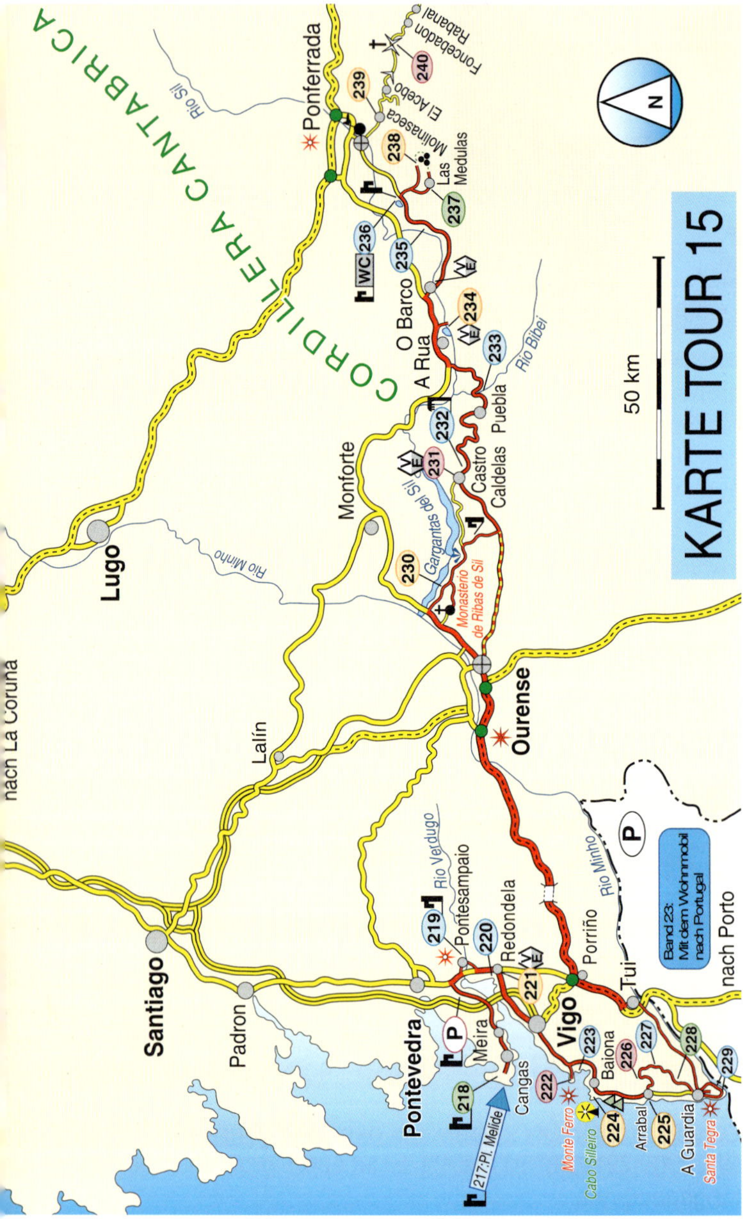

Freie Übernachtung:	Pontesampaio, Redondela, Monte Ferro, Arrabal, A Guardia, Ribas de Sil, Castro Caldelas, Rio Bibei, Rio Sil (Playa fluvial), Lago Carucedo, Las Medulas.
Trinkwasserstellen:	Ponte Sampayo, Redondela, Gargantas del Sil, Castro Caldelas, A Rua, O Barco, Carucedo.
Campingplätze:	Cangas, Moaña, Cesantes.
Baden:	Cangas, Pontesampaio, Cesentes, Rio Tamuxe, Castro Caldelas, Rio Bibei, Rio Sil (Playa fluvial), Lago Carucedo.
Besichtigungen:	u. a. A Guardia (Santa Tegra), Tui, Orense (Römerbrücke, Kathedrale), Gargantas del Sil, Kloster de Ribas de Sil, Goldland (Las Medulas).
Wandern:	Goldland (Las Medulas).

Auf geht's, wir wollen die portugiesische Grenze sehen! Zunächst suchen wir in CANGAS die Fährstation [N42° 15' 48.7" W8° 46' 51.4"] zu den berühmten **Cies-Inseln**. Wir wünschen Ihnen, dass Sie für diesen Ausflug Zeit haben – es lohnt sich! Weiter führt die Straße Richtung PONTEVEDRA. Wir genießen letztmals die schönen Blicke auf eine Ria. Auch hier in der **Ria de Vigo** sind sie aufgereiht wie die Armada vor der Schlacht um England, die Muschelplattformen.
In MEIRA sichten wir nochmals einen **Sandstrand** (mit Parkmöglichkeiten und Schattenwäldchen neben der Straße) sowie schönen Stellplätzen beim Porto [N42° 17' 05.6" W8° 43' 13.8"], dann unterqueren wir die Autobahn, ein **Brunnen** mit **Picknickplatz** 5,5 km später.
Am nördlichen Ende der Ria ist die N 550 erreicht, wir halten nach rechts, auf VIGO zu, biegen aber nach 1,7 km schon

Pontesampaio, da müssen Sie noch drüber!

wieder nach links, dort liegt PONTESAMPAIO mit der alten **Römerbrücke**.

Aber sie ist nicht unser wichtigstes Ziel! Wo ihre zehn runden Bögen den **Rio Verdugo** überspannen, biegen wir vor dem Fluss links zum Sportplatz. Daneben liegt eine kleine Grünanlage mit Dusche, **Wasserhahn**, Tischen und Bänken – der **Badeplatz** von PONTESAMPAIO mit einem kleinen **Sandstrand**.

(219) WOMO-Badeplatz: Pontesampaio

GPS: N 42° 20' 47.0" W 8° 36' 16.4"; 15 m. **max. WOMOs:** 2-3.
Ausstattung/Lage: Dusche, Wasserhahn, Tische & Bänke, Gaststätten/Ortsrand.
Zufahrt: Am Ortsende von Pontesampaio vor der Römerbrücke links zum Badeplatz.

Wir baden, bummeln über die Brücke, machen uns gegen 20.30 Uhr schließlich fein für das **"Isape"**, unseren Restaurantvorschlag.

Mit dem WOMO rollen wir nach Süden über die schmale Römerbrücke (frei bis 3,5 to) in den Nachbarort ARCADE, biegen 700 m hinter der Brücke links nach SOUTOMAIOR, parken 300 m später, nachdem wir gewendet haben, vor der romanischen Kirche, gegenüber dem **"Isape"**.

Es wird ein absolutes Festessen: "Gambas à la plancha" (gegrillte Garnelen) als Vorspeise, "Parrillada de pescado 5 variantes" (Fischplatte vom Grill) bzw. "Zarzuela de pescados" (Fischtopf) mit Salmon (Lachs), Besugo (Seebrassen), Merluza (Seehecht), Salmonete (??), Rape (Seeteufel), Tintenfischstücken, Miesmuscheln und einer dicken Gamba in einem unbeschreiblichen Sößchen, dazu einen trockenen, weißen Ribeiro, zum Nachtisch den typischen, hausgemachten Karamelpudding (Flan casero) – wir schwelgen wie die Fürsten!

Am nächsten Morgen, die Nacht war ruhig am Badeplatz neben der Römerbrücke, rollen wir auf der N 550 Richtung VIGO, biegen ab zum schönem **Badestrand** von CESANTES. Am Sandstrand schwenken wir links, haben vor uns bald Picknickplätze unter Schattenplatanen.

(220) WOMO-Badeplatz: Cesantes

GPS: N42° 18' 31.8" W8° 37' 15.3"
max. WOMOs: 2-3.
Ausstattung/Lage: Sandstrand, Dusche, Tisch & Bank, Gaststätte/Ortsrand.
Zufahrt: 5 km südlich von Pontesampaio rechts zum Badeplatz.

In REDONDELA gibt es einen schönen, ruhigen **Stellplatz [221:** N42° 17' 24.3" W8° 36' 38.3"] mit **Ver- und Entsorgung** – und als besondere Attraktion wetterfeste Geräte für Ihre körperliche Ertüchtigung (folgen Sie einfach dem Wegweiser zum "Centro urban" bzw. dem WOMO-Piktogramm).

Denkmal auf dem Monte Ferro bei Panxón

500 m später verlassen wir die N 550, folgen der N 552 nach VIGO. Um diese Großstadt so schnell wie möglich zu durchqueren, folgen wir den Wegweisern BAIONA/Portugal. In Erinnerung geblieben sind mir nur viele Kreisverkehre mit auffälligen Monumenten, z.B. einer in den Himmel steigenden Pferdegruppe.

Bei km 9,5 biegen wir rechts nach PANXÓN, folgen den Touristenwegweisern zum **Monte Ferro**, einem 150 m hohen Hügel auf einer Halbinsel, der ein wuchtiges Denkmal trägt, 1924 zum Gedenken von auf dem Meer umgekommenen Seeleuten aus Granitblöcken erbaut. Die Vorderseite zeigt eine Figur der Jungfrau von Carmen, der Schutzpatronin der Seeleute, mit dem Jesuskind auf dem Arm.

Um das Denkmal herum gibt es **Picknickplätze** [**222:** N42° 09' 12.4" W8° 50' 42.2"] mit Grillstellen im schattigen Eichenwald. Aber PANXÓN hat noch mehr zu bieten. Am nördlichen Hals der Halbinsel hatten wir schon die **Playa Patos** [N42° 09' 11.3" W8° 49' 49.5"] passiert. Auch bei der Weiterfahrt nach Süden rollen wir an einer langgestreckten Sandbadebucht **Playa America** entlang mit einer herrlichen Flanierzone, deren Parkplätze "gut besucht" sind. Aber ab der Mitte des Strandbogens entdecken wir auch drei Plätze fürs Wohnmobil, z.B: diesen [**223:** N42° 08' 03.1" W8° 49' 01.7"].

Panxón, an der Playa America

Zurück auf der Hauptstraße PO 552 geht es weiter nach BAIONA, die alte Römerbrücke, unter der sich der **Rio Miñor**

Panxón, Ponte romano

hindurchquält müssen wir nicht benutzen. Kaum hat er diesen Engpass hinter sich gelassen, verbreitert er sich zu einem Mündungstrichter, der aber wiederum von einem Sandfinger fast verschlossen wird. Auf diesem residiert, sehr hübsch anzusehen, der **Camping** "Baiona Playa" [N42° 06' 50.2" W8° 49' 32.7"], der sich seine tolle Lange auch ordentlich honorieren lässt (WOMO + 2 Pers.: 30 € + 5 € Strom).

Die PO 552 führt uns um BAIONA herum, dann ist LA GUARA als Hauptziel angeschrieben.

Das **Cabo Silleiro** hatten wir uns anders vorgestellt. Warum muss auch ausgerechnet dort eine Kläranlage ihre Düfte verbreiten. Da könnte man doch geradezu in die Luft gehen – und das machen wir auch, schwenken nach links zum Leuchtturm und finden in 75 m Höhe nicht nur frische Luft, sondern auch einen aussichtsreichen **Stellplatz** [**224:** N42° 06' 17.1" W8° 53' 46.7"].

Blick vom Leuchtturm aufs Cabo Silleiro

Die Küste bis kurz vor der Mündung des **Rio Miño** wird Badenixen nicht begeistern, besteht sie doch weitestgehend aus Felsklippen. Einziger Ausweg ist dann der Komfort eines Campingplatzes (mit pool).

Der erste dieser Auswege lässt nicht lange auf sich warten. Zwischen Straße und Küste liegt **Camping "Mougás"** [N42° 05' 11.1" W8° 53' 30.3"] (WOMO + 2 Pers.: 24 € + 5 € Strom). Den nächsten **Camping "O Moino"** [N42° 03' 50.4" W8° 53' 30.1"] (WOMO + 2 Pers.: 27 € + 5 € Strom) können Sie schon wegen seiner schönen Windmühle nicht übersehen.

Aber wir haben Sie nicht in die allerletzte Ecke Galiciens

geschleppt, um Ihnen Campingplatzpools an Klippenküsten schmackhaft zu machen. Wir werden Sie zu einem Badeplätzchen führen, das Sie nicht so schnell vergessen werden! Aber erst heißt es Kraft tanken – und das können wir am großen Parkplatz beim ehemaligen, geschlossenen Kloster San Sebastian in ARRABAL.

(225) WOMO-Stellplatz: Arrabal (Kloster S. Sebastián)
GPS: N42° 00' 09.3" W8° 52' 35.2" **max. WOMOs:** 2-3.
Ausstattung/Lage: Sandsträndchen, i-Stelle/Ortsrand.
Zufahrt: Am Ortsende von ARRABAL hinab zum Kloster (ausgeschildert).

700 m rollen wir zurück auf der Hauptstraße und schwenken dann nach rechts, bergwärts; LOUREZA steht auf dem Wegweiser.

Steil kurven wir die bequeme Straße hinauf, haben bald einen herrlichen Blick über die Küstenlinie. Nach drei Serpentinen und genau 5 km haben wir in 425 m nicht nur die Höhe erreicht, sondern auch vor einem verfallenden Haus einen schönen, schattigen, aussichtsreichen **Picknickplatz** [**226:** N41° 59' 56.7" W8° 51' 21.6"].

Wir fahren nicht nach rechts Richtung LOUREZA, sondern geradeaus weiter Richtung BURGUEIRA, rollen eben dahin, im Heidekraut grasen Schafe und Pferde.

An einer Vorfahrtsstraße nehmen wir nun doch die Richtung LOUREZA, sichten nach 500 m den nächsten **Picknickplatz** [**226a:** N42° 01' 13.4" W8° 49' 45.5"] bei einem überlaufenden Brunnentrog, ebenfalls sehr schön schattig.

Nun senkt sich die Straße hinab ins Tal des **Rio Tamuxe**. Wir passieren BURGUEIRA, nach 4 km REFOXOS und parken nach 5 km hinter der Brücke über den Fluss (man kann die Stelle nicht verfehlen). Hier aber sicherheitshalber Koordinaten [**227:** N41° 59' 41.4" W8° 48' 50.6"] und Foto.

Der **Rio Tamuxe** ist ein Gebirgsbach, wie er natürlicher nicht sein könnte. Bereits beim Blick von der Brücke kommt Lust auf, sofort in einer der Gumpen zu plätschern.
Aber die wahre Pracht will erlaufen sein. Wir schnappen unser Badezeug und spazieren rechts des Baches auf einem schmalen, aber gut begangenen Pfad flussaufwärts. Nach 3 min. treffen wir auf einen, der Südtiroler würde sagen "Waalweg", also

einen Bewässerungskanal. An ihm entlang erreichen wir nach weiteren 4 min. ein Stauwehr mit dem ersten Badebecken.
Wir wechseln die Flussseite, steigen weiter und erreichen im Nu das Naturwunder von brausenden und plätschernden kleinen Wasserfällen und Kaskaden, die ein glattgeschliffenes Badebecken nach dem anderen füllen. Man weiß gar nicht, wohin man als erstes schauen soll ...
Wir sind an diesem Morgen die einzigen Gäste und brauchen noch nicht einmal unsere Badesachen nass zu machen!

Das Badeparadies des Rio Tamuxe

Gewiss, Flüsse sind nicht nur zum Baden da, das sehen wir ja schon an dem Waalweg. Umweltfreundlich waren sie für den Antrieb von Mühlen zuständig, kaum eine ist bei uns noch in Betrieb, auch Spanien macht da keine Ausnahme. Aber man kann ihre Reste besichtigen was um so spannender ist, wenn ein einziges Flüsschen gleich sage und schreibe 36 Mühlen bediente.

Nach ausgiebigem Bade führt uns der Waalweg wieder zurück zum WOMO, mit dem wir bald in LOUREZA den Fluss ein zweites Mal überqueren (davor Parkplatz und Gaststätte). 5 km später biegen wir rechts nach GUARDA, schwenken 500 m später in eine Seitenstraße (Wegweiser: Moiños do Folón, nicht rechts nach Picón!).

Eine Infostelle mit großem Wanderparkplatz ist das Ziel für das

WOMO und Startpunkt für uns Wanderer (lassen Sie sich in der Infostelle beraten).

(228) WOMO-Wanderparkplatz: Moiños do Folón
GPS: N41° 57' 23.8" W8° 50' 14.6" **max. WOMOs:** 2-3.
Ausstattung/Lage: i-Stelle, Wanderwege, Tisch & Bank/außerorts.
Zufahrt: Siehe Text (ausgeschildert).

Die kleinen Mühlen, Schafställen mit Pultdach nicht unähnlich, arbeiten nach einer einfachen Technik, die ohne Getriebe auskommt. Das horizontal gelagerte Mühlrad treibt direkt die Mahlscheibe an. Leider ist die Tech-

nik meist verschwunden, schauen Sie mal bei den Mühlen, deren Unterbau vergittert ist ...
Wir fahren nun auf GUARDA zu, haben bald den kegelförmigen Berg **Santa Tegra** vor uns. Er ist nicht nur das Wahrzeichen Guardas, sondern mit Sicherheit auch der erste dort bewohnte Ort.

Guarda, Blick hinab zum Hafen

Zunächst fahren wir zum Hafen [N41° 53' 54.3" W8° 52' 39.8"], wo es viele Parkplätze gibt und eine reiche Restaurantauswahl. Dann geht es hinauf auf den Aussichtsberg (unterwegs geringe Mautgebühr), der hält, was er verspricht: Vom Gipfel [N41° 53' 18.8" W8° 52' 15.5"] hat man einen Adlerblick über den Grenzfluss **Rio Miño** nach Portugal. Aber auch die direkte Sicht nach unten ist verlockend, denn der Mündungsbereich des Flusses scheint schönsten Sandstrand zu besitzen!

Blick vom Santa Tegra über den Rio Miño nach Portugal

Bereits seit dem 7. Jh. v. Chr. blickten wachsame Augen von hier aus in die Runde. Damals begannen Kelten den Bau des **Castro de Santa Tegra** (Tecla). Sicher war es anstrengend, Baumaterial und Essen über 300 m den Berg hinaufzuschleppen – aber Sicherheit ging vor!
Über 1000 Rundhütten wurden seit 1913 ausgegraben und gesichert, zwei von ihnen mit (spekulativen) Strohdächern komplettiert. Reiches Fundmaterial wird im kleinen Museum (Di-So 11-17 Uhr) präsentiert.

Keltisches Castro Santa Tegra

Im 1. Jh. n. Chr. zog man in bequemer zu erreichende Unterkünfte am Wasser, als es in römischer Zeit friedlicher wurde. Nicht zu vergessen: Santa Tegra ist mit ihrer Einsiedelei auf dem Gipfel auch ein Wallfahrtsort. In der zweiten Augustwoche gibt es eine (anstrengende) Wallfahrt auf den Berg. Aber keine Furcht! Die Hl. Santa Tegra ist für die Linderung von Kopfschmerzen zuständig ...
Wieder hinabgekurvt und rechts gewendet erreichen wir bald den Flussbadestrand **O Moiño**. Eigentlich ist es, wie bereits beschrieben, präziser ein Flussmündungsbadeplatz.
Man kann beidseits der Zufahrtsstraße parken oder auf dem großen Platz 300 m landwärts.

(229) WOMO-Badeplatz: Playa O Moiño

GPS: N41 52 23.9 W8 52 07.2 **max. WOMOs:** >5.
Ausstattung/Lage: Sandstrand, Duschen, WC, Wasserhahn, Gaststätte/außerorts.
Zufahrt: Von Guardia zunächst Richtung Santa Tegra; vor dem Berg links (ausgeschildert).

O Moiño ist der südwestlichste Punkt unserer Nordspanienreise. Hier müssen Sie sich entscheiden, ob Sie (ausgestattet mit unserem Portugalbuch) nach Süden den **Rio Miño** und damit die Grenze nach Portugal überqueren – oder mit uns gen Osten weiterdüsen wollen.
Auch für die "Ostfahrer" gibt es noch viel zu sehen. Des Pilgers Rückweg wollen wir streifen, so oft es geht und dabei völlig unbekannte Gegenden Spaniens durchqueren.
Zunächst begleiten wir den **Rio Miño**, halten uns hinter dem großen Parkplatz rechts und erreichen schon nach 1000 m den nächsten **Flussbadeplatz** [**229a:** N41° 52' 43.6" W8° 51' 41.5"] mit riesigem Parkplatz, Tisch & Bank. Ab hier kann man auf einer breiten Schotterbahn den Fluss weiter hinauffahren, kleine

Picknickplätzchen locken, die Straße bedeckt sich wieder mit Asphalt und nach 3 km erreichen wir die "Estacion maritima", wo man per Fähre nach Portugal übersetzen kann.
"TUI" steht jetzt auf unseren Wegweisern, die Auffahrt zur Santa Tegra wird nochmals passiert, ein letztes Mal der Rio Tamuxe, der kurz darauf in den Rio Miño mündet.
300 m später kann man (bei >km 51<, unbeschildert) zu Wiesenplätzen hinter kleinen Flussinseln abzweigen [N41° 54' 50.9" W8° 49' 21.2"]; das Wasser reizt nicht mehr zum Bade.

In TABAGON lockt uns ein Schild zur **Playa de Eiras** [N41° 55' 12.9" W8° 47' 12.7"]. Zwischen Pinien und alten Korkeichen führen verschlungene Sandwege zum Flussufer ...
Vorbei an der Kirche von EIRAS kehren wir zur Hauptstraße zurück, kurz darauf zweigt die Straße zur ersten Straßenbrücke nach Portugal ab.
Vor TUI unterqueren wir die Schnellstraße und die Bahnlinie, biegen links (Centro cidade) und haben 300 m später ein schönes **Plätzchen** [N42° 02' 36.9" W8° 38' 47.1"] erreicht, ideal für einen beschaulichen Stadtbummel durch die sehens-

Tui, Blick vom Stellplatz auf die Altstadt

werte **Altstadt**, allen voran die **Kathedrale Santa Maria** (im romanischen Stil begonnen, in der Gotik vollendet). Für die Übernachtung scheint uns der Platz zu verkehrsreich.
Kurz darauf sind wir auf der vierspurigen A 55 Richtung VIGO, welchseln bei O PORRIÑO auf die A 52 Richtung OURENSE über. Wir genießen das zügige Vorwärtskommen, endlich mal wieder im höchsten Gang. So vergeht die Zeit bei der Fahrt durch die Öd- und Heideflächen der **Sierra de Suido** wie im Fluge, wir unterqueren einen Höhenzug in einem 2,5 km langen Tunnel.
12 km vor OURENSE überqueren wir den **Rio Miño**, 9 km später verlassen wir die Autobahn an der Anschlussstelle 230 (Wegweiser OURENSE Zentrum), durchrauschen eine Galerie, sehen talwärts drei Brücken (die dritte ist die älteste und unser Ziel).

Wir bleiben, geradeaus über drei Kreisel, immer rechts des **Rio Miño**, sichten bald wieder die ehrwürdige **Puente romano**, ein gewaltiges Bauwerk.

650 m nachdem wir sie unterquert haben schwenken wir rechts (Wegweiser: Rua Pablo Iglesias), halten uns nach einem Kreisel immer rechts und finden beim Roten Kreuz einen Parkplatz mit Sitzbänken und Wasserhahn [N 42° 20' 47.0" W 7° 51' 44.5"] – und nach 500 Schritten auf der Calle Curros Enriquez (dort Tourismusamt) sind wir schon auf der **Progreso**, der belebten Hauptstraße von OURENSE.

Wir schlendern auf ihr nach Süden bis zur **Av. de Pontevedra**, um dort nach links über die **Plaza Mayor** zur **Kathedrale** zu gelangen.
Der Spaziergang durch die kühlen, sauberen Gässchen und Straßen ist eine Freude. In der Kirche, deren Baukörper seit dem XII. Jahrhundert leider zu häufig verändert wurde, um noch geschlossen zu wirken, gibt es einige Kostbarkeiten: die Retabelwand hinter dem Hauptaltar, den **Portico del Paraiso** am Beginn des Hauptschiffs, also im Westen. Wie bei

seinem Vorbild in SANTIAGO ist auch hier der Hl. Jakob dargestellt, das Schwert in der Hand. Bewundernswerter noch sind die Arbeiten in den Bogenläufen über dem Tympanon.
Die meiste Aufmerksamkeit erregen aber weder der Portico noch das barocke Schnitzwerk in der Christo-Kapelle im nördlichen Querschiff, sondern die elektronischen Opferkerzen: Man zündet kein Wachskerzchen mehr an, sondern wirft ein Geldstück ein, und eine elektrische Kerze beginnt zu flackern – wahrlich eine fortschrittliche Errungenschaft! Wir schlendern zur **Puente Romano** und unserem WOMO zurück – und befinden uns direkt an der Fortsetzung unserer Tour Richtung MONFORTE/ PONFERRADA, den **Rio Miño** flussaufwärts.

Der **Rio Sil**, von PONFERRADA kommend, hat sich in Millionen von Jahren durch das Kantabrische Gebirge gefressen und dabei grandiose Schluchten geformt, viel älter und gewaltiger als die geologisch jungen "gargantas" und "desfiladeros" der **Picos**. Das letzte und schönste Stück davon, bevor sich der **Rio Sil** in den **Rio Miño** ergießt, wollen wir uns anschauen.
Wir folgen dem Lauf des **Rio Miño** knapp 17 km Richtung MONFORTE bis zur Einmündung des **Rio Sil** beim Weiler OS PEARES. Vor uns hängen die braunen Wolken eines Waldbrandes am Hang. Zwei Löschflugzeuge kreisen darüber wie Geier, stürzen sich in das Inferno, steigen, ihrer Wasserlast entledigt, wieder empor.
Hier verlassen wir die Hauptstraße bei der Abzweigung 550, folgen der Bahnlinie nach rechts, die mit uns, jedoch auf der anderen Flussseite, in die **Gargantas del Sil** einbiegt.
Das Sträßchen ist äußerst schmal und kurvenreich, zieht unter einem Baldachin aus Edelkastanien und Eichen dahin, gibt fantastische Blicke auf den gestauten **Sil** frei, als Picknickplätzchen rechts des Weges müssen schmale Ausbuchtungen

Blick hinab auf den gestauten Rio Sil

reichen. Eine Brücke führt nach 8 km in ein Seitental, die Bahnlinie verschwindet darin. Wir bleiben auf unserer Seite, schrauben uns den Hang hinauf, die weite Aussicht auf den **Embalse de Santo Estevo** genießend, wenn die Straße ein Stück geradeaus führt (der Beifahrer hat's halt gut)!
Aber auch der Fahrer kann sich nach 2 km bergauf an einem großen, ebenen, übernachtungsgeeigneten **Parkplatz** [**230**:N 42° 24' 48.5" W 7° 39' 6.3"; 279 m] die Beine vertreten oder kaffeeschlürfend zu den petrolgrünen Flächen des Stausees hinabschauen.
1400 m später zweigt nach links eine 1-km-Stichstraße ab, die zur Ablegestelle eines Catamarans hinabführt (12% Gefälle).
Bei A RASA/LOUREIRO haben wir die Höhe erreicht, fahren links an der Kirche vorbei und 500 m später an der Gabelung rechts zum **Monasterio de Santo Estevo** (de Ribas de Sil).
3,5 km später stehen wir unmittelbar vor den Toren des gewaltigen Klosterkomplexes, das jahrelang restauriert wurde und nun einen staatlichen Parador beherbergt [N 42° 25' 1.8" W 7° 41' 8.6"]. Der Großteil des Areals ist jedoch frei zugänglich.

Monasterio de Santo Estevo

Wir stöbern durch die weitläufige Anlage, machen unsere eigene Klosterführung, genießen den herrlichen Blick hinab ins tiefe Sil-Tal. **Hinweis:** Zufahrt sehr steil und glatt, besser oberhalb parken!
Dann kehren wir zur Gabelung in LOUREIRO zurück, halten jetzt geradeaus nach Südosten, dem Verlauf der Sil-Schlucht folgend. Mehrmals noch erhaschen wir gewaltige Blicke hinunter in die fotogene Schlucht, an manchen Stellen brechen die Felshänge total senkrecht ab bis zur spiegelnden Wasserfläche. Nach 10 km erreichen wir einen **Parkplatz** [N 42° 22' 25.4" W 7° 36' 16.6"] mit einem **Mirador**, der,

frei über der Steilwand hängend, den wohl schönsten Blick längs in die **Sil-Schlucht** bietet. Nach 14 km kommen wir an eine Vorfahrtsstraße. Wer sich links hält, kann die "Schluchtverfolgungsstrecke" noch bis A TEIXEIRA genießen und trifft kurz vor CASTRO CALDELAS auf die Hauptstraße.
Wir biegen rechts ab Richtung VILARIÑO-FRIO: Heidelandschaft, weite Sicht (**Brunnen** links in TEIMENDE), ein kleiner **Stausee**, der allerdings eher Kühe als Zweibeiner zum Bade reizt.
Wir schwenken nach links in die Hauptstraße ein, gewinnen Raum. In CASTRO CALDELAS entdecken wir zu unserer Überraschung die Zufahrt zu einem Wohnmobilstellplatz mit Kinderspielplatz und Ver-/Entsorgung am Ortsrand.

(231) WOMO-Picknickplatz: Castro Caldelas

GPS: N42° 22' 29.6" W7° 25' 03.5"
max. WOMOs: 4-5.
Ausstattung/Lage: Tische & Bänke, Kinderspielplatz, Ver-/Entsorgung/Ortsrand.
Zufahrt: Kurz nach dem Ortsbeginn von Castro Caldelas links (ausgeschildert).

Wir werfen einen kurzen Blick auf das **Castro Caldelas**. Zu Füßen der Burg mit den zierlichen "Anbautürmchen" steht man links der Straße auf einem Plätzchen bequem zwischen Platanen, rechts der Straße plätschert ein **Brunnen**.
Der "Hammer" kommt 1500 m **nach** dem Ort. Dort biegt man links zur **Area Recreativa Rio Caldelas** (Wegweiser: Mazaira) und kriegt nach 200 m den Mund nicht zu!

Castro Caldelas, Area Recreativa mit Schwimmbad

So etwas haben wir in Spanien noch nicht gesehen: ein handgemauertes Schwimmbad, frischgrüner Liegewiesenhang, Grillstellen mit Tischen und Bänken, der Parkplatz direkt davor, alles von Bäumen und Büschen eingefasst. Hier ist man wirklich gut aufgehoben, sei es für eine kurze Rast oder die ruhige Übernachtung!

(232) WOMO-Badeplatz: Area recreativa Rio Caldelas
GPS: N 42° 21' 48.9" W 7° 24' 10.8"; 696 m. **max. WOMOs:** 2-3.
Ausstattung/Lage: Dusche, Wasserhahn, Tische & Bänke, Grillstellen, Schwimmbad, Liegewiese, Bar, weitere Parkplätze hinter dem Schwimmbecken/außerorts.
Zufahrt: 1500 m nach dem Ortsende von Castro Caldelas links Rtg. Mazaira.

Wir setzen unsere Tour fort, stürzen in Schluchten hinab, übersteigen Sättel. Die Straße ist bestens ausgebaut, an den Steigungen dreispurig, trotz der widerborstigen Tektonik flott zu befahren, außerdem ausgesprochen verkehrsarm!
Hinter PUEBLA DE TRIVES beginnt der markanteste Abschnitt der Strecke: Für 10 km Luftlinie braucht die Straße 22 km, denn mitten im faltenreichen Bergland muss sie bis in die Tiefe der Schlucht des **Rio Bibei** hinabsteigen. Wir zockeln hinter einem schweren Laster hinab, der im ersten Gang vor sich hinqualmt, blicken in die **Bibei-Schlucht**, sehen fröhliche Badegäste neben der Brücke über den Fluss ins Wasser hüpfen – ein weiterer Badeplatz, die **Area Recreativa Caneiro**!
Aber wie kommt man hin?
Die Zufahrt bei »km 7,3« ist nicht zu übersehen, aber sie zweigt im spitzen Winkel ab! Wir veranstalten ein (viel zu gefährliches) Rückstoßmanöver und empfehlen Ihnen dringend, 700 m weiter bis zur Brücke über den **Rio Bibei** zu fahren, denn hinter der Brücke kann man bequem wenden (und vor der Brücke römische Meilensteine begucken)!

Rio Bibei, Area Recreativa Caneiro

Das Zufahrtssträßchen führt steil und schmal, aber problemlos bis zum Flüsschen hinab. Dort steht man äußerst idyllisch, das warme Wasser ist tief und weit zurück in die Schlucht gestaut – Schlauchbootbesitzer könnten zu einer Schluchtenexpedition starten.
Auch die sonstigen Einrichtungen wie Schutzhütte, Grillstellen, Liegewiesen, Kletterwanderweg usw. vermissen wir nicht – ein sehr schönes Bade- und Übernachtungsplätzchen.

(233) WOMO-Badeplatz: Area recreativa Caneiro (Rio Bibei)
GPS: N 42° 19' 39.2" W 7° 12' 39.2"; 306 m. **max. WOMOs:** 2-3.
Ausstattung/Lage: Tische & Bänke, Grillstellen, Schutzhütte, gestautes Badeflüsschen, Liegewiese, Kletterwanderweg ins Schluchtinnere/außerorts, nachts einsam.
Zufahrt: 4 km nach Puebla de Trives, bei »km 7,3«, rechts hinab zum Rio Bibei.

Wir verlassen die Rio-Bibei-Schlucht, nach 4 km **Brunnen** links in einer Rechtsserpentine, ein weiterer am Ortsbeginn von LAROUCO links. In PETIN überqueren wir den Rio Sil links neben einer Römerbrücke (Foto) und sind in A RÚA.

Hier ist der Fluss zum **Embalse de San Martiño** gestaut, an seinem Ufer gibt es einen schönen Stellplatz mit Ver-/Entsorgung (man muss nur nach rechts dem WOMO-Piktogramm folgen).

(234) WOMO-Badeplatz: A Rua (Embalse de San Martiño)
GPS: N42° 23' 21.8" W7° 06' 53.5"
max. WOMOs: 3-4.
Ausstattung/Lage: Tische & Bänke, Grillstellen, Liegewiese, Schattenbäume, Bademöglichkeit, Gaststätte/außerorts.
Zufahrt: In A Rua 700 m nach der Römerbrücke nach rechts (WOMO-Piktogramm).

Dann ist die Kurverei zu Ende, denn hinter A RUA münden wir in die N 120. Sie eilt, O BARCO rechts liegen lassend, völlig neu trassiert, durch mehrere Tunnels auf PONFERRADA zu. Bitte erschrecken Sie nicht, aber wir möchten Sie bereits auf der Höhe von O BARCO wieder von der flotten Bahn herablocken. Sie sollen mit uns, auf der N 536, der alten Strecke nach PONFERRADA, über SOBRADELO nach LAS MEDULAS fahren - **ins Goldland!**

Bereits im 2. Jahrhundert wurde dort von den Römern großtechnisch Gold gewaschen, man schätzt die Ausbeute während der zweihundertjährigen Abbauzeit auf über 4,5 t!

Aber zunächst rollen wir durch O BARCO (Abfahrt O BARCO Centro), folgen dem Lauf "unseres" **Rio Sil** (400 m hinter der Sil-Brücke links **Ver- und Entsorgung** [N 42° 24' 38.3" W 6° 58' 30.7"] direkt neben der Kläranlage).

In SOBRADELO wird er von einer besonders schönen **Römerbrücke** überspannt. Die Bögen sind farblich abgesetzt, der mittlere in weiß, die seitlichen in rotbraun.

Nur wenige Kilometer lässt man den Fluss frei dahinschießen, bei PUMARES werden ihm mit einer Staumauer wieder Zügel angelegt. Im Nordosten leuchtet ein wahrhaft feuerroter Berggipfel im Licht der Abendsonne – ein optisches Phänomen oder ein Vorgeschmack auf das Goldland?

Zwischen PUENTE DE DOMINGO FLOREZ und SALAS DE LA RIBEIRA, hinter »km 29«, führt ein Schotterweg zu einer **Playa fluvial**, einem **Flussbadeplatz** direkt am **Rio Sil**.

Man kann auf Schotter 200 m flussaufwärts fahren, findet dort große Wiesenplätze unter schattigen Pappeln und daneben den gestauten **Sil**, sogar mit einem kleinen **Sandstrand**. Wir meinen – auch ein prima Übernachtungsplatz!

(235) WOMO-Badeplatz: Playa fluvial de Rio Sil

GPS: N 42° 25' 49.1" W 6° 49' 06.4"; 382 m.
max. WOMOs: 2-3.
Ausstattung/Lage: Sandstrand, Flussbadeplatz, Liegewiese/außerorts.
Zufahrt: Nach Puente de Domingo Florez, hinter »km 29« links 200 m zum Fluss.

Noch etwa 9 km sind es bis CARUCEDO neben dem gleichnamigen, idyllischen **See**. Beim ersten Haus biegen wir links, passieren das **Casa del Parque de las Medulas**, schlagen einen Bogen um das neue Picknickgelände zum **Badeplatz** am Ostufer des Sees. Nur eine Gruppe von Kindern vergnügt

sich in dem sauberen, klaren Wasser, am Ufer liegt man auf kurzem Gras zwischen Binsenbüscheln. Libellen schießen über die Wasserfläche, Bläulinge haben sich um eine Pfütze versammelt – ein ländliches Idyll, das Sie genießen sollten!

(236) WOMO-Badeplatz: Lago Carucedo

GPS: N 42° 29' 24.7" W 6° 46' 27.7"
max. WOMOs: 2-3.
Ausstattung/Lage: Toiletten, Wasserhahn, Tisch & Bank, Feinkiesstrand, Liegewiese, Schattenbäume, Mülleimer, Gaststätte 300 m/außerorts.
Zufahrt: Nach dem ersten Haus von Carucedo links.

Es sei denn, Sie sparen sich den Badespaß auf, sind dem Goldrausch verfallen!?
Wir rollen durch CARUCEDO und entdecken am Ortsende ein Schild mit der Aufschrift **Las Medulas**, dem wir nach rechts folgen. 700 m weiter werden unsere Spanischkenntnisse strapaziert, denn die Straße gabelt sich: Links geht es u. a. zum **Mirador de Orellán**, rechts lockt **Las Medulas.**
Wir versuchen es erst rechts, schauen uns um, nehmen dann den linken Weg, verfranzen uns, erkunden alles und haben schließlich für Sie ein perfektes Besichtigungswahlprogramm des römischen Goldlandes zusammengestellt:

Die beschaulichen **"Spaziergängernaturen"** wenden sich nach rechts (die "Abenteurernaturen" kommen später dran)!

Bereits nach wenigen Metern und völlig unerwartet erheben sich vor uns die unglaublich roten Felsspitzen, von denen wir bereits vor vielen Kilometern einen Vorgeschmack bekommen hatten. Es muss ein stark eisenhaltiges Gestein sein, auf Laien wirkt es jedoch wie Gold. Gewaltige Maronenbäume wachsen am Fuße der Hügel, sie haben zum Teil einen Umfang von über fünf Metern, müssen uralt sein. Trotzdem sind sie über und über mit den so typischen Stachelfrüchten behangen.
Nach gut 3 km seit der letzten Gabelung erreichen wir das Örtchen LAS MEDULAS, das der Gegend den Namen gegeben hat. Den großen Parkplatz am Ortsbeginn sollten Sie als Wanderparkplatz nutzen.

(237) WOMO-Wanderparkplatz: Las Medulas

GPS: N 42° 27' 40.2" W 6° 46' 02.1"; 744 m. **max. WOMOs:** > 5.
Ausstattung/Lage: Wanderwege, Gaststätten, Besucherzentrum (Brunnen)/Ortsrand.
Zufahrt: Am Ortsende von Carucedo rechts, nach 700 m nochmals rechts.

Wir bummeln durch das (sehenswerte) Dörfchen, holen uns im Besucherzentrum einen Wanderplan ab (von dort aus auch geführte Touren). Ein bequemer, geteerter Spazierweg schlängelt sich bis in die Mitte der goldenen Berge, die mit dem Grün der Maronen und dem strahlendblauen Himmel einen geradezu unwirklichen Kontrast bilden – eine Traumgegend!

Dort, wo der Teerweg endet, führt ein Schotterweg direkt in die größte der Abbauhöhlen hinein, und wir können in Ruhe das goldhaltige Gestein studieren: Es handelt sich um lockeres Konglomerat, also Flussablagerungen, wie wir an den verschieden großen, jedoch stets rundgeschliffenen Kieseln erkennen. In unterschiedlichen Schichten, mal groß, mal klein, manchmal sogar tonig fein sind sie horizontal abgelagert, haben aus einem fernen Gebirge ihre goldhaltige Fracht mitgeführt.
Die römischen Ingenieure benutzten zum Abbau das "Ruina-Montium-Verfahren". Es basierte auf der Führung von großen Mengen Wasser durch ein ausgeklügeltes Netz von unterirdischen Gängen, die von tausenden von Sklaven im Inneren der Berge angelegt werden mussten. Das benötigte Wasser wurde von den benachbarten **Montes Aquilianos** und der **Sierra del Teleno** in Felskanälen zum höchsten Teil des Goldbergwerkes geleitet,

dort zunächst in großen Teichen gesammelt. Schlagartig wurden dann die Gänge geflutet, der gewaltige Wasserstrom riss das Gestein mit sich; Einbrüche und zusammenstürzende Gänge waren einkalkuliert, ja beabsichtigt, wurden doch dadurch noch größere Mengen des goldhaltigen Gesteins zu den Waschstellen im Tal transportiert, wo durch den Wasserstrom das (schwere) Gold vom tauben (leichteren) Gestein getrennt wurde.
Unser Besichtigungsweg verästelt sich und führt zu verschiedenen kleinen Höhlungen, von denen aus Gänge das Gebirge durchlöchern wie Schweizerkäse. Wir allerdings sehen nach kurzer Zeit aus wie echte Rothäute, eingepudert mit dem rötlichbraunen Staub. Manche Fotofreunde werden so vorsichtig sein und ihr wertvolles Gerät in einem Plastikbeutel spazieren tragen. Taschenlampen sind zunächst nicht notwendig, aber grobstollige Turnschuhe, denn es geht manchmal ganz schön rutschig zu auf den Goldgräberpfaden. Wir klettern, rutschen, krabbeln, stöbern, gucken und studieren – aber das schönste an dieser Gegend ist doch nicht die glänzende technische Leistung der alten Römer, sondern ihre landschaftliche Besonderheit und Schönheit.

Man müsste jetzt ein Adler sein, sich emporschwingen können, um sich den "Super-Vogelperspektivenblick" auf LAS MEDULAS "reinzuziehen"..... **man kann!**
500 m vor dem Ende des asphaltierten Spazierweges führt ein schmaler, aber gut erkennbarer Fußweg neben einem **Brünnlein** hinauf auf die Höhe, zur Abbruchkante des Goldlandes, zum **Mirador**, dem Aussichtspunkt mit dem Adlerblick.
Dort oben werden wir Ihnen auch den Beginn des "Ruina-Montium-Kanals" zeigen, einem geheimnisvollen Höhlensystem, das wir mit Ihnen erforschen werden.
Je nach Kondition brauchen Sie 10 - 15 Minuten, bis Sie den steilen Weg bezwungen haben. Dann können Sie von der Kante aus in Sinneseindrücken schwelgen. Man kann sie nur mit dürftigen Worten beschreiben, diese Kombination der Farben und Formen, Sie sollten sie gesehen haben!
Außerdem werden Sie dort oben den **"Abenteurernaturen"** begegnen, mit denen wir an der ersten Gabelung am Beginn des Goldlandes links zum **Mirador de Orellán** abgebogen sind. Nach 3 km schlängeln wir uns durch ORELLAN (?) und schwenken am Ortsende rechts hinauf zum neu angelegten **Mirador** mit großem, ebenen Parkplatz 500 m (8 min.) unterhalb.

(238) WOMO-Stellplatz: Mirador de Orellán

GPS: N 42° 27' 33.4" W 6° 44' 45.1"; 886 m. **max. WOMOs:** >5.
Ausstattung/Lage: Wanderweg/außerorts.
Zufahrt: Am Ortsende von Carucedo rechts (Las Medulas), an der ersten Gabelung links über Orellán zum Mirador.
Sonstiges: Taschenlampen nicht vergessen!

Rechts fällt die Kante senkrecht ab, der hin und her schweifende Blick bleibt an einem balkonartigen Aussichtsplatz mit hölzerner Brüstung im senkrechten Fels hängen – wie kommt man dort hin?

Früher musste man ewig suchend in der Macchie herumkrauchen, inzwischen wurde links unterhalb des Zufahrtsweges eine Hütte vor dem Stolleneingang errichtet (Galerias, offen 11-14/16-20 Uhr, 3 €).

Für den bescheidenen Obolus wird man mit Helm und Taschenlampe ausgerüstet, eine Höhlenexpedition besonderer Art kann beginnen:

Es sind etwa 150 m, bei denen man sich, grob gesprochen, halb links halten muss, um zum Aussichtsbalkon in der Felswand zu kommen. Falls Sie sich verirren, weiße Pfeile an den Wänden zeigen immer zum Ausgang! Natürlich kann Muttern auch ein Wollknäuel spendieren und zum Ariadnefaden umfunktionieren lassen....

Der Aussichtsbalkon ist nur dürftig gesichert – bitte nehmen Sie Ihre Kinder an die Hand und sich zusammen!

Am Aussichtsplatz des Miradors, wie überall in Las Medulas, sind Tafeln mit den Sehenswürdigkeiten und den Wanderwegen aufgestellt. So finden Sie auch leicht den Pfad hinab ins Goldland, in dem die "Spaziergängernaturen" unterwegs sind – oder sollten Sie (wie wir) beide Zufahrten ausprobieren ...?

Wir genießen die Natur und die Ruhe im Goldland von LAS MEDULAS, bis sich die Felsspitzen im Licht der untergehenden Sonne so echt golden färben, dass wir nachts, im Traum, zu Millionären werden ....

TOUR 16 (ca. 180 km / 1-2 Tage)

Ponferrada – Molinaseca – El Acebo – Compludo – Cruz de Ferro – Astorga – Hospital de Orbigo – Leon – Villarente – San Miguel de Escalada

Freie Übernachtung:	Molinaseca, Cruz de Ferro, Castrillo, Hospital de Orbigo, Leon, San Miguel de Escalada.
Trinkwasserstellen:	Carucedo, El Ganso, Varverde de la Virgen.
Campingplätze:	Hospital de Orbigo.
Baden:	Molinaseca.
Besichtigungen:	u. a. Ponferrada, Molinaseca, Compludo, Cruz de Ferro, Astorga, Orbigo-Brücke, Leon, San Miguel de Escalada.
Wandern:	Zur Schmiede bei Compludo, durch die Dörfchen am Pilgerweg.

KARTE TOUR 16

Wir rollen vom Goldland zurück zur N 536 in CARUCEDO (gegenüber der Einmündung **Picknickplatz** mit Kinderspielplatz und **Brunnen)**, legen noch eine morgendliche Badepause am stillen, warmen See ein, um die letzten Reste des "Goldstaubs" abzuspülen, setzen dann unseren Weg fort.

Wir befinden uns nun im **Bierzo**, einem fruchtbaren Grabeneinbruch zwischen dem galicischen und dem leonesischen Teil des Kantabrischen Gebirges; es geht auf PONFERRADA zu. Wir biegen, kurz nachdem wir mal wieder den **Rio Sil** überquert haben, bei »km 4« nach rechts zum Stadtzentrum ab. Mit besonderer Schönheit ist die Stadt der Eisenbergwerke nicht gesegnet, aber sie besitzt einige Sehenswürdigkeiten aus der Pilgerzeit! Wir brausen **geradeaus** ins Zentrum, an einen Kreisverkehr mit Tempelritterdenkmal halb rechts (besonders hilfreich ist der Wegweiser zum Supermarkt "Maxi"). Direkt hinter der (ehemals) eisernen Brücke über den **Rio Sil**, die der Stadt ihren Namen gab, erhebt sich das **Castillo de los Templarios,** die **Tempelritterburg** (offen 10-14/16.30-20.30 Uhr). Direkt auf der Brücke kann man parken [N 42° 32' 36.3" W 6° 35' 41.3"], dahinter in der ersten Seitenstraße rechts oder 600 m später auf dem riesigen **Parkplatz [239:** N42° 32' 35.8" W6° 35' 16.5"].

In den Jahren 1185 bis 1312 waren die Templer die Herren von PONFERRADA, schufen sich eine gewaltige Festung, deren Mauern und Türme ein riesiges Areal umfassen. Der Eingangsbereich (Foto) ist bereits bestens restauriert: welche Eleganz, ja Verspieltheit, welcher Einfallsreichtum – und das bei einem "kriegerischen Bauwerk"!
Bereits kurz nach dem Einzug der Templer erschien ihnen die Mutter Gottes im nahen Eichenwald. Als "Hl. Jungfrau der Eiche", also "Nuestra Señora de la Encina" wurde sie bald in der ganzen Gegend verehrt, wurde zur Schutzpatronin des **Bierzo**. Ihre Kirche ist überreich ausgestattet, die Arbeit der Silberschmiede an der Front des Altars sollte man sich genau anschauen (man spaziert rechts der Templerburg 200 m die Calle Gil y Carrasco bis zur Kirche).

300 m nach dem großen Parkplatz biegen wir links, vor dem großen Gebäude "Campus Universitario" rechts, dahinter links (Calle el Medio) und erreichen nach 400 m das mozarabische Kirchlein **Santo Tomas de las Ollas** hinter einer Mini-Anlage mit Platanen und Holzbänken [N 42° 33' 16.7" W 6° 34' 44.6"]. Wer das Kirchlein besuchen möchte, klingelt beim Häuschen Nr. 7 mit dem schönen Blumenbalkon.

Der kleine Hallenbau hat zwei Anbauten: In der Längsachse durchschreitet man einen Hufeisenbogen und betritt den Chor, dessen Mauerrund, den schlichten Altar umgebend, mit neun weiteren Hufeisenbögen verziert ist; im mittleren steht ein fein gearbeitetes Kruzifix. Die seitliche Apsis ist von einem Tonnengewölbe gedeckt, das getragen wird von drei schlichten Rundbögen.

Ich bin beeindruckt von der natürlichen Eleganz, die dieses Bauwerk ausstrahlt, von der Fähigkeit ihrer Schöpfer, christliche Atmosphäre mit arabischen Stilelementen zu schaffen.

Ponferrada, Santo Tomas de las Ollas

Spaziert man rechts der Kirche vorbei, so kommt man zu einer kleinen Anlage mit Sitzbänken, Brunnen und einem Superblick auf PONFERRADA.

Hier in PONFERRADA sind wir wieder auf dem "camino", dem alten Pilgerweg und werden ihm jetzt – so gut das mit dem WOMO geht – bis zur französischen Grenze folgen.

Wir kehren zur Hauptstraße mit dem großen Parkplatz zurück, schwenken links (nach Osten) und sind bereits auf der Straße nach MOLINASECA, erreichen das kleine Pilgerdörfchen nach 6 km.

Gleich am Ortseingang stellen wir bei einer dreieckigen Verkehrsinsel mit Pilgerdenkmal und Springbrunnen das WOMO ab und gehen über die **Plaza de Santo Christo**, links an einem Steinkreuz vorbei, in die **Calle Real** hinein.

Es ist natürlich nur eine Hauptstraße im mittelalterlichen Sinne, zwei Ochsen breit, sauber mit großen Steinplatten gepflastert. Wie schön, dass die LE 142 um das Dörfchen herumgeführt wurde, so können wir wie in einer Fußgängerzone das Leben und Treiben beobachten, die winzigen Balkone und die steinernen **Wappen** an den Adelshäusern bestaunen.

Molinaseca, Pilgerbrücke mit Schwimmbad

Am Ende der Straße verweilen wir auf der **Puente de los Peregrinos**, der Pilgerbrücke, die, den **Rio Meruelo** überspannend, nicht nur für Pilger von Bedeutung ist! Die rührige Gemeindeverwaltung hat den Zug der Zeit erkannt, das Wasser darunter stauen lassen und damit für jung und alt ein herrliches **Schwimmbad** mit saftiggrünen Liegewiesen geschaffen.

Falls Ihnen also mehr nach Badevergnügen als nach Dorfbummel sein sollte – oder Sie sich gar so sehr in das Freizeitangebot

Molinaseca, ruhiger Parkplatz mit schmaler Zufahrt

von MOLINASECA verliebt haben, dass Sie hier übernachten möchten – 100 m vor der Brücke zweigt nach links ein schmaler Weg zu zwei großen, ausgewiesenen **Parkplätzen** [**240**:N 42° 32' 21.4" W 6° 31' 11.5"] ab; dort steht man abseits und ruhig (gute Gaststätten im Ort).
Wir überqueren den **Rio Meruelo**, brausen dahinter die Serpentinen hinauf, um in kurzer Zeit von 600 m über NN auf über 1500 m am **Cruz de Ferro** emporzuklettern.
Wir passieren das Dörfchen RIEGO DE AMBROS und halten vor den ersten Häusern von EL ACEBO. Dort verlassen wir den Pilgerweg, dem Wegweiser rechts nach COMPLUDO folgend.
Noch vor wenigen Jahren waren die meisten Dörfchen am Pilgerweg dem Verfall preisgegeben, ihre Bewohner waren in die Städte gezogen, die Zufahrtswege glichen Alpträumen. Seit unseren letzten Besuchen jedoch hat sich ein erstaunlicher Wandel vollzogen! Nicht nur, dass wir einer Unzahl von Pilgern aller Altersstufen und Nationalitäten begegneten, es kehrt auch wieder Leben ein in die alten Dörfchen, die Straßen werden ausgebessert, manche Eselspfade wurden überhaupt erst geteert. So lesen wir im Pilgerführer noch über die "Straße" nach COMPLUDO:
„Von EL ACEBO führt ein schlechter Reitweg zu den Brücken .... durch die unwegsame Gegend des Flusses Meruelo. Noch immer wird in diesem Abgrund in der mittelalterlichen Herreria (Schmiede) gearbeitet".
Wir turnen auf einer sehr steilen, aber ausgezeichneten Teerstraße 3,6 km hinab in die "unwegsame Gegend des Flusses Meruelo", rollen an seinem Ufer bis zum Parkstreifen [N 42° 28' 57.8" W 6° 27' 23.6"] mit dem Hinweisschild **Herreria** (auf unbestimmte Zeit geschlossen, aber von außen zu besichtigen). Ein 6-Minuten-Fußweg folgt dem Mühlgraben, der das Wasser des Flusses zur **alten Schmiede** führt. Dort stürzt es einen quadratischen Holzschacht hinab auf ein plumpes, aber mas-

sives Wasserrad, das horizontal gelagert ist. Seine Achse treibt unmittelbar die Geräte der Schmiede: Schmiedehammer, Blasebalg?

Ja, eine sinnreiche Konstruktion, bestehend aus einem Schacht,

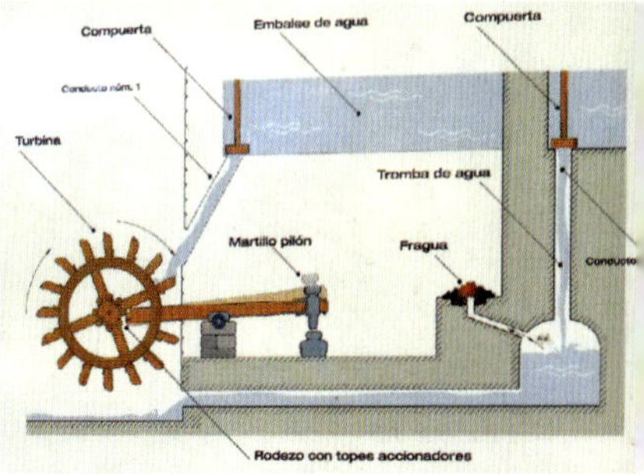

in den das Wasser hineinstürzt und Luft mitreißt, ersetzt den mühsam zu bedienenden Blasebalg

Noch 1200 m Teerstraße können Sie im "unwegsamen Tal" genießen, dann stehen Sie mitten im Dörfchen COMPLUDO – und dort ist wirklich die Welt (und die Straße!) zu Ende, Sie erleben lebendiges Mittelalter: Der Dorfbach trielt entlang der "naturbelassenen" Dorfstraße, aus dem das Vieh säuft und in das man das Putzwasser schüttet. Die Häuschen tragen die typischen, hölzernen Balkonvorbauten, die in den verlassenen Dörfern zusammenbrechen – alles ist jedoch im besten Zustand, man sieht den Aufschwung der letzten Jahre allenthalben ....

Compludo, Dorfstraße

El Acebo, "Hauptstraße" mit Pilger

Auch EL ACEBO hat eine neue, betonierte Dorfstraße! Vor wenigen Jahren schrieb ich noch:

„Erschrocken bringe ich das WOMO in dem in seinem Zerfall malerischen Nest EL ACEBO, direkt neben dem Dorfbrunnen, zum Stehen. Hier führt die "Hauptstraße" mitten hindurch, der Straßenbelag ist jedoch seit der Pilgerzeit unverändert – Naturboden, mit Steinen und Geröll durchsetzt. Dadurch kam das WOMO so ins Schwanken, dass ich kaum verhindern konnte, den natürlichen Zerfall der Holzbalkons zu beschleunigen. Sind wir hier wirklich richtig? Eine Abordnung erkundet den weiteren Verlauf der "Straße". Vorsichtig, jeden Balkon einzeln fixierend, gebe ich erneut Gas. Wunderbar, da ist wieder das Teersträßchen, schmal zwar, auch manchmal löcherig, aber prinzipiell gut zu befahren.....“

Wir freuen uns über den Aufschwung auch in EL ACEBO, durchqueren es langsam und vorsichtig, passieren in der Mitte und am Dorfende je einen **Brunnen** links und 50 m außerhalb rechts die **Fuente de la Trucha**, die Forellenquelle.

Weiter geht's mit 15% aufwärts, langsam erweitert sich der Horizont, wie riesige Wellen umgeben uns die **Montes de Leon**.

Eine Militärbasis liegt links, dann durchqueren wir die völlig zerfallenen Überreste des ehemaligen Pilgerdörfchens MANJARIN. Immerhin kann man bei einem der Gebäude seine mitgeführte Nationalflagge positionieren.

Und plötzlich steht es vor uns – das **Cruz de Ferro**, das Signal für jeden Pilger: Mit 1504 m ist der höchstgelegene Punkt der Pilgerreise zwischen den Pyrenäen und SANTIAGO DE COMPOSTELA erreicht!
Wir folgen der französischen Aufforderung: „Jetez votre pierre!“ und bereichern den Steinhügel mit dem kleinen Eisenkreuz auf der langen Stange um ein paar weitere Exemplare. Wie viele mögen es schon sein? Tausende, Zehntausende, Millionen?
Rechts der Straße ist ein riesengroßer **Parkplatz**. Man kann sich weit von der Straße entfernen – und wer mal wieder in frischer Gebirgsluft übernachten will, der steht dort sicher ruhig!

(241) WOMO-Picknickplatz: Cruz de Ferro
GPS: N 42° 29' 18.8" W 6° 21' 40.9"; 1507 m.
max. WOMOs: > 5.
Ausstattung/Lage: Pilgerweg, Picknickplatz, Mülleimer, Brunnen 100 m/außerorts.
Zufahrt: Von Ponferrada über Molinaseca bis zum Cruz de Ferro.

Nun geht es hinab. In Schleifen nähert sich das Sträßchen dem verlassenen Dörfchen FONCEBADON, führt an ihm vorbei. Wir lassen das WOMO am Straßenrand stehen, gehen ein paar Schritte durch die Pilgerstraße, betreten altehrwürdiges Pilgerpflaster. Kein Mensch, kein Tier, Totenstille. Und doch glaube ich gerade hier die schlurfenden Tritte der Millionen von Pilgern zu hören, die einst diesen Weg emporstapften, sich auf ihren Stab stützend am Brunnen ihre Kalebasse füllten.
Da klingt plötzlich fröhliches Kindergekreische hinter einer Hausecke. Ein kleiner Swimmingpool ist aufgebaut, ein Haus wird restauriert, Leben zieht wieder ein in dem uralten Pilgerdörfchen ...
Weiter kurvt die Straße zu Tale, passiert 2500 m hinter FONCEBADON einen **Brunnen**.
RABANAL DEL CAMINO hat am Ortsbeginn links, auf einer

Wiese, einen praktischen **Parkplatz** (und in der Ortsmitte rechts einen **Brunnen** unter Bäumen).

Am Ortsende verzweigt sich die Straße, wir halten links Richtung EL GANSO. Auch in dieser Gegend gruben die Römer nach Gold!

Zweigt man 2 km hinter RABANAL links in die neue Teerstraße Richtung RABANAL VIEJO, parkt nach 1100 m und spaziert rechts 300 m in die Schotterpiste, so entdeckt man bald rechts das rotgoldene, U-förmige Tal, das durch die römischen Goldwäscher entstanden ist sowie in seinem Scheitelpunkt Teile des Flutgrabens.

EL GANSO hat, kurz vor dem Ortsende links, einen **Brunnen**, der uns nicht enttäuscht.

Dann rollen wir durch SANTA CATALINA DE SOMOZA, kehren 4 km weiter ein in CASTRILLO DE POLVAZARES. Unser Pilgerführer bezeichnet diesen Ort als einen der schönsten und typischsten der **Maragateria**, der Landschaft östlich des **Cruz de Ferro** – und er hat recht damit!

Wir rollen am Ortsbeginn über die Brücke, biegen dahinter rechts und erreichen nach 300 m einen ruhig gelegenen Picknickplatz.

(242) WOMO-Picknickplatz: Castrillo de Polvazares

GPS: N 42° 27' 55.1" W 6° 07' 29.3"; 900 m. **max. WOMOs:** 2-3.

Ausstattung/Lage: Tisch & Bank, Schattenbäume, Kinderspielplatz/Ortsrand.

Zufahrt: Von Molinaseca übers Cruz de Ferro bis Castrillo.

Wir spazieren zu Fuß in die **Calle Real**. Sie ist sauber gepflastert – in der Mitte, für die Fuhrwerke, mit breiten Steinplatten, rechts und links mit kleinen Kieseln. Zwei junge Mütter mit Kinderwagen kommen uns entgegen, kurz darauf erklingt vom Wild-West-Turm der Kirche unverwechselbares, hölzernes Geklapper aus einem Storchennest – welch logisches Zusammentreffen!

5 km weiter haben wir ASTORGA erreicht. Bereits die Römer wussten ihr "Asturica Augusta" mit starken Mauern zu befestigen, als Pilgerstation war (und ist) die Stadt von Bedeutung, auch Wohnmobilisten hat sie etwas zu bieten!

Wir schwenken rechts in die N VI ein und nach 400 m wieder rechts (WOMO-Piktogramm) zum öden **Stellplatz** [N42° 27' 05.2" W6° 03' 57.7"] mit **Ver-/Entsorgung** links der Stierkampfarena. Für einen Bummel durch ASTORGA biegen wir

nach links in die N VI ein, nur 100 m rollen wir auf ihr hügelan. Dann folgen wir nach rechts dem Wegweiser N 120 LEON. Kurz darauf erblicken wir rechts die alte **Stadtmauer**, dahinter die **Kathedrale** und den **Bischofspalast**, davor einen großen **Parkplatz** [**243:** N 42° 27' 27.1" W 6° 3' 14.9"].
Hier können wir bequem parken, und nach wenigen Schritten stehen wir schon vor dem Renaissance-Portal der Kathedrale; erst im Kirchenschiff wird an den hochstrebenden Bündelpfeilern der gotische Baubeginn erkenntlich.

Astorga; der "Palacio Episcopal" des Antonio Gaudi

Mehr Interesse findet bei uns der außergewöhnliche Baustil des 1852 geborenen Antonio Gaudi. Wir wären wohl kaum erstaunt, kämen plötzlich vornehm gekleidete Ritterfräuleins aus dem "Palacio Episcopal", dem **Bischofspalast**, denn er ähnelt verblüffend der Walt-Disney-Vorstellung eines mittelalterlichen Schlosses.
Jetzt muss noch die luftige Backspezialität Astorgas eingekauft werden: Die "Mantecadas" sind winzig kleine Kuchen, die lange halten und bestens als WOMO-Nachmittags-Kaffee-Beilage geeignet sind. Man erhält sie zwar überall in Spanien zum halben Preis, aber dann sind sie sicher nicht aus ASTORGA!
Weiter geht es auf der N 120 Richtung Osten. Der nächste bedeutende Fluss, den unser (Pilger-)Weg kreuzt, ist der **Rio Orbigo**, folglich liegt an der Brücke, die ihn überquert, auch ein Pilgerdorf! Es hat den bezeichnenden Namen HOSPITAL DE ORBIGO, Ruinenreste des einstigen Spitals sind aber nicht auszumachen.
Viel berühmter und sehenswerter ist die Orbigo-Brücke **Paso Honroso**. Ihr Ruf geht auf den 10. Juli des Jahres 1434 zurück. Zu diesem Zeitpunkt begann hier ein dreißigtägiges Lanzenste-

Hospital de Orbigo; Lanzenstecherbrücke

chen, das der leonesische Ritter Don Suero de Quiñones mit neun weiteren leonesischen Rittern gegen "alle Ritter Europas bis zum Brechen von 300 Lanzen" siegreich veranstaltete. Natürlich ging es ihm darum, die Gunst einer schönen, jedoch spröden Dame zu erlangen. Ob er mit ihr glücklich wurde, ist nicht überliefert ....

Die Nationalstraße überquert den **Rio Orbigo** natürlich auf einer neuen Brücke, wir biegen davor links Richtung BENAVIDES DE ORBIGO, folgen dann den Campingplatzwegweisern zum Flussufer. Dort findet man unter Pappeln, direkt am breiten, ruhigen Fluss neben der "Lanzenstecherbrücke" viele schöne, schattige **Picknickplätze** [N42° 27' 49.4" W5° 52' 43.9"]. Der **Campingplatz** "Don Suero" [**244:** N 42° 27' 49.4" W 5° 52' 43.9"] (WOMO + 2 Pers.: 14 € + Strom 2,30 € + erm. Schwimmbad-eintritt) liegt etwas weiter flussaufwärts.

Natürlich muss man einmal über die alte Brücke spaziert sein! Weil es sich so ergibt, überspannt sie gleich noch ein zweites, kleines Bächle und bringt es dadurch auf stolze zwanzig Bögen. Die N 120 zum 30 km entfernten LEON ist wie mit der Schnur gespannt. Das WOMO, man spürt es förmlich, genießt das erholsame Vorwärtsrollen auf ebener Bahn. Das Landschaftsbild hat sich inzwischen völlig gewandelt. Nicht mehr der stetige Wechsel von Mais und Kohl, die sich in winzigen Parzellen mit Fels und Pinienwald streiten, bestimmt das Bild. Weizenfelder, abgeerntet, abgebrannt, begleiten unseren Weg.

Aber was sage ich! Felder? Ein einziges Feld, das von unserer Straße von Horizont zu Horizont durchschnitten wird, bis endlich als Aufmunterung für das gelangweilte Auge LEON auftaucht. 8 km vorher, in VALVERDE DE LA VIRGEN, ein Kirchturm mit zwei Glocken und fünf Storchennestern, dahinter zwei Bänke und ein **Brunnen**, gut anfahrbar.

La Virgen del Camino, Kirchenfassade

Nur 5 km vor LEON, in LA VIRGEN DEL CAMINO, lohnt sich nach links ein Stopp [N 42° 34' 47.4" W 5° 38' 31.3"] und ein Blick auf die modernen **Bronzeplastiken** an der Kirchenfassade. Sie wurden 1960 von dem Spanier Subirach geschaffen. Auch im Innenraum besticht der Kontrast aus modernem, geradlinigem Bauwerk und der barocken, goldüberladenen Retabelwand.
Wir rollen auf der N 120 4-spurig nach Leon hinein. Dort, wo sie nach rechts abschwenkt (hinter dem Leclerc mit preiswerter Tankstelle), halten wir weiter geradeaus (indem wir rechts Richtung Carrizo halten und dann die N 120 überqueren), biegen am nächsten Kreisel links (vor einem Park), hinter diesem am Kreisel rechts, überqueren den **Rio Bernesga**, dahinter am Kreisel (mit dem Propellerflugzeug) links – und schon stehen wir auf dem offiziellen **WOMO-Stellplatz [245:** N42° 36' 17.2" W5° 35' 07.3"] mit V/E gegenüber dem Leon-Plaza.
Für einen Stadtbummel ist der Platz nicht ideal, weil von der Kathedrale über 2 km entfernt. Vielleicht führt Sie Ihr Navi zu unserem "Idealplatz" [N42° 36' 02.5" W5° 33' 52.0"] an der Calle Babia, nur 100 Schritte östlich der Kathedrale?

Leon, offizieller WOMO-Stellplatz (max. 8 WOMOs 48 Std.)

Leon: Kloster San Marco, Kathedrale, San Isidoro (Panteón)

Vier Bauwerke Leons haben wir auf unserer Liste, eines davon ist unverzichtbar: Die rein gotische **Kathedrale** ist ein Traum aus Glas. Die Zahl ihrer Fenster ist so groß, dass die Restauratoren immer wieder vor statischen Problemen stehen. Wir jedoch genießen das Farbenspiel, erfreuen uns an der dezenten Musik, die wie das Licht den Raum durchflutet.
Nur 500 Schritte sind es bis zur ältesten romanischen Kirche Spaniens, der im XI. Jahrhundert geweihten **San Isidoro**. Begeistert stehen wir im **Pantéon**, der Königsgruft, wo unglaublich leuchtende Temperamalereien die Jahrhunderte überdauert haben (offen: Mo-Sa 9-20 Uhr, So 9-14 Uhr).
Zwischen beiden ***Sehenswürdigkeiten begegnet uns wieder einmal unser Freund Antonio Gaudi, der in der Nähe der Plaza de San Marcelo das **Casa de Botines** erschuf, einen neugotischen Palast.
Das ehemalige Kloster **San Marcos** mit seiner 100 m langen Renaissance-Fassade, unmittelbar hinter der Brücke über den **Rio Bernesga** gelegen, "besichtigen" wir nur im Vorbeifahren. Rechts schließt sich die nie fertiggestellte Kirche an. Ihre Fassade erinnert uns wieder an den "camino", denn sie ist

Leon: Casa de Botines (Antonio Gaudi)

nahezu vollständig mit Muscheln bedeckt, dem Wahrzeichen der Santiago-Pilger.

Diese nahmen keineswegs stur den kürzesten Weg zu ihrem Pilgerziel. Auch weiter abseits liegende Kirchen oder Klöster wurden, je nach Bedeutung des Schutzheiligen, zum Gebet aufgesucht. Das wohl schönste Beispiel dafür ist **San Miguel de Escalada**. Mönche aus Cordoba gründeten im IX. Jahrhundert nach ihrer Vertreibung aus dem maurischen Spanien dieses Kloster östlich von LEON. Übrig ist heute nur noch die **Klosterkirche**, sie aber soll das stilreinste Beispiel eines mozarabischen Bauwerkes sein.

Wir verlassen LEON auf der N 601 Richtung VALLADOLID/ MADRID, fahren auf ihr aber nur bis PUENTE VILLARENTE, wo 600 m hinter der Tankstelle das "**La Montana**" mit gegrilltem Milchlamm (Lechazo asado) und Seebrassen à la Leonese auf uns wartet.

Es ist schon kurz vor Mitternacht, als wir 400 m weiter südlich die Brücke über den **Rio Porma** erreichen.

Sie möchten sicher in idyllischer Umgebung ganz ruhig stehen!? Da haben wir das Richtige für Sie!

Wir schwenken **hinter** der Brücke links in die LE 213 ein. Falls der Wegweiser **San Miguel de Escalada** immer noch fehlt, richtet man sich nach der Ortschaft GRADEFES.

San Miguel de Escalada

Strahlendes Mondlicht taucht die ländliche Umgebung in ein unwirkliches Licht. Nach 12 km, bei MELLANZOS, geht es rechts ab, und dann, nach weiteren 4 km, liegt sie völlig allein im Mondschein vor uns, die kleine **Klosterkirche San Miguel de Escalada** (Di-So: 10.15-14 und 16.30-20 Uhr) mit der bezaubernden Hufeisen-Bogenreihe. Wenig später scheint ein etwas erstaunter Mond auf ein einsames WOMO neben dem Kirchlein, in dem nur noch ruhige Atemzüge ertönen.
Falls Sie nicht zu nahe bei der Kirche nächtigen möchten: 150 m vorher gibt es rechts noch einen Parkplatz.

(246) WOMO-Stellplatz: San Miguel de Escalada

GPS: N 42° 34' 15.8" W 5° 18' 10.1"; 860 m. **max. WOMOs:** 2-3.
Ausstattung/Lage: Zeitweise Bar 200 m unterhalb, Bank, Brunnen am Mirador, zweiter Stellplatz 150 m vorher, oberer Parkplatz nicht anfahrbar/außerorts, nachts einsam.
Zufahrt: 12 km südöstlich von Leon, am Ortsende von Puente Villarente, hinter der Brücke über den Rio Porma links (Rtg. Gradefes) und über Mellanzos zur Kirche.

TOUR 17 (ca. 345 km / 2-4 Tage)

Mansilla de las Mulas – Sahagun – Carrion de los Condes – Villalcazar – Fromista – Osorno – Embalse de Aguilar – Ebro-Schlucht – Burgos – Cartuja de Miraflores

Freie Übernachtung:	**Sahagun,** Quintanilla (röm. Villa), Carrion de los Condes, Aguilar de Campoo, Embalse de Aguilar, Polientes, S. Martin de Elines (Ebro-Schlucht), Burgos (Cartuja de Miraflores).
Trinkwasserstellen:	u. a. San Miguel de Escalada, Villiguer, Fromista, Aguilar de Campoo, Burgos (Fuentes Blancas).
Campingplätze:	Sahagun, Carrion de l. Condes, Burgos.
Baden:	Embalse de Aguilar.
Besichtigungen:	Sahagun, Quintanilla, Carrion, Villalcazar, Fromista, Aguilar de Campoo, Burgos (u. a. Kathedrale, Cartuja de Miraflores).

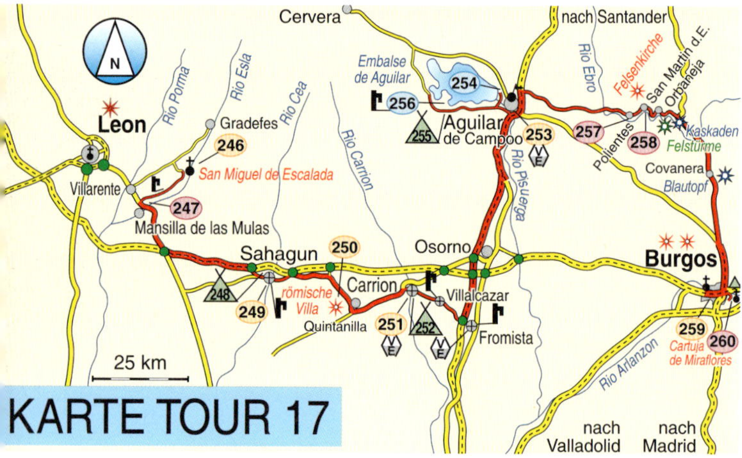

KARTE TOUR 17

Am nächsten Morgen weckt uns der jetzt schon obligatorische Sonnenschein. Immer noch sind wir völlig allein mit unserem Kirchlein, dessen Arkaden mit den Hufeisenbögen eine verblüffende Eleganz ausstrahlen. Streit entsteht unter uns "Fachleuten" erst bei der Interpretation der Verzierungen an den Säulenkapitellen. Ich kann darin keine stilisierten Blätter erkennen, für mich sind es eindeutig Eulen!

Im Kircheninneren setzen sich die Bogenreihen fort: Auch hier Marmorsäulen mit verschiedenen Kapitellen und diese unnachahmlich eleganten Hufeisenbögen. Nur dem geschulten Auge fällt auf, dass die Säulen verschiedene Höhe haben, denn geschickt hat man die Unterschiede durch untergelegte Marmorplatten ausgeglichen. Die Maßdifferenzen machen jedoch deutlich, dass die Säulenschäfte nicht für dieses Kirchlein gefertigt, sondern von anderen, vermutlich noch älteren Bauwerken zusammengetragen wurden.

Unser Weg führt durch die Dörfchen SAN MIGUEL DE ESCALADA und VILLIGUER (Ortsmitte rechts **Brunnen**) zurück zur Hauptstraße N 601, in die wir wieder links Richtung VALLADOLID/MADRID einschwenken müssten. Aber nur fünf Schritte **vor** der Einmündung kann man auch nach links in einen schlaglöcherig-geteerten Feldweg einbiegen. Dieser führt parallel zur Hauptstraße nach 1200 m zum Ufer des **Rio Esla**. Wieder erstreckt sich dort ein weitläufiges Pappelwäldchen: An seinem Beginn ein **Picknickplätzchen** [**247:** N42° 30' 13.7" W5° 24' 54.7"], links ein seit einer Weile geschlossener Campingplatz, geradeaus, unter der Brücke hindurch, ein weiterer **Picknickplatz**, bei dem man leider nur am Weg parken kann. Ein netter Spazierweg führt flussabwärts durchs Wäldchen, über die alte Römerbrücke hinüber zum Pilgerstädtchen MANSILLA DE LAS MULAS. Dort kann man zunächst das einmalige Pilgerdenkmal (daneben **Brunnen**) begucken. Dahinter die **Puerta de Santiago**, durch die die Pilger auf dem französischen Weg einmarschierten. 200 m weiter rechts, hinter der Grünanlage, findet man die den **Arco de Concepción**, das gut erhaltene Nordosttor.Hier zogen die Pilger auf dem römischen Weg ein!

Außerdem entdeckt man gut erhaltene Reste der Stadtmauer mit Zinnen und Wachtürmen.

Genau 7 km sind es von MANSILLA DE LAS MULAS, nahezu Luftlinie nach Südosten, wo wir von der N 601 in die A 231, die "Autovia Camino de Santiago" Richtung BURGOS einschwenken; vierspurig zischen wir kerzengeradeaus nach Osten. Das Auge hat sich inzwischen an die Weite, die Verlassenheit der Landschaft gewöhnt. Innerlich bleibt aber eine gespannte Unruhe, es fehlt die Geborgenheit eines nahen Horizontes, eines Tales, eines Hügels. Sehen Sie die eigentümlichen "Höhlenwohnungen" in der Nähe mancher Dörfer? Oft sind es lediglich kühle Kartoffelkeller in der Gluthitze der Meseta, sicher eine geschickte Erfindung!
Bei Ausfahrt 46 verlassen wir die Autobahn (Wegweiser: SAHAGUN Oeste), münden damit in den Pilgerweg ein – und schon stapfen am Straßenrand wieder pilgernde Gruppen und Einzelpersonen, werden von modern ausgerüsteten Radfahr-Pilgern überholt.
SAHAGUN ist ein verschlafenes Provinzstädtchen. Aber es birgt eine geradezu unglaubliche Fülle von Bauwerken im **Mudejar-Stil**, der Bauweise der christianisierten Araber.
Wir erreichen gleich am Ortseingang den **Campingplatz** "Pedro Ponce" [**248:** N42° 22' 16.9" W5° 02' 33.4"] (WOMO + 2 Personen: 12,70 € + 2,45 € Strom) mit vielen Plätzen im Platanenschatten.
Vor der alten **Römerbrücke** über den **Rio Cea** kann man rechts hinabfahren und findet unter Pappeln ein schönes **Stellplätzchen** [**249**:N 42° 22' 05.8" W 5° 02' 12.2"]. Nach der Brücke

Sahagun; Stellplatz am Rio Cea

schwenken wir nach links und parken hinter dem pompösen **Arco de Santo Benito** (**Brunnen** hinter der prächtigen Zeder). Von dort sind es nur ein paar Schritte bis zur **Iglesia de San Tirso**.

Sahagun: Arco de Santo Benito, Iglesia de San Tirso, Iglesia de San Lorenzo

Zur **Iglesia de San Lorenzo** müssen wir vom WOMO nach links über die **Plaza Mayor** spazieren. An ihren Außenwänden lässt sich besonders schön die kunstvolle Architektur der doch ein wenig plump wirkenden Backsteinbauten studieren.

Weiter ziehen wir auf der N 120 nach Osten (nur der Kunstignorant benutzt die "schnelle Autovia").

Ödes Land, so weit das Auge reicht, nur ganz selten ein einsamer Hof, ein verstaubtes Dörfchen, ein kleines Wäldchen aus niedrigen Kermeseichen, deren Blätter mehr denen der Stechpalme als Eichen-

blättern gleichen (hinter MORATINOS, bei »km 229«, Picknickplatz am Pilgerweg).

Bei »km 214,4«, unmittelbar vor QUINTANILLA DE LA CUEZA zeigt ein Hinweisschild zur **römischen Villa de Tejada**.

Ein schmales Teersträßchen führt 1000 m bis zur Anlage, die aus einem großen, einsamen Parkplatz, umgeben von hohen

Hecken, neben einer scheunenartigen Halle besteht. Sie ist der Wind- und Wetterschutz für die kostbaren **Mosaikböden**, die die Hauptattraktion der Ausgrabungen darstellen.

(250) WOMO-Stellplatz: Quintanilla/römische Villa

GPS: N 42° 18' 08.5" W 4° 48' 27.5" **max. WOMOs:** 2-3.
Ausstattung/Lage: Museum/außerorts, nachts einsam.
Zufahrt: Von Sahagun N 120 bis »km 214,4«.

Falls Sie außerhalb der Besichtigungszeit (Di-So 10-14 und 17-20 Uhr) kommen sollten, haben Sie immerhin noch einen ruhigen **Rast- und Übernachtungsplatz** gefunden. Den bietet allerdings auch CARRION DE LOS CONDES!

Wir sind vor dem Ort von der N 120 abgebogen, haben die C 615 gekreuzt, kommen an die alte Brücke über den **Rio Carrion**. Hier gibt es noch **vorher** eine Abfahrt hinunter an das Flussufer, ein idyllisches Plätzchen zum Rasten oder Übernachten. Man nimmt das letzte Teersträßchen vor der Brücke rechts hinab zum Fluss und parkt vor Sporthalle, Sportplatz und neuem Schwimmbad neben der Ver-/Entsorgungsanlage am still dahinströmenden **Rio Carrion**.

(251) WOMO-Stellplatz: Carrion de los Condes/Rio Carrion
GPS: N 42° 20' 19.1" W 4° 36' 28.2"; 829 m. **max. WOMOs:** 2-3.
Ausstattung/Lage: Schattenbäume, Schwimmbad, Ver-/Entsorgung/Ortsrand.
Zufahrt: Auf der N 120 bis Carrion. Vor der Brücke rechts hinab zum Fluss.

Gegenüber liegt der **Campingplatz** "El Eden" [**252:** N42° 20' 08.7" W4° 36' 17.1"] (WOMO + 2 Pers.: 18 € + 5 € Strom).

CARRION ist in seiner Verschlafenheit ein Ebenbild SAHAGUNS. Außer dem ehemaligen Benediktinerkloster **San Zoilo** vor der alten Brücke mit einem prunkvollen Kreuzgang ist das romanische Portal der **Hl.-Jakobs-Kirche** (Iglesia Santiago) sehenswert. Es ist der einzige Teil der Kirche, der 1809, nach einem Brand während des Unabhängigkeitskrieges gegen das napoleonische Frankreich, unbeschädigt blieb.

Auch die Kirche **Santa Maria del Camino** (Foto) besitzt ein herrliches Portal. Hier erinnern die Stierköpfe rechts und links des Tores an das "Tribut der hundert Jungfrauen": Eine Stierherde soll während der Maurenherrschaft durch den Ort gerast sein just zu dem Zeitpunkt, als die Einwohner die Schönsten des Ortes an die verhassten Mauren übergeben sollten. Die Ungläubigen (oder hatten sie nur den falschen Glauben) flohen, die Jungfrauen waren gerettet ....

Im Kircheninneren beleuchtet uns ein freundlicher Herr eine mild lächelnde, romanische Maria mit Kind und ein durch seinen Realismus bedrückendes Kruzifix. Rechts des Chores, in der Seitenkapelle, hängt ein kleines Gemälde, das rasende Stierherde, flüchtende Mauren und gerettete Jungfrauen zeigt (Foto).

Die N 120 führt von CARRION nach Nordosten auf OSORNO zu, wir nehmen jedoch nach Südosten die sehr gut ausgebaute P 980 Richtung FROMISTA!
Das Dörfchen VILLALCAZAR DE SIRGA, das nach 7 km am linken Straßenrand dahinschlummert, hätten wir sicher kaum beachtet, wenn sich nicht aus der Mitte seiner paar Hütten eine riesige gotische **Kirche Santa Maria la Blanca** erheben würde. Vor dem reich verzierten Hauptportal, dessen Statik leicht aus dem Gleichgewicht geraten ist, so dass es mühevoll von Stahlstangen zusammengehalten werden muss, parken wir direkt neben dem neuen, vornehmen **Dorfbrunnen** bei einem Pilger, der offensichtlich Dauergast am Tisch vor der Gaststätte ist.

Die Kirche beherbergt Grabmäler aus dem XIII. Jahrhundert mit sehr kunstvollen Steinmetzarbeiten (Foto) und eine sehr schöne Retabelwand. Deren Pracht wird allerdings erst sichtbar, wenn man sie durch Einwurf einer Münze festlich erleuchtet.
Weiter rollen wir entlang des Pilgerweges. In fast jedem Örtchen ist inzwischen ein schattiger Rastplatz für die erschöpften Fußgänger eingerichtet worden mit Tischen, Bänken – und oft einem Brunnen!
Auch FROMISTA, das wir kurze Zeit später in der Mittagshitze erreichen, interessiert nur wegen seiner Kirche **San Martin**, die mit **San Isidoro** in LEON und der Kathedrale von JACA zusammen den reinsten romanischen Stil verkörpert: Rundbogenfenster, Tonnengewölbe, sparsamer Innenschmuck, vor allem an den Säulenkapitellen. Ein Gotteshaus, das in seiner Schlichtheit stärker auf mich wirkt als die überladenen Renaissancebauwerke (**Wasserhahn** direkt neben der Kirche, **Ver-/Entsorgung** am Ortsbeginn hinter der Schnellstraßenüberführung [N42° 15' 53.0" W4° 24' 44.6"]).

Fromista; romanische Kirche San Martin

Die Mittagshitze lässt die Gedanken abschweifen, wie lange liegen sie schon zurück, die Tage am Meer, an den schönen Badeseen – und ohne lange nachzudenken trete ich auf der neuen, vierspurigen A67 Richtung SANTANDER aufs Gas, düse genau 64 km nach Norden. Nach einem schlappen Dreiviertelstündchen auf breiter Bahn, im letzten Stück schon begleitet von Berghängen mit Wacholder und Pinien, dazwischen die ersten Steilhänge, liegt vor uns die gewaltige **Bergfestung** von AGUILAR DE CAMPOO. Bei »km 100« verlassen wir die A 67 nach links, halten aufs Zentrum zu. Vor der Brücke über den **Rio Pisuerga** merken wir uns eine Abzweigung zum **Embalse de Aguilar** und seinen Sandstränden, umrunden die Altstadt und lassen uns dahinter zum WOMO-Stellplatz mit Ver-/Entsorgung leiten.

(253) WOMO-Stellplatz: Aguilar del Campoo

GPS: N42° 47' 09.8" W4° 15' 25.8"; Paseo el Soto. **max. WOMOs:** 2-3.
Ausstattung/Lage: Ver-/Entsorgung, zur Altstadt 700 m/Ortsrand.
Zufahrt: Auf der A 67 bis Aguilar Abfahrt 100, um die Altstadt herum (ausgeschildert).

Der Ort unterhalb der Festung ist einen Bummel wert! Dabei ist der Ortskern südlich vom Rio Pisuerga begrenzt, an ihm führen die schönsten Spazierwege entlang.
Ein zweites Mal umrunden wir die Altstadt, schwenken hinter dem Fluss nach rechts zum Stausee.
Nach etwa 1,5 km kann man rechts 500 m zu einem **Mirador** mit Panoramablick abzweigen, der uns bereits zeigt, dass der Abstecher ins Gebirge ein Volltreffer sein wird: Unter uns liegt der weit verästelte Stausee mit endlosen Ufern, die nahezu menschenleer sind.

Embalse de Aguilar, Blick auf Staumauer und jenseitigen Badeplatz

Kurvt man links des Miadors hinab und überquert die Staumauer, so endet, links abgebogen, die Straße nach 500 m bei einem **Badeplätzchen** [**254:** N42° 47' 59.9" W4° 17' 18.1"] mit Ponton samt Tisch & Bank im Wäldchen .

Embalse de Aguilar, Badeplatz hinter der Staumauer

Zurück am linken Ufer führt bei »km 3« eine Abzweigung nach links zu einem **Campingplatz** "Monte Royal" [**255:** N42° 47' 09.2" W4° 18' 02.0"] (WOMO + 2 Pers.: 15 € + 3 € Strom) im Pinienwald.
200 m weiter ist rechts die **Playa de Aguilar** erreicht, einige Autos parken im Schatten der Pinien. Vom Asphaltweg führen "Abwege" auf Sand und Schotter zum Strand – und dort immer weiter: Die sehr festen Erd- und Sandwege ziehen durch ein Busch-, Wald- und Weidegebiet, das sich nach Quadratkilometern misst. Nur gelegentlich entdeckt man ein Zelt oder ein Wohnmobil am Strand; meist liegt daneben ein Surfbrett, denn hier in 900 m über NN pfeift in der Regel eine stetige Brise, trotzdem messen wir eine Wassertemperatur von fast 20°C.
Wer hier nicht ausspannen kann, dem ist nicht mehr zu helfen!

(256) WOMO-Badeplatz: Embalse de Aguilar
GPS: N 42° 47' 19.4" W 4° 18' 13.9"; 946 m. **max. WOMOs:** >5.
Ausstattung/Lage: Badesee, Grillplätze, WC, Bar/außerorts.
Zufahrt: Auf der A67 bis Aguilar de Campoo. Bei »km 100« links und vor der Flussbrücke nochmals links hinauf zum Stausee.

Zurück in AGUILAR brauchen wir die A 67 nicht zu bemühen, wir haben eine ****Strecke für Sie erforscht!
Auf der N 611 rollen wir 4 km nach Norden gen SANTANDER, queren dann die A67 Richtung QUINTANILLA, setzen unseren Weg fort über CESURA.
Zunächst lässt sich das Abenteuer recht bescheiden an, aber die Hauptperson fehlt ja auch noch! Erst nach 15 km kommt sie von Norden herbeigerauscht, unser alter Bekannter, der **Rio Ebro**. Seit seiner Geburt bei REINOSA hat er sich zu einem strammen Jüngling gemausert, wir folgen ihm nach Osten zunächst bis POLIENTES, wo wir hinter dem Ortsendeschild nach rechts zum Picknickplatz am Fluss abzweigen.

(257) WOMO-Picknickplatz: Polientes (Area recreativa Requejada)

GPS: N42° 48' 13.7" W3° 55' 47.3"; 699 m. **max. WOMOs:** >5.
Ausstattung/Lage: Schattenbäume, Tisch & Bank, Grillplätze, Bar/Ortsrand.
Zufahrt: 5 km nördlich Aguilar de Campoo rechts nach Quintanilla und weiter nach Osten.
Hinweis: 300 m weiter liegt links oberhalb der Straße ein Campingplatz.

8 km weiter sind wir in SAN MARTIN DE ELINES und biegen links hoch nach ARROYUELOS. Vorbei an einem schönen **Brunnen** fahren wir bis zum Durchfahrtsverbotsschild (nur Dörfchenbewohner dürfen weiterfahren).
Aber es sind auch nur noch ein paar Schritte bis zu unserem Ziel, der **Iglesia rupestre**, der Felsenkirche von Arroyuelos.
Diese ist in der Regel verschlossen, das macht aber nichts,

Arroyuelos, Felsenkirche

denn im Inneren gibt es neben einem zentralen Pfeiler nichts zu sehen außer rußgeschwärzten Wänden, einer Altarnische und Sitzbänken an der Wand, allesamt aus dem Fels herausgemeißelt.
Wir kehren zur Hauptstraße zurück, überqueren sie, biegen vor der Brücke links und stehen schon beim gemütlichen Picknickplatz am Ebro, der uns fast lautlos in den Schlaf flüstert.

(258) WOMO-Picknickplatz: San Martin de Elines

GPS: N42° 49' 59.9" W3° 51' 34.5"; 690 m. **max. WOMOs:** 2.
Ausstattung/Lage: Schattenbäume, Brunnen (gut anfahrbar), Tisch & Bank, Grillplatz, Plätscherteich/Ortsrand.
Zufahrt: 5 km nördlich Aguilar de Campoo rechts nach Quintanilla und weiter nach Osten, in S. Martin de Elines rechts.

Am nächsten Morgen steht uns Großes bevor (auch im eigentlichen Sinne des Wortes)!
Bereits seit einigen Kilometern begannen sich die flussflankierenden Berghänge zu erheben, wurden immer steiler, kahler, bizarrer. Nach 3 km sind sie direkt an die Straße herangerückt und bei »km 6« wird uns sogar ein Parkplatz am Straßenrand geboten, um die Naturwunder mit Muße bestaunen zu können:

Die Felszinnen von Orbaneja

Bereits beim ersten Foto werden Sie sagen: „Pech gehabt, Gegenlicht!“ Aber keine Angst, das wird noch!
200 m später ist ORBANEJA DEL CASTILLO erreicht und am Ortsende parken Sie schon wieder verblüfft: Das sind doch die Plitwicer Seen!?
Ein Wasserfall rauscht über mehrer Terrassen von einem Kalksinterbecken in das nächste, ein optischer Traum! Hoffentlich haben Sie noch genug Platz auf Ihrer Speicherkarte ...
Ja, das Gegenlicht bei den Felstürmen!? Aber da hat sich unser Freund Ebro etwas Geniales für uns ausgedacht: Genau am Ortsende von ORBANEJA beschloss er, seinen Lauf jäh von Nord nach Süd zu ändern und zwar so knapp, dass gerade einmal 300 m Felsklippe dazwischen stehen blieben.

Folglich können wir nach 1,8 km die Felszinnen von der Rückseite – und in bestem Fotografierlicht noch einmal bestaunen:

Orbaneja del Castillo: Wasser und Fels

In ESCALADA mündet unser Schluchtsträßchen nach Süden in die breite N 623 ein, hält auf BURGOS zu, bald macht sich der Ebro nach Osten davon.
Noch ein kleines Naturwunder (damit wir auf die vier Sterne kommen) haben wir in petto: Den **Pozo Azul** von COVANERO. Kalkstein, das haben wir nun gelernt, ist wasserlöslich. Das Wasser arbeitet dabei nicht nur über der Erde, sondern auch

im Vorborgenen und tritt dann plötzlich zu Tage.
In COVANERA schwenken wir bei der Bushaltestelle links (hier sollten große WOMOs parken), überqueren den Fluss und fahren links zu einem kleinen Parkplätzchen. Dann stapfen wir in vier Minuten bis zum Talschluss, zu dessen Füßen sich der "Blautopf" aus dem Inneren des Berges ernährt.

Covanera; Pozo azul

Nun werden Sie sagen: „Sehr hübsch, aber war's das?“
Nein! der **Pozo azul** ist der Ausgang einer mindestens 11 km langen Höhle, die das Interesse von Tauchern aus aller Welt besitzt. Schauen Sie mal bei Youtube, wer da alles drin rumschwimmt ...
Die N 623 trägt uns nun, schnell und unspektakulär, nach Süden auf BURGOS zu. Etwa 20 km nördlich von BURGOS mündet sie in die A 73, die immer weiter nach Norden wächst. Wir ziehen schnurgerade nach Süden, lassen uns erst unmittelbar nach der Überquerung des **Rio Arlanzon** nach rechts auf die N 120 Richtung LEON schicken. Genau 800 m fahren wir entlang einer Baumallee und dem Fluss nach Westen, parken links preiswert auf dem großen **Parkplatz [259:** N42° 20' 24.6" W3° 41' 41.3"] (Plaza del Conde de Castro, geringe Gebühr von 10-14/16-20 Uhr).

Direkt gegenüber dem Parkplatz überqueren wir den **Rio Arlanzon**, stoßen auf die **Plaza del Cid** mit dem entsprechenden Denkmal. Nach links erreichen wir auf der schattigen Spazierallee **Paseo del Espolón** nach 700 m das statuengeschmückte **Stadttor "Arco de Santa Maria"** (rechts oben El Cid neben Karl V.), spazieren hindurch auf die **Plaza del Rey San Fernando** mit der **Kathedrale** ...
BURGOS ist eine schöne, eine lebendige, eine reiche Stadt! Allen Sehenswürdigkeiten voran steht natürlich die himmelstürmende, gotische **Kathedrale**, um so mehr, als ihr Architekt, Simon de Colonia, aus dem Rheinland stammt und dort noch schlicht Simon von Köln genannt wurde. Er zeichnet auch verantwortlich für die geradezu unglaubliche Konstruktion der

Vierungskuppel. Wenn man seinen Blick an den gewaltigen Säulenschäften emporwandern lässt, die kein Ende zu nehmen scheinen, bleibt das Auge schließlich an einer geklöppelten Spitzendecke hängen, so wirkt die zierliche, schwerelos scheinende Kuppel.

Hinter dem Chorumgang, in der Verlängerung des Längsschiffes, geht es in die **Capilla del Condestable**. Man sieht sofort, dass hier ebenfalls Simon von Köln die Regie geführt hat. Eigentlich eine Kirche für sich, besitzt sie auch ein kleineres Ebenbild der großen Vierungskuppel.

Die Stadt BURGOS will erlaufen sein! Nur wenn man wie die Einheimischen über die **Plaza Mayor** östlich der Kathedrale und dann die Einkaufsstraßen weiter nach Osten bis zur **Plaza de Santo Domingo** und der **Plaza de Libertad** schlendert, bekommt man den richtigen Eindruck von ihr und ihren Menschen. Schließlich landen wir wieder am Kriegerdenkmal des "Nationalheiligen El Cid", kehren über der **Rio Arlanzon** zum WOMO zurück.

Beim Bummel verging die Zeit wie im Fluge – und wir haben noch keinen Schlafplatz! Vorgestern das einsame Klösterchen, wenn es hier auch so etwas gäbe!?

Hinweis: Bitte beachten Sie die höhere Kriminalitätsrate in spanischen Großstädten im Vergleich zum "flachen Lande", d. h. alle Rollos herunterziehen, Vorhang zum Fahrerhaus zuziehen, Alarmanlage einschalten, alle Wertgegenstände im Tresor verschließen oder in der Bauchtasche bzw. im Rucksack mitschleppen.

Kurz darauf sitzen wir gemütlich am Rande eines kleinen Wäldchens und singen ein Loblied auf unseren Simon von Köln. Rechtzeitig war mir noch seine **Cartuja de Miraflores** eingefallen, ein Kartäuserkloster oberhalb des Wäldchens von **Fuentes Blancas**, dem beliebten Ausflugs- und Picknickziel 4 km östlich BURGOS. Leicht zu finden war es auch noch, wir fuhren einfach weiter am Südufer des **Arlanzon** nach Osten und achteten auf die pinkfarbenen Wegweiser "Cartuja" und "Fuentes Blancas".

Cartuja de Miraflores

Mit Blick auf das äußerlich schlichte Bauwerk genießen wir unser Abendbrot, während die letzten Ausflügler ihre Campingstühle zusammenpacken, um uns später in völliger Ruhe traumlos schlafen zu lassen.

(260) WOMO-Picknickplatz: Cartuja de Miraflores/Fuentes Blancas

GPS: N 42° 20' 17.9" W 3° 39' 31.6"; 919 m. **max. WOMOs:** 1-2 / >5.
Ausstattung/Lage: Brunnen, Grillstellen, Tische & Bänke, Gaststätten, Kinderspielplätze, Schattenbäume/außerorts.
Zufahrt: In Burgos südlich des Rio Arlanzon nach Osten den Wegweisern "Cartuja" und "Fuentes Blancas" folgen.
Sonstiges: Bei der Cartuja außer Baumschatten keinerlei Einrichtungen. Im Ausflugsgebiet Fuentes Blancas viele Parkplätze, Grillstellen – und ein Campingplatz.

TOUR 18 (ca. 300 km / 2-3 Tage)

Burgos – Santo Domingo de la Calzada – Logroño – Torres del Rio – Los Arcos – Embalse de Alloz – Pamplona – Roncesvalles (Karte siehe Tour 3)

Freie Übernachtung:	Santo Domingo, Embalse de Alloz, Iroz, Puerto de Ibañeta.
Trinkwasserstellen:	u. a. Castrillo, Sto Domingo, Azofra, Nájera, Zubiri.
Campingplätze:	Burgos, Nájera, Embalse de Alloz, Auritzberri.
Baden:	Embalse de Alloz, Iroz (Rio Arga).
Besichtigungen:	Tosantos, Sto Domingo de la Calzada, Nájera, Viana, Torres del Rio, Los Arcos, Pamplona, Roncesvalles.

Während die Strahlen der Morgensonne gerade die Zinnen der Klosterkirche erreichen, sitzen wir gemütlich beim Frühstück am Rande unseres Wäldchens. Etwas weiter hinten hat sich in der Nacht noch ein französischer Campingbus etabliert – gute Ideen haben auch andere!

Punkt 10.15 Uhr schließt uns ein weißhaariger Mönch das Klosterportal auf (10.15-15/16-18 Uhr). Wir wenden uns nach links und gelangen sofort vom Vorraum in die **Klosterkirche**. Zwar setzt sich die architektonische Bescheidenheit auch im Inneren fort, um so verblüffter sind wir aber von dem gewaltigen **Retabel**, einem bemalten und vergoldeten Schnitzaltar aus dem 15. Jahrhundert. Zum ersten Male gelingt es mir hier, mich von der prunkvollen Ausführung nicht blenden zu lassen. Zu eindrucksvoll ist die Figur des leidenden Christus, zieht den Blick geradezu magisch an. Darunter die Grabmäler Juans II. und seiner Gattin Isabella von Portugal, Meisterwerke in weißem Marmor, die liegenden Nachbildungen der Toten in prächtigen Gewändern sind mit reichem Zierat umgeben.

„Was ist?“ frage ich kurz darauf meine Co-Pilotin, die mit grüblerischer Miene die Straßenkarte studiert. „Wenn da eine Straße wäre, dann wüsste ich eine geschickte Abkürzung zur N 120 nach LOGROÑO!“ Ein schmaler Finger zeigt auf das winzige Dörfchen CASTRILLO DEL VAL am Ende eines hauchdünnen Sträßchens etwa 6 km östlich der CARTUJA.

Wir probieren unser Glück, fahren hinab in das Ausflugsgebiet **Fuentes Blancas**, zu dem wir an der ersten Gabelung scharf nach rechts abbiegen. Dort warten im weitläufigen Parkgebiet hunderte von lackierten Eisentischen und -bänken, Grillstellen und Kinderspielplätze auf Kunden für eine Kaffeepause (oder für länger!).

Über die Autobahn hinweg gelangen wir nach CARDENAJIME-

NO (hindurchfahren, nicht rechts vorbei!) und weiter bis zum Endpunkt der eingezeichneten Straße. Auf dem Dorfplatz von CASTRILLO plätschert links ein kräftiger Wasserstrahl in ein **Brunnenbecken**. Wir hemmen ein paar Minuten die Vergeudung und füllen alle Kanister. Dann wenden wir uns unserem Hauptproblem zu, befragen die inzwischen neugierig zusammengelaufene Landjugend. Offensichtlich sind wir dieses Jahr die ersten Touristen, die sich hierher verirrt haben.
Aber wir werden nicht die letzten sein, denn gleich hinter dem Dorfbrunnen zweigt nach links eine neue Straße ab (die inzwischen schon die ersten Schlaglöcher hat), führt in nordöstlicher Richtung nach wenigen Kilometern zur N 120.
Zunächst gewinnt sie eine Höhe, schwingt sich dann hinab zum **Rio Arlanzon**, den wir bereits von BURGOS her kennen. Hier ist er noch jung und sauber. Hinter der Brücke findet man rechts **Plätzchen** [N 42° 19' 21.7" W 3° 34' 44.8"] zum Rasten oder Plätschern (Camping verboten).
Nur 1600 m sind es vom Fluss zur N 120. Dort schwenken wir nach rechts ein, nach Osten geht es auf LOGROÑO zu.
Nach 18 km, bei »km 85«, lockt uns ein großer **Picknickplatz** nach rechts, gerade richtig für ein zweites Frühstück.
14 km weiter östlich, in TOSANTOS, biegen wir vor der Kirche links, überqueren ein Bächlein und parken dahinter auf dem "Sportplatz" [**261:** N42° 24' 53.9" W3° 14' 38.8"], marschieren hügelan, denn wir wollen die "Jungfrau im Stein", die **Virgen de la Peña** (Foto) besichtigen.

Das Längsschiff des gar nicht so kleinen Kirchleins ist vollständig aus dem Stein der Felswand herausgeschlagen worden, nur einer der Querschiffflügel ragt aus der Hangwand heraus, musste aus Stein gemauert werden, erlaubt den Zugang denen, die einen Schlüssel haben. Leider ist alles verriegelt und verrammelt, so dass wir lediglich durch zwei kleine Fenster unsere Köpfe hineinstrecken können, um das Innere der Höhlenkirche zu erkennen. Nur ein Huhn käme in die Kirche hinein – aber was haben schon Hühner in der Kirche verloren!?
Die Antwort auf diese Frage erhalten Sie in dem Ort, in dem sich die wohl eigenartigste Legende abgespielt hat, die sich um den Jakobsweg rankt: SANTO DOMINGO DE LA CALZADA.

Wir zweigen zu dem Ort ab. Direkt hinter der Brücke über den **Rio Oja** kann man rechts zu einem Picknickplatz (mit Kinderspielplatz und **Brunnen**) abzweigen. 500 m dahinter liegt ein riesiger **Parkplatz** [**262**:N 42° 26' 11.3" W 2° 57' 44.5"] am Fluss. Wir parken im Ortskern von SANTO DOMINGO rechts. Die Türme der gotischen **Kathedrale** sind von hier aus zu sehen, sind uns Wegweiser für die paar Schritte zu Fuß. Wir haben unseren Kindern nicht zu viel versprochen: ein goldener Käfig mit echten Hühnern, mitten in der Kirche!

Der **Legende** nach war ein junger Pilger namens Hugonell, der mit seinen Eltern unterwegs war von Köln nach Santiago, in SANTO DOMINGO von einer abgeblitzten Schönen als Dieb verleumdet und unschuldig gehenkt worden. Die untröstlichen, aber hilflosen Eltern zogen schließlich weiter zu ihrem Pilgerziel, fanden jedoch auf dem Rückweg ihren Sohn noch lebend am Galgen vor. Dass der flugs aufgesuchte Richter eher glauben wollte, seine gegrillten Hühner vom Tisch auffliegen zu sehen, statt nach so langer Zeit noch einen lebenden Gehenkten am Galgen zu haben, kann man ihm nicht verdenken. Als sich daraufhin jedoch die Hühner mit Federn bedeckten und davonspazierten, war der Ungläubige bekehrt und schenkte dem Gehenkten das Leben. Seitdem heißt der Pilgerort SANTO DOMINGO DE LA CALZADA DONDE CANTÓ LA GALLINA DESPUÉS DE ASADA, Heiliger Domenikus am Pilgerweg, wo das Huhn noch nach dem Braten gackerte – ein schöner Name!

Außer dem **goldenen Käfig**, von dessen Insassen man nicht weiß, ob man sie bedauern oder beglückwünschen soll, ist das Grab des Heiligen Domingo, des Gründers von SANTO DOMINGO und Erbauers der ersten Brücke über den **Rio Oja**, in einer **Krypta** unter der Vierung sehenswert.
Weiter geht es, auf LOGROÑO zu. Nach 12 km machen wir nach rechts einen Abstecher Richtung AZOFRA. Nach 900 m und noch 100 m nach der **Area recreativa de Descanso** (mit Tisch & Bank, Baumschatten und Wasserhahn) kann man den **Brunnen Fuente de los Omeros** nicht übersehen, denn ein riesiges Hinweisschild weist zu der frischbetonierten Brunnenmauer unterhalb der Straße. Die Quelle ist der letzte Rest eines längst verfallenen Pilgerspitals (am Picknickplatz kann man aber bequemer Wasser fassen).
5 km später biegen wir wieder rechts. Unter einer steilen, eisenoxidroten Felswand geht's nach NÁJERA. Vor 1000 Jahren ging hier König García III. von Navarra auf die Jagd. Statt einem Eber oder einem Hirsch fand er eine Madonnenstatue in einer Höhle dieser Felswand.

Flugs ließ er vor der Höhle ein Kloster bauen, das **Monasterio de Santa Maria la Real**. In der Klosterkirche flankieren zwei Soldaten den Eingang zum **Panteon real**, der Königsgruft mit reichverzierten Sarkophagen. Zwischen den knieenden Stifterfiguren öffnet sich der Zugang zur Höhle (Foto).

Besonders sehenswert ist auch das plantereske Maßwerk des zweigeschossigen Kreuzganges.

Kloster Santa Maria la Real, Kreuzgang

Einen praktischen Parkplatz finden wir, indem wir den Wegweisern "Zona Monumental" folgen und hinter der Brücke über den **Rio Najerilla** rechts abbiegen. Flussaufwärts kommen wir zu einer Vielzahl von **Parkplätzen** vor dem Schwimmbad und dem **Campingplatz** "El Ruedo" [**263:** N42° 24' 46.2" W2° 43' 53.2"] (WOMO + 2 Pers.: 21 € + 5 € Strom; gegenüber **Brunnen**). Eine Fußgängerbrücke führt über den Fluss zurück zur Altstadt (in der man fein bummeln kann) und dem Kloster. Noch knapp 20 km sind es auf der vierspurigen A 12 nach Osten, die große Schleife unserer Nord- Spanien-Tour schließt sich vor LOGROÑO.

Zunächst geht es also auf bekanntem Weg weiter, die südliche Stadtumfahrung LO 20 erspart uns die Großstadt LOGROÑO (Ausfahrt 10 führt zum **Parque de Grajera**, Sie erinnern sich?), und kurz darauf rollen wir statt auf der A 12 auf der "alten" NA 1110 Richtung PAMPLONA (Aufpassen! Verkehrsführung verwirrend!), denn wir haben uns für die Rückfahrt ein paar Leckerbissen aufgehoben!

Zum ersten empfiehlt sich ein Bummel durch VIANA, nur 5 km östlich LOGROÑO. Eine steile Rampe führt hinauf vor die Mauern des mittelalterlichen Städtchens, das auf einem kleinen Hügel thront. Man umrundet den Ortskern gegen den Uhrzeigersinn, sucht sich einen Parkplatz und schlendert hinein in die kühlen, sauberen Sträßchen und Gassen mit den würdigen Bürgerhäusern, die sich um den Rathausplatz gruppieren...

In TORRES DEL RIO folgen wir, scharf rechts in einen betonierten Weg einschwenkend, dem Wegweiser zur außergewöhnlichen, achteckigen **Kirche des Heiligen Grabes** (Iglesia del Santo Sepulcro) mit dem ebenfalls achteckigen Aufbau (offen: 9-13.30/16.30-19.30 Uhr). Sie erinnert uns mit ihren byzantinischen und mudejarischen Anklängen sofort an "unser" **Eunate** bei PUENTE LA REINA. Nach der schlichten Schönheit darf's wieder verschwenderische, barocke Pracht sein?

In LOS ARCOS parken wir links des prächtigen Stadttores beim Kulturhaus. Die Fülle der Stuckarbeiten, die "Schwarze Madonna de los Arcos" und der spätgotische Kreuzgang (Foto) der Marienkirche (Iglesia de Santa Maria) sind Mo-Sa von 12-14.30/17-19.30, So 17-19 Uhr zu bewundern.

Wir fahren diesmal auf der A 12 um ESTELLA herum, verlassen sie erst wieder bei der Anschlussstelle 34 "Alloz".
Ein letztes Mal wollen wir uns in den warmen Fluten eines spanischen Stausees aalen! Dem Wegweiser **"Embalse de Alloz"** folgend schwenken wir nach 3 km rechts und vor dem **Kloster Alloz** wieder links. Bereits 700 m später haben wir rechts des Fahrweges ein Rastplätzchen am kleinen, unteren Stausee. Wir turnen jedoch immer weiter, zickzacken uns zur Staumauer des zweiten Stausees hinauf, rollen an seinem rechten Rand nach Norden. Im völlig ruhigen, milchig-türkisfarbenen Wasser spiegeln sich grün die Pinienhänge und gelbbraun die Weizenstoppelfelder (Foto).

In LERATE führt ein Betonweg nach links zum Seeufer hinab. Unterhalb der Kirche gabelt er sich: Links geht es zum **Campingplatz** "Aritz Aleku" [**264:** N42° 43' 12.0" W1° 56' 17.8"] (WOMO + 2 Pers.: 20-26 €), geradeaus zu einem angelegten, großen Parkplatz mit Schranke.

(265) WOMO-Badeplatz: Embalse de Alloz
GPS: N 42° 43' 19.6" W 1° 56' 14.3"
max. WOMOs: >5.
Ausstattung/Lage: Bademöglichkeit, Tisch & Bank, WC, Waschbecken, Dusche, Gaststätte/außerorts.
Zufahrt: Von der N 111/A 12 bei Ausfahrt 34 "Alloz" zum Stausee abbiegen bis Lerate.
Hinweis: Von 10-20 Uhr geringe Gebühr, Übernachtung mit Parkwächter absprechen.

Die Straße führt über GUIRGUILLANO direkt nach PUENTE LA REINA. An der höchsten Stelle der Straße, beim **Guirguillano-Pass**, können Sie letztmals zu dem türkisfarbenen Badeidyll zurückblicken...

In PUENTE LA REINA winken wir der Pilgerbrücke wie einer alten Bekannten zu, lassen uns dahinter nach rechts auf die A 12 Richtung PAMPLONA leiten (bei >km 17< Rastplatz mit V/E). Wir rauschen durch den Tunnel unter dem **Puerto del Perdón**, einem 680 m hohen Pass mit über 50 Windgeneratoren, dann senkt sich die Straße, und bald liegt PAMPLONA/IRUÑEA vor uns, die Stadt der Parks, der Sahnebonbons und natürlich der **Sanfermines**, einem Volksfest vom 6. - 14.Juli, an dem die baskische Volksseele übersprudelt:

Am Tag des Hl. Firminus können die jungen Männer während des **Encierros**, wenn die sechs Kampfstiere (neben einigen beruhigenden Ochsen) durch die Straßen zur Arena getrieben werden, ihrer Angebeteten (die vom sicheren Balkon aus zuschaut) ihren Mut beweisen: Wer sich einem Stier in den Weg stellt, ist der Tapferste – oder im schlimmsten Fall tot!

Wir nähern uns der ehemaligen Königsstadt Navarras von Südwesten, überqueren die A 15, rollen geradewegs ins Zentrum hinein (Avenida de Pio XII.). Hinter dem Park mit der Stadtfestung Ciudadela schwenken wir rechts (Avenida del Ejército) und am übernächsten Kreisverkehr (Plaza Príncipe de Viana) links Richtung Plaza del Castillo/Plaza de Toros. Wir passieren die Stierkampfarena, fahren rechts der Festung bergab. An der nächsten Ampel kann man nach rechts eine erste Parkplatzsuche [N42° 49' 11" W1° 38' 17.3"] starten.

Pamplona, Ayuntamiento

Nach links (Calle Vergel) überqueren wir den **Rio Arga** und biegen am Kreisel rechts in die **Calle Rio Arga** [**266:** N42° 49' 27.0" W1° 38' 42.8"] neben dem kleinen **Aranzadi-Park**. Durch diesen spazieren wir über die schöne **Puente San Pedro** unter der Fahrstraße hinweg durch das Stadttor direkt in die Altstadt.

Wir bummeln entlang der **Calle Carmen** zur **Plaza Consitorial** mit dem schönen **Bürgermeisteramt** (und i-Stelle), entdecken halbrechts die Kirche **San Saturnino** mit ihren romanischen Backsteintürmen, wenden uns dann nach links zur riesigen **Plaza del Castillo** und an ihrem Ende zur **Stierkampfarena**. Hinter ihr spazieren wir entlang der **Festungsmauern**, genießen den Blick auf den **Rio Arga** und den **Monte Cristobal**, erreichen die **Kathedrale**: Kircheninneres, Kreuzgang und darin vor allem das Portal "La Preciosa" sind reich mit Plastiken geschmückt. Über die Calle Carmen kehren wir auf dem gleichen Weg zum WOMO zurück. Dann rollen wir mit dem WOMO nach Norden, schwenken rechts in die breite **Av. Villava**, halblinks in die Av. Pamplona und über die PA 30 fahren wir in östlicher Richtung weiter, den Wegweisern "FRANCIA por VALCARLOS/ HUARTE" auf die N 135 folgend.

Ab dem Örtchen HUARTE haben wir wieder den **Rio Arga** neben uns. Er begleitet uns die nächsten Kilometer, so lange die Straße noch in der Ebene dahineilt.
Bei »km 9«, links der Straße, ein schön eingerichteter **Pilgerpicknickplatz** (mit wenig Parkraum; logisch!).
Bei »km 10,0« geht es rechts nach IROZ. Vor der Brücke liegt unten am **Rio Arga** ein schöner Picknickplatz. Unter der niedlichen Dreibogenbrücke kann man wunderbar schwimmen und ganz Verrückte verbringen Stunden damit, zur Brücke hinauf zu rennen und in die tiefe Gumpe zu plumpsen.

(267) WOMO-Badeplatz: Iroz (Rio Arga)
GPS: N 42° 51' 34.7" W 1° 34' 29.5"; 464 m. **max. WOMOs:** 2.
Ausstattung/Lage: Bademöglichkeit, Picknickplatz/außerorts.
Zufahrt: Von der N 135 bei »km 10« rechts hinab zum Rio Arga.

Bereits bei »km 11,7« geht es rechts nach ILLURDOTZ. Hinter der Brücke links kann man ebenfalls ruhig stehen ...
Hinter ZUBIRI zwängen die vordersten Pyrenäenausläufer der Straße erste Serpentinen auf, lassen ihr, wie im Spiel, wieder etwas freien Lauf, bevor sie mit Fels und Steigung erneut zum Angriff vorgehen.
Hinter BURGUETE (vor dem Ort vorletzte Tankstelle in Spanien, die letzte ist im Grenzort VALCARLOS), dem letzten größeren Örtchen auf spanischer Seite, wartet noch einmal ein schöner, schattiger **Picknickplatz**. Bald darauf ist RONCESVALLES erreicht (kurz vorher rechts der Straße Pilgerkreuz), uns allen aus Kindertagen bekannt.

Fiel hier nicht Roland, den Rückzug seines Herrn, Karls des Großen, deckend? Fieberten wir nicht jedesmal, ob dieser nicht vielleicht doch rechtzeitig zurückkehren würde, vom treuen Horn Olifant gerufen, um die maurische Übermacht zu bezwingen?

Nichts zeugt hier vom Heldentod Rolands, das Kloster mit seinem wertvollen Kirchenschatz aus dem XII. Jahrhundert wurde erst 500 Jahre später gebaut. Nur am **Puerto de Ibañeta**, mit 1056 m dem höchsten Punkt unserer Pyrenäenüberquerung, erinnert ein Gedenkstein (Foto) an den Mann, dessen Heldenepos Franzosen und Deutsche vereint.

(268) WOMO-Stellplatz: Puerto de Ibañeta

GPS: N 43° 01' 15.7" W 1° 19' 27.2"; 1064 m. **max. WOMOs:** >5.
Ausstattung/Lage: Liegewiesen/außerorts.
Zufahrt: Auf der N 135 über Roncesvalles bis zur Passhöhe.

Abwärts geht's, Nebelbänke umfangen uns, Nieselregen setzt ein.

„Mucha lluvia?"
Bald sieht uns Nord-Spanien wieder!

TIPPS UND TRICKS – alphabetisch geordnet

ABSCHLEPPSTANGE/ABSCHLEPPSEIL

Unsere Autos sind immer zuverlässiger geworden, deshalb macht man sich immer weniger Gedanken über eine Panne. In entlegenen Gebieten kann ein liegengebliebenes Fahrzeug aber schon zu einem mittleren Problem werden. Gerade die extremen Bedingungen, denen das häufig überladene Gefährt im Urlaub ausgesetzt ist (Staub, Sand, Hitze), können zu einem Ausfall führen. Die Hilfe nahezu jedes Verkehrsteilnehmers kann man voraussetzen! Hier ist jeder auf die Partnerschaft des anderen angewiesen und verhält sich auch entsprechend. Aber haben Sie sich schon einmal Gedanken darüber gemacht, wie man 2 bis 3 Tonnen Abschleppgewicht mit ausgefallenem Bremskraftverstärker ein vorher kaum beachtetes Gefälle hinabbewegt? (Bremskraftverstärker werden nur bei laufendem Motor "geladen"!)

Tipps:

>> *Wir haben beste Erfahrungen mit unserer Abschleppstange gemacht.*

>> *Probieren Sie sofort beim Kauf die Montage aus, manche Abschlepphaken sind noch nicht genormt.*

>> *Kaufen Sie die Abschlepphilfe lieber eine Nummer zu kräftig. Denken Sie daran, was Sie alles zusätzlich zum zulässigen Gesamtgewicht dabei haben!*

>> *In Spanien ist offiziell das Abschleppen durch Privatpersonen verboten. In entlegenen Gegenden sind aber Autohilfsdienste kaum zu erreichen. Also geht man dort mit der Verordnung auch entsprechend großzügig um.*

ADRESSEN

Allein in der Fremde – und dann unter die Räuber gefallen?!
Was tun, wenn die Ausweispapiere verloren gingen? Was tun, wenn die Polizei bei einem Verkehrsunfall den Pass einzieht und man sich ungerecht behandelt fühlt? Was tun, wenn Wertsachen, Geld oder sogar das ganze Auto geklaut wurde? Was tun, wenn man einfach nicht mehr weiter weiß?

Tipps:

>> *Jeder größere Ort hat seine Touristeninformation (Dirección General de Promocion del Turismo, D.G.T.). Dort erhält man nicht nur Prospektmaterial und Stadtpläne, sondern von den stets fremdsprachenkundigen Angestellten auch Rat und Hilfe.*

>> *Die deutschen Konsulate tun in solchen Fällen* ***wirklich*** *alles, manchmal sogar mehr und vor allen Dingen erfolgreicheres, als man sich vorstellen kann:*

> ***Deutsche Botschaft:*** *Calle de Fortuny 8, E-28010 Madrid*
> *Tel.: 91-557 90 00, Fax: 91-310 21 04, zreg@madri.diplo.de*
> ***Konsulate:*** *Passeig de Gràcia 111, E-08008 Barcelona*
> *Tel.: 93-218 47 50*
> *Carrer Girona 20, E-17600 Figueres*
> *Tel.: 972-505 95 4*
> *Av. Lluís Companys 14, E-43005 Tarragona*
> *Tel.: 977-230 39 8*
> ***Österreichische Botschaft:***
> *Paseo de la Castellana 91, E-28046 Madrid*
> *Tel.: 91-556 53 15, Fax: 91-597 35 79*
> ***Schweizer Botschaft:***
> *Calle Nuñez de Balboa 35, E-28001 Madrid*
> *Tel.: 91-436 39 60, Fax: 91-436 39 80*

>> *Sie möchten sich zu Hause noch genauer über Ihr Urlaubsziel informieren? In D, A, CH gibt es gleich sechs spanische Fremdenverkehrsämter: Kurfürstendamm 180, 10707 Berlin,*

Tel.: 030-882 65 43, Fax: 882 66 61, eMail: berlin@tourspain.es
Grafenberger Allee 100, 40237 Düsseldorf,
Tel.: 0211-680 39 80, Fax: 680 39 85, eMail: dusseldorf@tourspain.es
Myliusstraße 14, 60323 Frankfurt/Main,
Tel.: 069-725 033, Fax: 725 313, eMail: frankfurt@tourspain.es
Schubertstraße 10, 80336 München,
Tel.: 089-530 7 4 60, Fax: 530 74 62, eMail: munich@tourspain.es
Walfischgasse 8, 1010 Wien,
Tel.: 01-512 95 80, Fax: 512 95 81, eMail: viena@tourspain.es
Seefeldstraße 19, 8008 Zürich,
Tel.: 044-253 6050, Fax 044-252 6204, eMail: zurich@tourspain.es

\>> *Informationsmaterial verteilen auch die Automobilclubs.*

ÄRZTLICHE HILFE

Krank im Urlaub? Das ist so ziemlich das letzte, was man sich wünscht. Manchmal ist es jedoch nur das kleine Unwohlsein, das den Tag vermiest oder es ist ein Medikament ausgegangen. Was tun?

Tipps:

\>> *Die meisten spanischen Ärzte sprechen französisch, englisch oder deutsch. Auskunft erteilt Ihnen das Touristenbüro.*

\>> *Freundliche Auskunft und Hilfe erhielten wir stets auch bei den Apothekern. Die Ausrüstung der Apotheken mit Medikamenten ist gut. Wir erhielten alle nötigen Medikamente, auch Antibiotika, problemlos ohne Krankenschein.*

\>> *Sie sind in einer gesetzlichen Krankenkasse versichert?*
Für Spanien (sowie alle Länder der Europäischen Union, des Europäischen Wirtschaftsraumes und die Schweiz) ist kein Auslandskrankenschein mehr erforderlich! Lassen Sie sich vor der Reise bei Ihrer Kasse kostenlos die neue Europäische Krankenversicherungskarte EHIC (Euroean Health Insurance Card) ausstellen. Im Ausland genügt es dann, die Karte beim Arzt oder im Krankenhaus vorzulegen.

\>> ***WOMO-TIPP:*** *Leisten Sie sich eine Auslandskrankenversicherung (für knapp 1 € pro Tag) und lassen Sie sich privat behandeln! Sie müssen zwar Arztrechnungen und Medikamente bar bezahlen, werden jedoch äußerst zuvorkommend bedient – und nach Ihrer Rückkehr bekommen Sie, bei korrekt ausgefüllten Rechnungen, die Beträge erstattet.*

AUTOBAHNGEBÜHREN

Was hat es für Sinn, über die ungerechten Autobahngebühren zu jammern! Man fährt eben, so oft es geht, auf der Landstraße.

Tipps:
Frankreich

\>> *Sie werden es nicht glauben - hier sind Sie schnell Kapitän der Landstraße:*
Wohnmobile Höhe <2,00 m: Classe 1: ca. 7 Cent/km;
Höhe <3,00 m und < 3,5 to: Classe 2: ca. 11-13 Cent/km;
Höhe >3,00 m oder >3,5 to: Classe 3: ca. 16 Cent/km;
> 2 Achsen und Höhe >3,00 m oder >3,5 to: Classe 4: ca. 22 Cent/km.

\>> *Wir haben die Preise für die jeweils einfache Gesamtstecke für Sie ausgerechnet. Die können Sie bei den Anreiserouten nachlesen.*

\>> *Auch die Treibstoffpreise auf den Autobahnen sind eine Art Extra-Gebühr. Dort zahlen Sie bis zu 25 % mehr als bei einem Supermarkt (Supermarché).*

\>> ***Achtung:*** *Es gibt indes eine ganze Reihe von gebühren<u>freien</u> Autobahnabschnitten. Diese sind in der Anreisekarte durch eine unterbrochene Mittellinie gekennzeichnet.*

Spanien

>> *An einem Nord-Spanien-Urlauber mit dem "blauen Büchle" können die spanischen Autobahnbetreiber nicht viel verdienen. Wir verzichten völlig auf die Benutzung kostenpflichtiger Rennstrecken.*

>> *Auch in Spanien gibt es viele vierspurige Straßen und Autobahnabschnitte, die mautfrei sind. Auf der Reise-Know-How-Karte "Nord-Spanien" kann man sie genau unterscheiden (gibt's bei WOMO).*

>> *Im Internet finden Sie unter www.arboe.or.at bei "Reise" einen Gebührenrechner. Die Wohnmobile werden nach verschiedenen Tarifklassen eingestuft, die Preise sind etwas niedriger als in Frankreich.*

AUTOHILFSDIENSTE

Irgendwann passiert es jedem einmal: Das Auto gibt keinen Mucks mehr von sich.

Tipps:

>> *In vielen Tankstellen und Werkstätten gibt es Mechaniker, die im Ausland gelernt haben, hier können Sie hoffen, dass man Sie versteht. Im übrigen haben die spanischen Automechaniker den Ruf, auch aussichtslose "Fälle" zu bewältigen. Viele Ersatzteile baut man aus Schrottautos aus, statt sie teuer und zeitraubend zu bestellen.*

>> *Trotzdem sollten Sie sich vor dem Urlaub von Ihrer Autowerkstatt ein internationales Kundendienstverzeichnis besorgen lassen. Sie können ja Glück im Unglück haben und in der Nähe einer Reparaturwerkstätte Ihrer Automarke sein.*

>> *Der Spanische Automobilclub Real Automovil Club de España (RACE) unterhält in größeren Städten Pannendienstzentralen. Die Rufnummern sind:* ***900 11 22 22*** *und* ***91 593 33 33****.*

>> *Bei einem Unfall (accidente) oder einer Panne (auxilio en carretera) ist innerorts die "Policia Municipal", außerorts die "Guardia Civil de Trafico" zuständig.*

>> *Die ADAC-Notrufzentrale in München ist rund um die Uhr besetzt:*
Tel. (aus Spanien): ***0049-89-22 22 22.***

BABY

Mit einem Baby oder Kleinkind in den WOMO-Urlaub? Wir haben nur gute Erfahrungen gemacht. Kinder ändern ihr Verhalten im Urlaub wesentlich weniger als Erwachsene (sie kämen z. B. nie auf die Idee, sich wie Fleisch in der Sonne braten zu lassen). Vorsicht ist jedoch stets bei Sonnenschein, speziell im Gebirge und am Meer, angeraten. Magen- und Darmkomplikationen bleiben meist aus, wenn man noch Babykost füttert.

Tipps:

>> *Schon vor der Reise mit sonnenbaden und eincremen anfangen.*

>> *Hütchen und baumwollenes T-Shirt sind Pflicht, der Rest des Körpers ist wesentlich unempfindlicher.*

>> *Nach dem Baden sofort abtrocknen, erneut mit Sonnenschutzcreme einreiben.*

>> *Babykost, Windeln und spez. Medikamente (Kinderarzt fragen!) von zu Hause mitbringen. Selbstverständlich erhält man alles auch in Spanien, aber Vertrautes erspart Ärger.*

>> *Buggy oder Babyrückentrage sind für Besichtigungen unentbehrlich.*
Kein noch so geduldiges Kleinkind tippelt freiwillig durch Gegenden, denen es kein Interesse abgewinnen kann.

>> *Getränkewünsche unbedingt erfüllen und zwar mit schwach gesüßtem Tee (als Pulver mitnehmen). Gekaufte Getränke sind oft zu zuckerhaltig, um erfrischend zu wirken.*

>> *Wasser unbedingt entkeimen (siehe "Trinkwasser").*
>> *Wichtigste Urlaubsutensilien für Ihr Kind sind: Lieblingsschmusetier, Sandspielsachen, Schwimmflügel, Schwimmreif, Malsachen für die Fahrt.*

BADEN

Stellen Sie sich vor, Sie stünden in stockdunkler Nacht an einer Meeresküste. Könnten Sie zwischen Mittelmeer und Atlantik unterscheiden? Sehen Sie, kein Problem! Ein richtiges Meer braust ganz anders als eine Badepfütze. Warum verhalten sich dann aber so viele Badegäste nicht auch entsprechend anders?

Tipps:
>> *Schwimmen Sie nie abgehetzt oder mit vollem Magen weit hinaus. Kein Mensch sieht Sie zwischen den Wellenbergen.*
>> *Folgen Sie unbedingt den Anweisungen der Rettungsschwimmer, die an vielen Stränden Dienst tun. Achten Sie auf die Farbe ihrer Signalfahnen:*
Rot : Lebensgefahr (oder Aufsicht nicht anwesend).
Gelb: Vorsicht beim Baden, Kinder beobachten.
Grün: Ruhige See.

>> *Der Tidenhub (Wasserstandsdifferenz zwischen Ebbe und Flut) beträgt an der nordspanischen Küste bis zu sechs Metern. Entsprechend stark kann der ablandige Sog bei einsetzender Ebbe sein. Beachten Sie unbedingt Badeverbote und Warntafeln.*
>> *Manche Brillenträger schwimmen nie ohne ihre Sehgläser. Binden Sie die Bügel hinter dem Kopf mit einer Schnur zusammen (es gibt auch entsprechende Halterungen beim Optiker). Eine Reservebrille ist trotzdem dringend nötig!*
>> *Seeigel gibt es an Sandstränden kaum. Für Klettereien in den angrenzenden Felsenpartien sind jedoch Badeschuhe erforderlich.*
>> *Der Atlantik ist Ihnen für Ihre Kinder zu gefährlich?*
Die vielen Stausee- und Flussbadeplätze an unseren Nord-Spanien-Touren bieten Ihnen ruhigere Badefreuden.

BELEUCHTUNG

Rotviolett versinkt die Sonne im Meer, nach sehr kurzer Dämmerung ist es stockfinster. Erst wenn der Mond aufgeht, findet man auch nachts den Weg zum Fahrzeug zurück.
Zum ständigen Inventar eines WOMOs müssen also gehören: Taschenlampe(n), Kerzen, Petroleumlampe und natürlich die 12-V-Innenbeleuchtung.

Tipps:
>> *Bei der Innenbeleuchtung spart man viel Batteriestrom, wenn man statt der herkömmlichen Glühbirnen Lampen mit transistorgesteuerten Leuchtstoffröhren verwendet (Vierfache Stromausbeute!).*
>> *Viele sagen: Petroleum stinkt! Das sog. Duftpetroleum enthält nur noch Spuren der stinkenden Erdölanteile und ganz nach Wunsch zusätzliche Duftstoffe. Petroleumlampen sind die ideale Beleuchtung vor dem WOMO.*

>> *Steckt man eine dicke Stummelkerze in einen gläsernen Bierseidel (Senfglas), so hat man ein preiswertes Windlicht. Es tut vor allem nachts gute Dienste, wenn die Kinder gerade so schön schlafen und verbreitet die beste Stimmung.*
>> *Zuverlässiger Nothelfer ist auch eine Dynamo-Taschenlampe. Ohne Batterien tut sie ihre Dienste mit Schwungradantrieb.*
>> *Für jede Lampe stets eine Reservebirne/Reserveröhre/Reserveglaszylinder in Vorrat halten.*
>> *Licht verbreitet auch ein malerisches Lagerfeuer.*
***VORSICHT!!!** Waldbrände sind in Spanien an der Tagesordnung! An vielen Orten ist in den Sommermonaten offenes Feuer verboten.*
>> *Gehen Sie zu keiner Besichtigung ohne Taschenlampe in der Handtasche. Die meisten Kirchen sind nur kümmerlich beleuchtet, viele Kunstschätze sind kaum erkennbar - und in den Bergwerksstollen des Goldlandes lernen Sie sonst das Gruseln.*

BERGSTEIGEN/BERGWANDERN

Nach der Schweiz ist Spanien das gebirgigste Land Europas! Die landschaftlich schönsten Gebirgsgegenden wurden schon frühzeitig als Nationalparks geschützt und mit markierten Wanderwegen der Bevölkerung zugänglich gemacht. Touristische Einrichtungen, die mit dem Auto erreichbar sind, gibt es nur vereinzelt in Form staatlicher Hotels (Parador). Reichlich ausgestattet sind die bekannteren Gebiete mit, meist allerdings unbewirtschafteten, Berghütten (Refugio), die jedoch erwandert werden wollen.
Die in diesem Buch beschriebenen Touren sind wir ausnahmslos selbst gegangen. Erforderliche Ausrüstung, Zeitaufwand und Schwierigkeitsgrad sind genau im Text genannt.

Tipps:
>> *Glauben Sie nicht, bei spanischen Zweieinhalbtausendern auf Bergschuhe, Anorak, Rucksack mit Feldflasche, Proviant und Kompass verzichten zu können.*
>> *Die gängigsten Wanderwege sind mit Farbklecksen markiert, manchmal sind Steinmännchen angehäuft, Wegweiser gibt es nur ganz vereinzelt.*
>> *Abseits der Haupttrampelpfade begegnen Sie kaum einem Menschen. Gehen Sie deshalb nie allein auf Tour. Wenn Sie sich verirren oder verletzen, findet Sie so bald niemand!*
>> *Gebirge haben nie beständiges Wetter. Brechen Sie eine längere Tour lieber ab, wenn das Wetter umzuschlagen beginnt. Regen, ja sogar Schneefall oder Hagelschauer, aber auch dichter Nebel können zu wahrhaft ungemütlichen, mit Kindern zu unverantwortlichen Situationen führen.*
>> *Jede Wandertour, sei sie ein Gipfelsturm oder eine mehr gemütliche Rundwanderung, belohnt Sie mit atemberaubenden Blicken auf eine grandiose Landschaft.*

CAMPINGMÖBEL

So komfortabel auch manches WOMO eingerichtet ist, im Freien sitzt es sich meist doch ungezwungener, der Freiraum ist einfach größer. Andererseits will man auch nicht den Eindruck eines Dauerlagers erwecken und vor der Weiterfahrt nicht stundenlang einräumen. Auf Campingtisch und -stühle sowie einen großen Sonnenschirm bzw. Markise sollte man jedoch nicht verzichten!

Tipps:
>> *Sparen Sie nicht bei den Campingmöbeln, nehmen Sie Aluminium! Es ist leichter und hält viel länger.*
>> *Eine montierte Markise halten wir für einen feinen Luxus, ein komplettes Vorzelt für überflüssigen Ballast.*

DEVISEN/GELDABHEBUNG

Bargeld, ec-Karte, Kreditkarten, Reiseschecks oder, oder...? Vor jeder Reise das gleiche Problem?

Tipps:

>> *Für die Anfahrt durch Frankreich muss genügend Bargeld vorhanden sein, um Treibstoff, Maut sowie eventuelle Gaststätten- und Übernachtungskosten bezahlen zu können.*

>> *Die besten Erfahrungen bei der Bargeldversorgung haben wir mit unserer ec-Karte (+ Geheimzahl) gemacht. Fast alle Banken haben einen Automaten, der Sie auch außerhalb der Öffnungszeiten nicht im Stich lässt (Gebühr: mind. 1% des Abhebungsbetrages, mind. 3,50 €).*

>> *Reiseschecks kosten beim Erwerb* ***und*** *bei der Einlösung Gebühren, werden aber bei Verlust meist sofort ersetzt.*

>> *Kreditkarten sind in Spanien weit verbreitet. Gut geeignet sind sie zur Bezahlung an Tankstellen, in Gaststätten und Supermärkten.*
Bargeld vom Geldautomaten ist mit der Kreditkarte vergleichsweise teuer! (Beispiel: 250,00 Euro abgehoben, 260,00 Euro abgebucht). Es gibt aber Banken, zu deren Service auch kostenlose Bargeldabhebung mit Kreditkarten gehört – umhören lohnt sich!

DUSCHE

Eine eingebaute Duschkabine im WOMO ist eine feine Sache, wenn man mal von den Kondenswasserproblemen in der kalten Jahreszeit absieht. Verzichten kann man aufs Duschen auch nicht, mit der Zeit bildet sich auf der Haut vom Baden eine Salzschicht.

Tipps:

>> *Praktisch ist auch der Einbau einer kleinen Außenwandklappe, durch die Sie den Duschschlauch ziehen und das Wasser an- und abstellen können. So sparen Sie sich in der Duschkabine lästige Reinigungsarbeiten.*

>> *WOMO-Fahrern ohne Dusche ist gut mit der Solardusche geholfen (Camping-Fachhandel). Sie besteht aus einem schwarzen Plastikbeutel mit Duschkopf. Meist erwärmt sich das Wasser darin stärker, als man verträgt. Aufgehängt an der Heckleiter oder einem Baum spendet sie kostenlosen Duschgenuss.*

EINREISEFORMALITÄTEN

Für Urlauber aus Deutschland, Österreich oder der Schweiz gilt folgendes: Personalausweis, Führerschein, Kraftfahrzeugschein und Grüne Versicherungskarte nicht vergessen.

Tipps:

>> *Reisebedarf für den persönlichen Gebrauch kann zollfrei eingeführt werden, schließlich bleiben wir auf unserer gesamten Reise in der EU.*

>> *Die Deckungssummen der Autoversicherungen sind in Spanien viel geringer als bei uns. Überlegen Sie, ob unter diesen Umständen nicht der Abschluss einer kurzfristigen Vollkasko- und Insassenunfallversicherung angeraten ist.*

>> *Sie haben auf der Heimfahrt das WOMO voller guter alkoholischer Tropfen? Eigenbedarf ist innerhalb der EU zollfrei!*

ENTSORGUNG

Einer der Gründe dafür, dass das Freie Camping in so vielen Ländern verboten oder zumindest ungern gesehen wird, ist mit Sicherheit die Verunstaltung und Verseuchung der Landschaft mit Fäkalien. Die Benutzung einer Campingtoilette

ist deshalb ein absolutes "Muss" für jeden engagierten Camper.
Aber auch der "sonstige Müll" kann problemlos umweltgerecht entsorgt werden!

Tipps:

>> *Chemikaltoiletten sind nicht der Weisheit letzter Schluss, bekämpfte man doch die zu erwartenden Düfte selten mit umweltverträglichen Mitteln. Wie verhält sich der moderne, umweltbewusste Toilettengänger in Nordspanien:*

1. Machen Sie Ihre Chemikaltoilette wieder zu einer harmlosen Campingtoilette – indem Sie keine giftigen Chemikalien zusetzen.
2. Wir verwenden nur Schmierseife, andere schwören auf Oranex (Orangenschalenextrakt) aus dem Bio-Laden – und es geht auch.
3. Der beste Geruchsabzug ist immer noch ein Schornstein! Man bastelt ihn für Pfennigbeträge, indem man am Toilettenunterteil ein Loch bohrt, einen gewinkelten Schlauchstutzen (evtl. mit Absperrhahn) einsetzt und einen Schlauch durch den Fahrzeugboden führt. Schon nimmt der Fahrtwind Ihre Düfte mit. Noch besser ist die Schornstein-Wirkung, wenn sie von einem Ventilator unterstützt wird. Nach Einbau einer SOG-Toilettenentlüftung sind üble Gerüche (auch ohne Chemikalien) für immer passé: Fa. SOG-Dahmann, Tel.: 02605-952 762; www.sog-dahmann.de
4. Campingtoiletten entweder an Toiletten am Strand, bei Tankstellen, auf Campingplätzen oder in Ortschaften mit öffentlichen Toiletten entleeren.
5. Die wenigen offiziellen WOMO-Ver- und Entsorgungsstellen an unseren Touren haben wir genau beschrieben und auf den Karten markiert.
6. Nur im äußersten Notfall gräbt man auf Ödland oder im Wald (mindestens 100 m von Gewässern entfernt) ein Loch und buddelt es nach Füllung sorgfältig zu.
7. Wer den Inhalt seiner Campingtoilette hinters Gebüsch gießt, den soll der Blitz beim Schei... treffen.

>> *Mülleimer gibt es in Nord-Spanien an (fast) jedem der meist sehr gepflegten Bade- und Picknickplätze. Wir haben sie in unseren Info-Kästen stets mit aufgeführt. Glascontainer findet man in jeder Ortschaft!*

FAHRZEUG

Wenn das Auto nicht mehr läuft, "läuft" gar nichts mehr im Urlaub. Nur das beruhigende Gefühl, alles getan zu haben, damit Motor, Zündanlage, Reifen und Fahrgestell mehrere tausend Kilometer ohne Murren durchhalten, kann stressfreie Urlaubstage garantieren.

Tipps:

>> *Kundendienst vor dem Urlaub nicht vergessen!*

>> *Ersatzteile mitnehmen:*
** Reservezündkerzen, -keilriemen, -sicherungen*
** Reserve-Birnenset komplett?*

>> *Pannenausrüstung komplett?*
** Reservekanister 20 Liter, voll?*
** 1-2 Liter Öl*
** Reserverad mit Profil, Luftdruck o.k.?*
** Ersatzschlauch (auch bei schlauchlosen Reifen!)*
** Abschleppstange, ausprobiert?*
** passender Wagenheber, ausprobiert?*
** Warndreieck/Warnblinkleuchte*
** Erste-Hilfe-Koffer, komplett?*
** Werkzeugkoffer, komplett?*
** Verzeichnis der Auslandskundendienststätten meiner Automarke, neu!*
** Reparaturbuch*

- >> *Scheibenwaschanlage gefüllt, "Scheibenkratzer" mit Gummilippe und Schaumstoffwulst (Insekten!) vorhanden?*
- >> *Feuerlöscher O. K.?*

FILMEN/FOTOGRAFIEREN

Zweifelsohne verstärken die mitgebrachten optischen oder sogar akustischen Urlaubserinnerungen die Vorfreude auf die nächste Reise. Für jegliches Foto/Videomaterial gilt: Reichlich von zu Hause mitbringen, die Preise in den Urlaubsländern sind stets höher, von der Auswahl ganz zu schweigen.

Tipps:

- >> *Kaufen Sie rechtzeitig Fotomaterial, nutzen Sie Sonderangebote im Frühjahr. Im Kühlschrank halten die Filme jahrelang, ohne zu altern.*
- >> *Ihre Digitalkamera ist neu? Dann bedenken Sie: Die mitgelieferte Speicherkarte ist ein (schlechter) Witz. Sie brauchen pro Bild etwa 1 MB!*
- >> *Nicht nur die Natur und Ihre Lieben sind fotografierenswert. Für die schönen Fresken in den dunklen Kirchen und die herrlichen Tropfsteinhöhlen brauchen Sie einen kräftigen Elektronenblitz, ein Stativ wäre auch nicht schlecht.*
- >> *Denken Sie an einen Vorrat der benötigten Batterien (am besten aufladbare NiMH-Akkus) für Blitzgerät und Kamera.*
- >> *Ein 12-V-Ladegerät für die Batterien der Digitalkamera, Videokamera usw. sollte immer an Bord sein (oder ein Wechselrichter).*
- >> *Schauen Sie öfter nach dem Objektiv. Seeseitiger Wind bläst Salzwasserspritzer auf die Linse. Vorsichtig mit einem angefeuchteten Läppchen abtupfen, dann trockenwischen.*
- >> *Machen Sie Ihre Fotos möglichst vor 10 und nach 16 Uhr, andernfalls hilft nur ein UV-Filter gegen Verschleierung.*
- >> *Auch Unterwasseraufnahmen sind ohne großen Aufwand möglich. Im Fachhandel gibt es Wasserschutzetuis bis 10 m Tauchtiefe.*

FLORA/FAUNA

Die Tier- und Pflanzenwelt von Spaniens Gebirgen und Küsten ist uns zum Teil völlig fremd. Es lohnt sich, ihr mehr als einen Blick zu schenken. Vor allem beim Spiel am Strand, aber auch bei den Gebirgstouren trifft man auf vieles, was einem unbekannt ist. Gut gestaltete Bestimmungsbücher (siehe "Literatur") machen es auch dem Laien leicht, sich zurechtzufinden.

Tipps:

- >> *Bei Ihrer Rundfahrt durch Nord-Spanien werden Sie zwei völlig verschiedene Klimazonen durchqueren. Die Gebiete, die dem Einfluss des Atlantik direkt ausgesetzt sind, also die Küstenstreifen Asturiens und Galiciens, haben maritimes Klima. Durch häufigeren Niederschlag entstand das immergrüne Spanien; mitteleuropäische Laubbäume, aber auch Fichten und Kiefern sowie der zur Aufforstung bevorzugte Eukalyptusbaum bestimmen das Waldbild. Dazwischen liegen, in sattem Grün, Wiesen, Mais- und Kohlfelder, oft in winzigen Parzellen. Ähnlich ist das Bild im Pyrenäenbereich.*
- >> *Das Meseta-Tafelland südlich davon, vom Regen abgeschirmt durch das Kantabrische Randgebirge, zeichnet sich durch heiße, trockene Sommer aus, Wassermangel ist das große Problem der Landwirtschaft. Zur Urlaubszeit bestimmen endlose, meist schon abgeerntete, öde Weizenfelder das Bild. Nur selten bekommt man ein kleines Wäldchen aus immergrünen Stein- oder Stecheichen zu sehen, durch Raubbau und intensive Weidewirtschaft wurden weite Gebiete der Erosion überlassen, von der Tierwelt entvölkert. Bewundernswert sind die immensen Anstrengungen zur Wiederaufforstung.*

>> *Die Tierwelt der Nationalparks ist geschützt und konnte sich dort wieder entfalten. Trotzdem muss man schon viel Glück haben, um einen Steinbock oder ein Exemplar der Spanischen Gemse zu erblicken. Auf Greifvogelsafari jedoch werden wir mit Ihnen gehen: In einigen Schluchten der Pyrenäen können Sie Geier und Adler bei ihren Flugkünsten bewundern und aufs (Tele-)Objektiv bannen.*

>> *Noch näher kommt die Tier- und Pflanzenwelt der Meeresküste jedem Urlauber, die starken Gezeitenunterschiede machen eine Beobachtung besonders leicht.*

>> *Hier lässt sich auch vieles sammeln! Muscheln, Schnecken, der Schulp des Tintenfisches sowie die vertrockneten Überreste von Krebsen und Seesternen sind beliebte Fundobjekte der kleinen (und großen) Kinder. (Bestimmungsbücher siehe "Literatur").*

FREIES CAMPING

„ACAMPADA LIBRE!
PROHIBICION DE PRACTICARLA CERCA DE LOS CAMPAMENTOS, PLAYAS, RIOS Y POBLACIONES, ETC.“

Es ist nicht schwer zu verstehen, was von dieser "offiziellen Erlaubnis für freies Camping" zu halten ist. Gestattet ja, aber überall dort nicht, wo man gerade möchte. Wie sieht die Praxis aus?

Tipps:

Frankreich

>> *Das Freie Campieren ist in Frankreich verboten. Die einmalige Übernachtung im WOMO wird jedoch geduldet. Wir haben nie einen Polizisten gesehen, geschweige denn Probleme gehabt.*

>> *„Wo kein Kläger, da kein Richter!“ Fahren Sie noch bei Tageslicht von der Hauptstraße ab und suchen Sie sich in ein paar hundert Meter Entfernung einen Wald- oder Wiesenweg, wo Sie von der Straße sichtgeschützt sind. Kein Mensch wird sich um Sie kümmern.*

>> *Bequeme Übernachtungsgelegenheiten bieten auch die Rastplätze mit dem blauen Baum-Tisch-Bank-Symbol. Sie liegen jedoch in der Regel mindestens in Hör- wenn nicht in Sichtweite des Straßenverkehrs. "Ohropax" mitnehmnen!*

>> *"Camping a la ferme", Camping auf dem Bauernhof – diese Schilder finden Sie häufig an den Durchfahrtsstraßen. Dort stehen Sie ruhig, sicher und preiswert.*

>> *An unseren Lieblingsstrecken haben wir achtzehn (!) ruhige Übernachtungsplätze, meist weit abseits der Straße notiert, um Ihnen die Anreise noch bequemer zu machen. Dank präziser Beschreibung (sogar mit GPS-Koordinaten) sind sie auch im Dunkeln problemlos zu finden!*

Nord-Spanien

>> *Ausländische Touristen sind in Nord-Spanien noch relativ dünn gesät. Deshalb wird auch kein Polizist einen WOMO-Fahrer ohne Grund ernsthaft verärgern; im schlimmsten Fall spricht man von "wegschicken", Strafen wurden uns nicht bekannt.*

>> *An den meisten Stellen gibt man sich große Mühe um saubere Strände, WCs sind oft vorhanden, Mülleimer stehen reichlich herum. Es ist auch eine Frage des persönlichen Engagements, wie lange man noch so freundlich zu den WOMO-Touristen sein wird.*
BITTE! *Sorgen Sie mit dafür, dass die WOMO-Fahrer den guten Ruf behalten, den sie offensichtlich in Nord-Spanien haben! Machen Sie lieber mehr Dreck weg, als Sie selbst gemacht haben, als umgekehrt!*

>> *Sollte sich wirklich einmal ein Polizist mit Ihnen anlegen wollen, so weisen Sie ihn freundlich darauf hin, dass Sie hier nicht campieren, sondern lediglich baden und am nächsten Tag weiterfahren werden. Zeigen Sie ihm Ihren Müllbeutel und Ihren Abwassertank, und versuchen Sie ihm vor allem klar zu machen, wie gut es Ihnen in seinem Heimatland gefällt. Wenn es ein echter Spanier ist, wird er Ihnen noch viel Spaß in España wünschen – und weiterfahren.*

Hilfen bei der Platzsuche:

>> *Zu allen Plätzchen haben wir – topaktuell – die GPS-Daten ermittelt. Mit einem GPS-Gerät finden Sie, selbst bei Nacht und Nebel, zielsicher hin (siehe auch: Zauberei – Outdoornavigation mit GPS).*

>> *Die schönsten Plätzchen liegen einsam, sind oft nicht von der Straße aus einsehbar. Deutlich werden sie manchmal durch die vielen staubigen Reifenspuren, die auf die Teerstraße führen ...*

>> *Besitzt die Straße Kilometersteine, haben wir im Text die Abzweigungen durch Straßenkilometerangaben auf 100 m genau gekennzeichnet. Beachten Sie: Nehmen in Ihrer Fahrtrichtung die Zahlen auf den Kilometersteinen ab, dann liegt z. B. »km 12,4« 400 Meter **vor** km 12!*

Die S-S-S-Regel:

>> *Die von uns beschriebenen Badeplätze an der Küste sind nicht für Sie allein reserviert! Der Andrang variiert von "absolut einsam" bis "chaotisch überfüllt". Dabei gilt wie überall die S-S-S-Regel: In der **S**aison (August) sind am **S**onntag die Strände besonders voll, wenn auch noch die **S**onne scheint. Suchen Sie sich deshalb bereits vorher ein schönes Plätzchen – und verlassen Sie es erst Montag früh.*

Campingplätze in Frankreich

Frankreich besitzt etwa 5000 Campingplätze, mehr als jedes andere Land der Welt. Besonders preiswert sind die von den Gemeinden eingerichteten "Camping Municipal" und die "Camping a la ferme". Wer sich nicht die Mühe machen will, nach einem eigenen Plätzchen zu suchen, der ist dort sicher gut aufgehoben.

Campingplätze in Nord-Spanien

An unserer Rundstrecke durch Nord-Spanien liegen eine ganze Reihe gut ausgestattete Campingplätze, vor allem natürlich an der Küste. Die Preise gleichen denen auf deutschen Plätzen oder liegen noch etwas höher, die Ausstattung ist meist gut. Wir haben sie im Text erwähnt und auf den Tourenkarten eingezeichnet.

GAS

Außer der Zweitbatterie die einzige Energiequelle beim Freien Camping. Bei einer vierköpfigen Familie muss man mit einem Gasverbrauch von 3 kg pro Woche rechnen. Einen ordentlichen Happen 'frisst' davon der Kühlschrank.

Tipps:

>> *Sie haben eine graue Camping-Europa-Umtauschflasche? In Nord-Spanien tauscht sie Ihnen niemand um!*

>> *Die in Spanien an allen Ecken herumstehenden orangefarbenen Propangasflaschen werden nur gegen gleiche getauscht. Die Anschlüsse passen nicht! Was tun?*

1. Möglichkeit:

Sie haben eine sog. Tankflasche? Diese bekommen Sie im Südwesten von La Coruña gefüllt bei der Repsol-Vertretung im Industriegebiet "Poligono Pocomaco" [N 43° 20' 6.4" W 8° 25' 19.7"], gleich hinter dem Kreisverkehr (offen: Mo-Fr 8-22, Sa 9-13/15-18, So 8-14 Uhr). Bei der Touristen-Info am Hafen trägt man Ihnen die Stelle auf dem Stadtplan ein!

2. Möglichkeit:
Sie haben nur Platz für eine 11-kg-Flasche, brauchen aber mehr Gas? Fahren Sie mit Ihrer einen Flasche los, nehmen Sie aber einen Zwischenstutzen für den Anschluss einer kleinen, blauen Camping-Gaz-Flasche mit (Camping-Fachhandel). Diese können Sie preiswert überall in Frankreich und Spanien erwerben und tauschen. Die Füllung ist jedoch teurer als die der Propangasflaschen in Deutschland.

GETRÄNKE

Kein Land auf der Welt hat eine größere Weinanbaufläche als Spanien. So ist es kein Wunder, dass auch für den ärmsten Spanier eine Mahlzeit ohne Wein undenkbar wäre. Selbst zum preiswertesten Menü gehört in jeder Gaststätte ein Viertel Roter. Sie sind kein Weintrinker? Schade! Aber selbstverständlich erhalten Sie auch Bier, Mineralwasser und Fruchtsäfte in jedem Lokal.

Tipps:

>> *Weinkennern eine bestimmte Marke zu empfehlen, ist bei der Fülle des Angebots unmöglich. Beginnen Sie mit einem roten Rioja und probieren Sie sich durch!*

>> *Sie legen mehr Wert auf einen preiswerten, bekömmlichen Tischwein? Dann machen Sie es wie die Einheimischen und verlangen Sie den "vino de la casa" (oder "vino de mesa"). Hier haben Sie noch die Wahl zwischen "vino blanco" (Weißwein), "vino tinto" (Rotwein) und "vino rosado" oder "clarete" (Weißherbst).*

>> *Bier wird nur in Lokalen in winzigen 0,25-l-Fläschchen zu hohe Preisen angeboten. Im Supermarkt gibt's auch Literflaschen mit praktischem Schraubverschluss. Noch günstiger: Dosenbier beim (spanischen) LIDL ohne Pfandpflicht.*

>> *Ausgesprochen fruchtig und nicht zu süß sind die "lemon"-Fruchtsaftgetränke. Die Firmen KAS und SCHWEPPES scheinen den Getränkemarkt unter sich aufgeteilt zu haben. Leider werden sie häufig nur in riesigen Plastikflaschen verkauft, die dann den Müllbeutel blockieren.*

>> *Weltberühmt sind die spanischen Brandys. Selbst bei den preiswerten Angeboten fährt man nicht schlecht.*

>> *Ihr Vorrat an Kaffee sollte nie ausgehen! In Spanien finden Sie auf nahezu allen Packungen den Vermerk: "Con azucar" – mit Zucker.*

>> *Frischmilch gibt's nicht in jedem Lebensmittelgeschäft. Dafür ist H-Milch inzwischen in Spanien überall vertreten.*

>> *Wer gern Sirup verwendet, um Gewicht zu sparen, muss Vorrat von zu Hause mitbringen. Noch nicht einmal Orangensirup gibt es im Land der Apfelsinenwälder.*

>> *Auch Zitronentee-Pulver haben wir im Supermarkt gesichtet. Es ist immer noch unser Lieblingsgetränk, vor allem auf Wanderungen, weil es nahezu nichts wiegt und erst vor Ort mit frischen Quellwasser angemischt wird.*

HAUSTIERE

Hunde, Katzen und was sonst noch als Haustier kreucht und fleucht, darf man mit nach Spanien bringen, wenn die Einreisepapiere stimmen. Verlangt wird der internationale Haustierpass mit Tollwutimpfbescheinigung (nicht älter als 1 Jahr, nicht frischer als 1 Monat!) und der eingepflanzte Mikrochip.

Aber: Auf vielen Campingplätzen (und an den meisten Stränden) besteht Hundeverbot!

Und nicht nur das: Probleme können auch die vielen freilaufenden, völlig verwahrlosten Hunde (und Katzen) bereiten. Haben Sie auch bedacht, dass in südlichen Ländern mannigfaltige Infektionskrankheiten Ihr Tier bedrohen? Infos finden Sie unter: www.laboklin.de (Service - Rat & Tat - Reise).

HÖHLEN

In jedem Karstgebiet gibt es Höhlen, häufig konnte man auch nachweisen, dass sie von unseren menschlichen Vorfahren als Wohnung genutzt wurden. Nirgends aber gibt es solch prachtvolle Höhlenmalereien wie im südwestfranzösisch-kantabrischen Gebirgsraum!
Von Lascaux bis Altamira spannt sich ein Bogen gemeinsamer künstlerischer Ausdrucksform, der uns moderne Menschen völlig verblüfft. Das Erstaunen darüber, dass die "Wilden" der Vorzeit plötzlich nicht mehr in den primitiven Rahmen passten, den man bisher für sie angenommen hatte, war so groß, dass zunächst jahrelang von Fälschung gesprochen wurde, bis genaue Datierungsmethoden das hohe Alter der gemalten und geritzten Tierdarstellungen bewiesen.
Unverändert haben die eindrucksvollen Kunstwerke, die auch so viel über die Lebensweise, das Denken und Fühlen unserer Urahnen aussagen, die Zeiten überdauert. Jetzt allerdings muss man um sie fürchten, denn die Besucherströme und die Beleuchtung verändern so das Höhlenklima, dass wuchernde Algen die Farben überdecken.
Altamira ist bereits völlig geschlossen (direkt nebenan wurde eine originalgetreue Kopie der Höhle mit ihren einmaligen Malereien eröffnet), an anderer Stelle wird die tägliche Besucherzahl begrenzt. Es ist also dringend angeraten, zu einer Besichtigung so früh wie möglich zu starten.
"Höhlen" besonderer Art sind die Goldbergwerke von "Las Medulas". Wir besuchen sie während unserer Tour 15.

INSEKTENPLAGE

Stechmückenschwärme wie in Finnland gibt es an den spanischen Atlantikstränden nicht. Trotzdem kann schon ein einziger Moskito die Nachtruhe einer ganzen WOMO-Besatzung vermiesen. Auch der malerischste Sonnenuntergang lässt sich nicht genießen, wenn sich durstige Insektenrüssel durch die Jeans bohren.

Tipps:

\>> *Schmieren oder sprühen Sie sich in entsprechenden Gebieten **vor** Sonnenuntergang mit **Autan** ein. Glauben Sie ja nicht, ein Mückenrüssel gehe nicht durch eine lange Hose hindurch, wenn sie an der Haut anliegt! Die Pyrethrum-Räucherspiralen haben nach unserer Erfahrung eher bei marmelade-gierigen Wespen Erfolg.*

\>> *Bedenken Sie: **Alle** Öffnungen nach außen müssen verschlossen werden, auch Türen und Dachluken. Bei der Eingangstür ist es praktisch, die Gaze in der Mitte mit einem Reissverschluss zu unterteilen.*

\>> *Sprühen Sie eine Stunde vor dem Zubettgehen das WOMO mit Insektenspray aus. Gegen Mücken im Wageninneren hilft auch keine Moskitogaze – es sei denn, Sie benutzen ein Moskitonetz! Für das allein reisende Ehepaar ist es die luftigste (und preiswerteste) Lösung. In Kastenform bedeckt es das ganze Bett – und man kann alle Fenster weit öffnen.*

\>> *Nicht selten wird Ihre Mahlzeit im Freien von Wespen gestört. Hier helfen am ehesten noch die Pyrethrum-Räucherspiralen – oder die Fliegenpatsche.*

KARTENMATERIAL

Jede Karte ist nur so gut wie die Informationen, die der Verlag bekommt. Selbst wenn Sie immer das neueste Kartenmaterial verwenden, kann es Ihnen passieren, dass plötzlich Straßen oder Brücken auftauchen, die auf Ihrer Karte nur projektiert sind. Insgesamt betrachtet ist das zur Verfügung stehende Kartenmaterial über Nord-Spanien reichhaltig und gut.

Für die Anreise durch Frankreich empfehlen wir die Michelinkarte Nr. 721 im Maßstab 1:1 Mio (gibt's bei WOMO).
Für Nord-Spanien empfehlen wir die Reise-Know-How-Karte im Maßstab 1:350.000. Sie deckt (fast) unsere gesamten Nord-Spanien-Touren ab. Die Karte wurde auf synthetischem Papier gedruckt, das nicht nur reiß- und wasserfest ist, sondern auch je nach Bedarf beliebig gefaltet werden kann (gibt's bei WOMO)!
Die FIRESTONE-Karten T-20 bis T-22 und T-33 im Maßstab 1:200.000 haben nicht die Präzision unserer Generalkarten, es ist aber jedes Sträßchen eingezeichnet. Kleine Bildchen der Hauptsehenswürdigkeiten, mitten hineingezeichnet, geben einen guten Überblick. Einige Stadtpläne sind ebenfalls abgedruckt (leider bekommt man die Karten noch nicht einmal in Spanien in jedem Buchladen, offensichtlich z. Zt. überhaupt nicht lieferbar).
Wanderkarten im Maßstab 1:25.000 gibt es von allen Gebirgsgegenden (Verlag: Editoral Alpina, Granollers). Sie haben alle ein ausführliches Begleitheftchen, im dem u. a. viele Touren empfohlen werden – leider nur auf spanisch! Wir benötigten die vier Wanderkarten ORDESA, MONTARDO/AIGUES TORTES sowie PICOS DE EUROPA I und II.
Eine besondere Delikatesse ist: José María Anguita "Pilgerreiseführer des Jakobsweges" vom spanischen Verlag Everest. Dieses Buch beschreibt mit Präzision und viel Liebe jeden Meter des Pilgerweges nach Santiago de Compostela. Die vielen Karten zeigen jede Kleinigkeit auf. In diesem Werk sind nahezu alle sehenswerten Bauwerke am Pilgerweg abgebildet, inzwischen ist es auch in deutscher Sprache zu haben – leider meist nur in Spanien! Dort aber an allen Stellen touristischen Interesses.

KLEIDUNG

Der erste Bummel durch eine spanische Stadt zeigt uns sofort: Jede Spanierin, aber auch jeder Spanier legt besonderen Wert auf schicke Kleidung und gibt dafür einen erheblichen Anteil seines Geldes aus. Natürlich gestattet man dem Touristen so ziemlich alles, was unpassende Kleidung anbetrifft – aber dann darf sich der Urlauber auch nicht wundern, wenn er nur als Devisenbringer, nicht als Gast betrachtet und entsprechend behandelt wird.

Tipps:
\>> *Badehose oder -anzug reichen allein nicht für den Urlaub in Nord-Spanien, dazu ist das Klima zu wechselhaft.*
\>> *Beim Stadtbummel sind Shorts und Schirmmütze nicht angebracht. Dagegen empfiehlt sich die Mitnahme eines Regenschirms.*
\>> *Vor allem abends, im guten Restaurant oder auch in der Disco, wird beim Herrn Anzug und bei der Dame elegante Garderobe erwartet.*
\>> *Abends, am Strand, kommt man ohne Wolljacke, Wolldecke oder Anorak nur selten aus.*
\>> *Die Standardausrüstung fürs Gebirge sind Bergstiefel, kräftige Jeans, Baumwollhemd und Anorak.*
\>> *Gummistiefel und regenfeste Windjacke oder "Friesennerz" sind ebenfalls unverzichtbar. So wird auch bei Regenwetter ein Strandspaziergang zum Vergnügen.*

KLIMA

Bei unserer Rundreise durch Nord-Spanien haben wir im Küstenbereich maritimes, gemäßigtes Klima, Niederschläge sind immer zu erwarten.
In den Urlaubsmonaten Juni bis September liegt die mittlere Höchsttemperatur bei 22 Grad. Das Wasser hat überall 18-20 Grad, in geschützten Buchten bis 22 Grad, denn die eigentlich kältere Nordküste wird vom warmen Golfstrom

gestreift, während an der wärmeren Westküste der kühle Kanarenstrom nach Süden fließt.
Im Binnenland südlich des Kantabrischen Randgebirges liegen die Verhältnisse völlig anders. Hier herrscht kontinentales Klima mit heißen Tagen und kalten Nächten. Die mittlere Höchsttemperatur liegt im Sommer bei 28 Grad. Zur besseren Übersicht eine kleine Tabelle der mittleren max. Luft- und Wassertemperaturen:

Monate	**1**	**2**	**3**	**4**	**5**	**6**	**7**	**8**	**9**	**10**	**11**	**12**
LUFT:												
Pyrenäen	6	7	12	14	17	23	26	24	22	16	10	6° C
Burgos	6	8	12	15	18	22	26	25	22	16	10	6° C
Gijón	13	13	15	16	18	20	22	23	22	19	16	13° C
Leon	7	9	13	16	19	24	28	27	23	17	12	7° C
WASSER:												
Gijón	12	12	12	13	13	15	18	19	18	17	14	13° C
La Coruña	12	12	12	13	13	15	18	18	18	17	14	13° C

Tipps:

\>> *Bedenken Sie bei der Urlaubsplanung: Auch in Nord-Spanien scheint im Sommer meistens die Sonne!*

\>> *Freuen Sie sich bei schlechtem Wetter stets auf den nächsten Tag – das Wetter ändert sich mit Sicherheit!*

\>> *Lassen Sie sich von der mittleren Höchsttemperatur nicht beirren, man kann auch in Galicien bei 30 Grad in der Sonne braten!*

\>> *Regenfälle sind im Gebirge häufiger als an der Küste, manchmal kommt es auch zu Hagelschauern und dichtem Nebel. Gehen Sie deshalb nur bei stabiler Wetterlage auf Tour!*

\>> *Es gibt kein schlechtes Wetter – nur falsche Kleidung! Freuen Sie sich auf eine Strandwanderung im Regen mit Blick auf die sturmgepeitschte See. Anschließend schmeckt der Cognac noch besser!*

KÜHLSCHRANK

Die Dometic-Kühlschränke (früher: ELEKTROLUX) mit den Anschlüssen für 220V/12V/Gas, die in den meisten Wohnmobilen eingebaut sind, haben eine robuste Natur ohne bewegliche Verschleißteile. Trotzdem sind sie ein Sorgenkind für jeden Camper, denn ohne Kühlung kommt auch ein WOMO-Haushalt kaum noch aus.

Tipps:

\>> *Bei Schräglage des Fahrzeugs sinkt die Kühlleistung, systembedingt, stark ab.*

Abhilfe: *Mit Wasserwaage oder voll gefülltem Wasserglas waagerechten Stand des WOMOs kontrollieren, durch Aufbocken, Keile oder Platzwechsel verbessern.*

\>> *Schon seit einiger Zeit gibt es jedoch Geräte, die auch bei stärkerer Neigung des WOMOs recht ordentlich kühlen. Achten Sie darauf beim Neukauf.*

\>> *Während der Fahrt, vor allem aber beim Tanken, ist der Betrieb mit Gas gefährlich, außerdem geht das Flämmchen oft im Fahrtwind aus. Schaltet man auf 12 V und vergisst nach Ankunft das Ab- bzw. Umstellen, so ist eine vollgeladene 50-Ah-Batterie nach ca. 5 Stunden leer und meist auch kaputt. Was hilft's, dass es sich "nur" um die Zweitbatterie handelt, wenn jetzt Tauchpumpe und Innenbeleuchtung nicht mehr funktionieren!? Ein separates Kühlschrankrelais oder ein Unterspannungsabschalter sorgt für Abhilfe (meist bereits eingebaut).*

>> *Ist die Kühlleistung bei Gasbetrieb nicht zufriedenstellend, sind folgende Punkte zu überprüfen:*
 * *Liegen die Zu- und Abluftgitter möglichst nach Norden, also nicht im Sonnenschein?*
 * *Ist der Kühlschrank nicht zu vollgestopft?*
 * *Ist überhaupt ein Abluftkanal montiert?*
 * *Liegt überall, vor allem an der Unterseite der Tür, das Dichtgummi an?*

>> *Toll ist die neueste, intelligente AES-Kühlschrankgeneration: Sie erkennt die passende Energieversorgung von selbst und schaltet automatisch um.*

KULTURGESCHICHTE

Das Geschichtsbuch Iberischer Kultur muss ein mächtiger Wälzer sein! Würde man jedem Jahr nur eine einzige Seite widmen, es kämen über 40.000 zusammen. Die angeführten Beispiele, vor allem von Bauwerken, sind alle in unseren Touren beschrieben.

40.000 - 10.000 v. Chr.:
In der Jüngeren Altsteinzeit (Paläolithicum) schaffen unsere Vorfahren hervorragende Höhlenmalereien, vor allem in den meerseitigen Ausläufern der Picos de Europa: Höhlen El Castillo und Altamira II bei Torrelavega (Tour 4).

Ab 4.000 v. Chr.:
Die Dolmengräber sind unvergängliche Zeugen eines hochentwickelten Totenkultes aus der Jungsteinzeit (Neolithicum): Dolmen von Dombate südwestlich von La Coruña (Tour 12), Dolmen de Axeitos südlich Noia (Tour 13).

Ab 400 v. Chr.:
Die Kelten erobern den iberischen Raum und vermischen sich mit den Ureinwohnern zu den Keltiberern: Keltensiedlungen Castro de Borneiro bei Baio (Tour 12) und Castro de Baroña 20 km südlich Noia (Tour 13).

Ab 200 v. Chr.:
Rom hat die Karthager von der Iberischen Halbinsel verdrängt und überzieht das Land mit einem verzweigten Straßen- und Brückennetz: Puente Romano in Cangas de Onis (Tour 8). Noch Jahrhunderte später werden die mittelalterlichen Pilgerbrücken im gleichen Stil errichtet: Puente la Reina (Tour 3), Pilgerbrücke von Molinaseca östlich Ponferrada (Tour 16).

Ab 400 n. Chr.:
Die Westgoten bringen das Christentum nach Spanien. Ihre kleinen Kirchen, ohne Mörtel aus behauenem Naturstein gefügt, verschmelzen römische sowie byzantinische Antike mit Elementen ihrer osteuropäischen Volkskunst. Hufeisenbogen, flache Reliefs und Fensteröffnungen mit geometrischen Mustern und verschlungenem Rankenwerk sind besonders typisch.

711 - 1492:
Maurenherrschaft über Spanien. Islamisch-maurische Stilelemente beeinflussen in zweierlei Form den Baustil:
Mozarabischer Stil, Kunst der unter maurischer Herrschaft lebenden Christen. Westgotische und maurische Elemente werden verquickt: Santa Maria de Lebeña in der Hermida-Schlucht (Tour 5), El Conventin südwestlich Villaviciosa (Tour 9), Santo Tomas de las Ollas in Ponferrada (Tour 16), San Miguel de Escalada östlich Leon (Tour 16).
Mudejarstil, die Baukunst der unter christlicher Herrschaft lebenden Mauren:

Backsteinbauweise mit Blendarkaden und Ziegelmustern: San Tirso und San Lorenzo in Sahagun (beide Tour 17).

11. - 13. Jahrhundert (Romanik):
Große, breit und schwer wirkende Kirchen. Rundbögen, Tonnengewölbe, sparsamer Skulpturenschmuck an Säulen, Türen und den kleinen Fenstern: Dorfkirche in Erill-la-Vall (Tour 1), Krypta des Klosters Leyre (Tour 2), Kathedrale von Jaca (Tour 2), San Martin in Fromista (Tour 17), San Isidoro in Leon (Tour 16), Kathedrale von Santiago de Compostela (Tour 14).

13. - 15. Jahrhundert (Gotik):
Hoch aufragende Kathedralen. Spitzbögen, filigranartige Stern- und Netzgewölbe, die Schwerkraft scheint aufgehoben. Riesige, buntglasgeschmückte Fenster: Kathedralen von Leon (Tour 16) und Burgos (Tour 17).

16. - 18. Jahrhundert (Renaissance, Barock):
Besonders auffällig der sog. Platereskstil, die schmuckhafte Ausgestaltung ganzer Fassaden, die an feine Goldschmiedearbeit erinnert: Hostal de los Reyes Catolicos, Santiago, barocke Fassade der Kathedrale von Santiago (beide Tour 14), Kloster Santa Maria la Real, Nájera (Tour 18).

19. - 20. Jahrhundert:
Kaum mehr nennenswerte Bauwerke, mit Ausnahme der eigenwilligen Stilkombinationen des Antonio Gaudi (1852-1926): "El Capricho" in Comillas (Tour 4), Erzbischöfliches Palais in Astorga, Palais an der Plaza de San Marcelo in Leon (beide Tour 16). Beachtenswert die modernen Bronzestatuen Subirachs an der Kirche von Virgen del Camino westlich Leon (Tour 16).

LEBENSMITTEL (siehe auch "Getränke")

Wir unterscheiden in Anreisetage und eigentlichen Urlaub in Spanien. Während wir im Urlaub die einheimische Küche genießen und eigene Gerichte meist frisch zubereiten, werden unterwegs nur Dosen aufgemacht.

Tipps:

\>> *Außer einer "Grundausstattung" an Teigwaren, Reis sowie Gewürzen empfiehlt sich, ein Vorrat an Wurstkonserven mitzubringen, um nicht dauernd die gleiche Frischwurst einkaufen zu müssen.*

\>> *Wer auf die Dauer das labberige Weißbrot (=pan blanco) aus der Bäckerei (=panaderia) nicht aus stehen kann, verlangt das teurere dunkle Brot (=pan negro) oder muss sich Dosenbrot oder das wochenlang haltbare Vollkornbrot mitbringen. Ganz selten findet man in Galicien schweres, dunkles Maisbrot. Unbedingt probieren!*

\>> *Das Angebot an Obst, Gemüse und Salat ist reichhaltig, jedoch kaum billiger als im Sommer in Deutschland.*

\>> *Das Frischfleischangebot in der Metzgerei (=carniceria) beschränkt sich meist auf Rind-, Lamm- und Schweinefleisch, die Preise liegen etwas höher als in Deutschland. Dafür ist das Fleisch aber auch stets erstklassig; ein Ochsenkotelett (=chuleta de ternero) von der Größe eines Suppentellers wird mir unvergesslich bleiben!*

\>> *Eine Delikatesse ist der luftgetrocknete Schinken (=jamon serrano), Sie müssen aber nicht gleich ein ganzes Schweinebein kaufen.*

\>> *Das Frischwurstangebot ist von der Vielfalt und vom Geschmack her recht dürftig, wesentlich besser sind die Dauerwürste (=salchichons und chorizos).*

- >> *Über spanischen Käse könnte man ein Buch schreiben, so viele Sorten gibt es. Alle sind hervorragend, nur bei dem recht scharfen Manchaschafskäse (=queso manchego) hat man den optischen Eindruck, bereits Pelayo habe ihn als Proviant dabei gehabt.*
- >> *Reichhaltig gefüllt sind Tiefkühltruhen und Fischkonservenregale. Unter den Fleischkonserven können wir Fleischbällchen (=albondigas de carne) empfehlen, ein schnelles Gericht für unterwegs, das nicht nur Kinder begeistert.*
- >> *Die wichtigste Nahrungsquelle in Nord-Spanien sollte jedoch Frischfisch sein! Das Angebot ist umwerfend, allerdings sollte man frühzeitig die Markthalle oder das Fischgeschäft (=pescaderia) aufsuchen, sonst sind die besten Stücke weg.*
- >> *Ihre Kinder mögen keinen Fisch? Kaufen Sie eine Scheibe "bonito", die von dieser kleinen Thunfischart wie vom Brotlaib abgeschnitten wird. Gebraten aus der Pfanne oder geröstet vom Grill ist er unwiderstehlich.*
- >> *Unverzichtbar ist also der eigene Holzkohlengrill oder noch besser – der WOMO-Pfannenknecht!*
  Aber beachten Sie: ***Große Waldbrandgefahr, zeitweise Verbote!***

LITERATUR

Unsicher steht man vor dem wohlgefüllten Spanienregal in der Buchhandlung. Eines ist sicher: Zunächst gute Auto- und Wanderkarten. Aber wir haben auch den Bücherwald für Sie durchforstet.

Tipps:

- >> *Thomas Schröder: Nord-Spanien, Michael-Müller-Verlag.*
- >> *Baedeker: Spaniens Norden/Jakobsweg*
- >> *DuMont Kunstreiseführer: Der Spanische Jakobsweg.*
- >> *Teresa Farino: Picos de Europa/Nordspanien, Sunflower Verlag.*
- >> *Reise Know How: Nordspanien und der Jakobsweg.*
- >> *HB-Bildatlas: Nordspanien*
- >> *Pareys Bergblumenbuch, Verlag Parey.*
- >> *Campbell: Der Kosmos-Strandführer.*
- >> *Roberto Cabo: Reiseführer Natur: Spanien, BLV.*
- >> *Kauderwelsch-Sprechführer: Spanisch (gibt's bei WOMO).*
- >> *Allgemeines Wohnmobil Handbuch (gibt's nur bei WOMO).*
- >> *Allgemeines Wohnmobil Kochbuch (gibt's nur bei WOMO).*
- >> *Spanische Fremdenverkehrsämter (siehe "Adressen"):*
  Allgemeine Spanien-Informationen.

MEDIKAMENTE

Natürlich können wir hier keine ärztliche Voraussage machen, was Ihnen im Urlaub alles passieren kann, aber nach der Statistik wollen wir einige Wahrscheinlichkeiten abwägen.

Tipps:

- >> *Schauen Sie nochmals nach, ist Ihr Erste-Hilfe-Koffer noch gut gefüllt (Mullbinden, Heftpflaster, Schere, Pinzette, Fieberthermometer)?*
- >> *Mittel gegen Durchfall sind ein "muss" in fremden Ländern, fragen Sie Ihren Arzt. Kohletabletten sind "härteren Sachen" zunächst vorzuziehen.*
- >> *Aufregung und langes Sitzen bei der Anfahrt kann auch zu Verstopfung führen – führen Sie mit den richtigen Mitteln ab!*
- >> *Wie steht es mit Reisekrankheit? Fahren Sie zum ersten Mal mit einem WOMO, könnte Ihnen vielleicht das Schwanken oder die ungewohnte Sitzstellung aufstoßen. Sorgen Sie vor!*

- >> *Kinder sind ein Fall für sich! Nehmen Sie auf jeden Fall die Medikamente mit, die Sie sowieso das Jahr über brauchen.*
- >> *Soventol hilft nicht nur gegen Insektenstiche, sondern lindert auch Sonnenbrand.*
- >> *Zwei Elastik-Binden für verstauchte Füße und Salbe gegen Prellungen sollten nicht nur bei der Bergtour dabei sein.*
- >> *Was brauchen Sie sonst noch alles gegen Erkältungen, Magenbeschwerden, Sodbrennen, Blähungen, Völlegefühl? Schleppen Sie nicht alles mit! Die spanischen Apotheker sind sehr freundlich, fremdsprachenkundig –und in fast allem gut sortiert.*
- >> *Last not least: Das Merfen-Orange für die kleine Schürfwunde und gegen den großen Schmerz, ein Wund-Desinfektionsmittel, das nicht brennt, aber wegen der schönen Farbe bei Kindern besonders beliebt ist. Gegen Brennen im Salzwasser hilft Sprühpflaster.*
- >> *Und wenn alles nichts mehr hilft:*
  Beim ADAC-Arzt können Sie sich von Spanien aus unter der Nummer ***0049-89-22 22 22*** *Rat holen.*

NACKTBADEN

Es steht uns nicht zu, die Sitten anderer Länder zu kritisieren. In Spanien ist das Nacktbaden streng verboten, nur einige wenige Strände, die jedoch nicht an unserer Tour liegen, bieten FKK-Möglichkeit.

Tipps:
- >> *Haben Sie ein Plätzchen für sich allein gefunden, kann niemand etwas gegen Ihr Adams- oder Evaskostüm haben.*
- >> *Kommen weitere Personen an, so respektieren Sie bitte das Schamgefühl vor allem Einheimischer in Begleitung von Kindern oder älteren Menschen.*
- >> *Meist braucht man nur hundert Schritte zu gehen, um, von Felsen oder Dünen geschützt, wieder allein zu sein.*
- >> *Aber: "Oben ohne" hat sich, zumindest bei einer "stabilen Minderheit", längst auch in Spanien durchgesetzt.*

ÖFFNUNGSZEITEN

In Spanien gehen die Uhren anders! Dieser Spruch bewahrheitet sich vor allem bei den Mahlzeiten:
Mittagessen (13) 14 - 17 Uhr, Abendessen 21 - 24 Uhr. Da hilft kein Klagen, Sie müssen sich einfach anpassen. Das fällt jedoch relativ leicht, da in Spanien die Mitteleuropäische Zeit gilt und die Sonne sowie so eine Stunde später "ankommt".
Banken und Behörden haben meist nur montags bis freitags von 9 -13.30 Uhr geöffnet, Postämter auch von 16-19 Uhr.
Museen haben meist montags (Lunes) geschlossen! Ansonsten von ca. 10-13.30 und 16-19 Uhr geöffnet.
Geschäfte öffnen (frühestens) ab 9-13 und von 16-20 Uhr, Supermärkte sind durchgehend geöffnet. Allerdings sind die Regeln nicht so streng wie im sturen mitteleuropäischen Raum. Vor allem in der Provinz öffnet ein Ladenbesitzer immer dann, wenn er sich ein Geschäft verspricht – d. h. fast den ganzen Tag, bis spät in die Nacht, oft auch sonntags.
Selbst wenn geschlossen sein sollte – fragen Sie in der benachbarten Kneipe nach. Man wird den Besitzer für Sie ausfindig machen!

PROFI-PACKLISTE

Brieftasche/Handtasche/Geheimfach
Pässe, Personal-, Kinderausweis (gültig!)
Führerscheine
Grüne Karte (gültig!)
KFZ-Schein
Bargeld/Brustbeutel
EC-Karte (PIN im Kopf?)
Kreditkarte (Visa o. ä.)
Impfbücher/Impfpass Haustier
Krankenversicherungskarte EHIC
Zusatzversicherungen
Schutzbrief (gültig für Wohnmobil?)
Kopien aller dieser Papiere auf USB-Stick

____

____

Wohnmobilhaushalt
Wecker
Einkaufstasche (groß)
Kaffee-, Teekanne
Filtertüten/Filter oder noch besser:
Espresso-Kaffeemaschine
Geschirr/Gläser
Vesperbrettchen/Bestecke
Brotmesser/Kartoffelschäler
Schöpflöffel/Schneebesen
Töpfe/Dampftopf
Pfannen/Sieb
Topflappen
Butterdose/Plastikdöschen mit Deckel
Flaschentrage
Thermoskanne
Eierbehälter
Küchenpapier/Alufolie
Nähzeug/Schere
Klebstoff/Klebeband
Wäscheleine/Klammern
Waschpulver
Plastikschüssel
Abtreter
Schuhputzzeug
Kabeltrommel
Verbindungskabel CEE-Schuko
Stecker (Ausland)
Doppelstecker
Gasflaschen (voll? gewogen?)
Anschlussstutzen für Camping-Gaz-Flasche
Handfeger/Kehrschaufel
Putzlappen
Klappspaten
Hammer/Nägel/Axt/Astschere
Zündhölzer/Feuerzeug
Gasanzünder
Taschenlampen
Kerzen
Petroleumlampe/Petroleum
Ersatzbirnen 12 V/220 V
Ersatzsicherungen für jedes Gerät
Feuerlöscher
Insektenspray/Insektenlampe
Moskitogaze für Fenster und Tür
Toilette/Clo-Papier
Schmierseife (statt Toilettenchemikalien)
Dosen-, Flaschenöffner, Korkenzieher
Spülmittel/Bürste
Scheuerpulver
Geschirrtücher
Leim/5 m Schnur
5 m Schwachstromkabel zweiadrig
Wasserschlauch mit Passstück für verschiedene Wasserhähne
Trichter/Wasserkanister oder Gießkanne
Wasserentkeimungsmittel
Müllbeutel

____

____

Reiseapotheke
Mittel gegen Reisekrankheit
Soventol (lindert Insektenstiche usw.)
Husten-, Schnupfenmittel
Fieberzäpfchen
Kohle-Kompretten
Mittel gegen Durchfall
Mittel gegen Kopfschmerzen
Mittel gegen Verstopfung
Nasen-, Ohrentropfen
Halsschmerztabletten
Wundsalbe/Brandsalbe
Wunddesinfektionsmittel (Merfen-Orange)
Sprühpflaster
Elastikbinden
Salbe gegen Prellungen
Fieberthermometer
Pinzette
Auto-Verbandskasten O. K.?
Persönliche Medikamente

____

____

Auto
Allgemeines Wohnmobil-Handbuch
WOMO-Knackerschreck (Buchende)
Reflektierende Warnweste
Bedienungsanleitungen
Bordbuch/Wörterbücher
Reiseführer/Campingführer
Straßenkarten/Autoatlas
Auffahrkeile/Stützböcke
Wasserwaage
D-Schild
Kundendienst gemacht?
Ersatzteilset von der Werkstatt?
Pannenausrüstung komplett?
Reservekanister voll?
1-2 Liter Reserveöl
Reserverad Luftdruck O. K.?
Abschleppseil/-stange, ausprobiert?
Passender Wagenheber, ausprobiert?
Luftpumpe
Warndreieck
Arbeitshandschuhe
Werkzeugkoffer komplett?
Kundendienststellenverzeichnis, neu?

____

____

Kleidung
Unterwäsche
Socken/Strümpfe
Hemden/Blusen
Schuhe/Sandalen
Hausschuhe
T-Shirts/Shorts
Hosen/Jeans
Kleider/Röcke
Pullover/Jacken/Stola
Anoraks/Windjacken/"Friesennerz"
Wolldecken
Sonnenhüte/Kopftücher
Nachthemden/Schlafanzüge
Bikinis/Badehosen
Gummistiefel/Wanderstiefel
Sonnenbrille/Ersatzbrille

____
____

Campingartikel
Stühle/Tisch/Liegestühle
Liegematten/Hängematte
Markise, Sonnenschirm(e)
Windschutz (Strandmuschel)
Grill/Grillzange/Holzkohle oder besser:
WOMO-Pfannenknecht (Buchende)
Aber:
Vom 1.7.-30.9. offenes Feuer verboten.

Unterhaltung
Handy/Autoladekabel
KW-Radio
Schreibzeug/Adressbuch
Handarbeitszeug
Kinderspielzeug
Malutensilien
Bücher/Spiele
MP3-Player
CD/DVD-Player/CDs/DVDs
Taucherbrillen
Wasserball/Fußball/Wurfringe
Frisby/Indiaca usw.
Schlauchboot/Pumpe/Ruder
Luftmatratzen
Sandspielzeug
Schwimmflügel/Schwimmreif
Surfbrett/Zubehör
Fotoapparat/Filme/Speicherkarten
Videokamera/Kassetten
GPS-Gerät
Ersatzbatterien/Ladegeräte für 12 V
Wechselrichter, DC/DC-Wandler
Rucksäcke
Kartentasche
Fernglas/Kompass
Iso-Matten/Zelte/Kochtopfset
Feldflaschen/Taschenmesser/Angelzeug
SOS-Kettchen (vor allem für Kinder)
Mitbringsel für evtl. Einladungen

____
____

Lebensmittel
Getränke (Limo, Bier, Wein)
H-Milch/Dosenmilch/Coffeemate
Milchpulver/Limopulver/Zitronenteepulver
Wurst-, Fischdosen
Fertiggerichte/Beutelsuppen
Tee/Kaffee/Kaba
Müsli
Butter/Margarine
Brot/Dosenbrot
Reis/Nudeln/Grieß
Kartoffelbrei/Mehl
Babykost
Puddingpulver
Schokolade/Bonbons/Kaugummi
Marmelade/Nutella
Bratfett/Öl/Essig
Majonäse, Senf
Zwiebeln
Gewürze
Ketchup/Maggi/Salz
Zucker/Süßstoff
Kartoffeln
Eier
Zwieback/Salzstangen

____
____
____

Toilettenartikel
Schlafsäcke, Bettwäsche, Kopfkissen
Laken (Spannlaken)
Hand-, Badetücher, Waschlappen
Geschirrtücher
Tempo-Taschentücher
Kämme/Bürsten
Haarfestiger/Lockenwickel/Haarspangen
12 V-, Akku- oder Nassrasierer
Nageletui/Hygieneartikel
Empfängnisverhütungsmittel
Windeln/Creme/Babycreme
Seife/Rei in der Tube
Sonnencreme, -öl
Fettstift (Labello)
Zahnbürsten/Zahnpasta
Autan gegen Mücken
Ohropax gegen Lärm

____
____
____

Nicht vergessen!
Post/Zeitung abbestellen
Offene Rechnungen bezahlen
Haustier abgeben
Blumen versorgen
Mülleimer leeren
Kühlschrank abstellen?
Antennen herausziehen
Wasch-, Spülmaschine, Bügeleisen aus?
Wasser, Gas, Heizung, Boiler abgestellt?
Rolläden schließen
Haustür verschließen!
Nachbarn/Verwandte informieren:
* Reiseroute, Autokennzeichen.
* Reserveschlüssel abgeben.

____
____
____

PILGERWEG

Nachdem Anfang des 9. Jahrhunderts im fernen Santiago das Grab des Apostels Jakobus d. Ä. entdeckt wurde, pilgerten immer größere Scharen an den Rand Europas. Kirchen und Klöster entstanden am "Camino de Santiago", um die Pilger zu versorgen. Benediktiner, Templer und andere Ritterorden sorgten für ihre Sicherheit. Das war offensichtlich auch nötig, denn immer wieder mischten sich zwielichtige Elemente darunter. So führte man Ausweispapiere ein, obwohl man jeden Santiagopilger an seinem breiten Hut mit Jakobsmuscheln daran, an dem Pilgerstab mit der Kürbisflasche erkannte.

Der Glaubenseifer schwankte stark im Laufe der Jahrhunderte, aber es gab Jahre, in denen Millionen nach Santiago kamen. Bis vor kurzem waren die Pilgerwege nahezu verwaist, die Kirchen, Klöster und Dörfchen an ihrem Rande verfielen zum Teil. Seit einigen Jahren erlebt der Pilgerweg eine neue Blütezeit. Ob es neuer Glaubenseifer oder nur ein Volkssport ist – man begegnet wieder vielen Pilgern, die Dörfer am Pilgerweg erleben eine unerwartete Renaissance.

Einige Strecken des ehemaligen Fußweges sind inzwischen geteert, und wir haben für unsere Leser einige besonders reizvolle Abschnitte herausgesucht, die man auch mit dem WOMO "erfahren" kann. In den Touren 16 - 18 werden sie beschrieben.

PREISE

Wie soll man diese Frage längerfristig beantworten, in der Zeit der raschen Veränderungen?

Bis jetzt hat immer gegolten: Was aus dem eigenen Lande stammt, ist in Spanien billiger als bei uns. Für ein komplettes Menü (menu de la casa) zahlten wir zwischen 10,- und 14,- Euro (incl. Getränke), selbst zusammengestellte Gerichte kamen, ganz nach Hunger und Ansprüchen, auf 4,- bis 20,- Euro Trinkgelder sind stets inbegriffen, bei besonders guter Bedienung sollte man um etwa 10 % aufrunden.

Die Treibstoffpreise sind ca. 5-10% niedriger als in Deutschland. Aus dem Internet können Sie unter **www.clever-tanken.de** (unter "Europapreise") eine aktuelle Datei der Treibstoffpreise für ganz Europa ausdrucken.

Die Autobahngebühren sind hoch, für jeden Kilometer muss man etwa 8-10 Cent rechnen. Für einen Tag auf einem Campingplatz muss man fürs WOMO und zwei Personen 15,- bis 30,- Euro berappen.

Obst, Salat, Gemüse, überhaupt alles, was es auf dem Frischwarenmarkt gibt, ist etwas billiger als in Deutschland. Der Knaller aber sind die Weinpreise. Wer will, kann schon für weniger als einen Euro einen Liter ordentlichen Tischwein erstehen. Auch einheimischer Brandy ist sehr günstig. Sonstige Getränkepreise gleichen den unsrigen. Dabei gilt auch in Spanien: Im LIDL ist's billiger als im Tante-Emma-Laden.

Ein 3-Minuten-Telefonat nach Deutschland kostet zwischen 22 und 8 Uhr 2,50 Euro, sonst knapp 4 Euro.

REDEWENDUNGEN

Wir wollen und können den unter "Literatur" angegebenen Sprachführer nicht ersetzen, aber ein Dutzend wichtiger Begriffe sollten Sie eigentlich auswendig können:

Sprechen Sie deutsch?	- Habla usted alemán?
Guten Tag	- buenos dias
Guten Abend	- buenos tardes (ab 14 Uhr)
Gute Nacht	- buenos noches

Soll es nicht ganz so formell sein, geht für alle Gelegenheiten: hola.

Auf Wiedersehen	- hasta luego, adios
Bitte	- por favor
Danke	- gracias

Entschuldigung	- Perdon!
Ja/nein	- si/no
Rechts/links/geradeaus	- a la derecha/a la izquierda/todo seguido
Was kostet das?	- Cuanto cuesta esto?
Geben Sie mir bitte...	- Deme, por favor....

.... und die wichtigsten Camper-Fragen:

- Wie komme ich zum Strand?	- Como se va a la playa?
- Wo ist ein Brunnen mit Trinkwasser?	- Donde hay una fuente con agua potable?
- Ist das Wasser trinkbar?	- Es potable esta agua?
- Darf man hier baden?	- Puedo bañarme aqui?
- Darf man hier im WOMO übernachten?	- Puedo dormir, aqui, en Autocaravanas?

Das wichtigste Wörtchen für den Spanientouristen aber ist "hay", gesprochen "ai". Es bedeutet "es gibt", als Frage "gibt es...?"

REIFEN

Bei einer Reifenpanne denkt man meist nur an die Mühen eines Radwechsels. Nicht selten verliert jedoch der defekte Reifen ganz plötzlich Luft – Unfälle sind nicht auszuschließen.

Tipps:

>> *Fahren Sie nur mit fünf wirklich kritisch begutachteten Pneus in den Urlaub! Wichtig ist dabei nicht nur die Kontrolle der Profiltiefe, sondern auch die Suche nach Rissen oder Einstichen. Diese werden in der Regel zum Ausgangsort für größere Schäden.*

>> *Werfen Sie auch unterwegs ab und an einen Blick auf die Füße Ihres Fahrzeugs, und fühlen Sie die Temperatur ab. Nach Schotterstrecken hört man manchmal ein gefährlich klingendes, klackerndes Geräusch. Suchen Sie nach einem Stein, der sich ins Profil eingeklemmt hat!*

>> *Sie haben hoffentlich einen Ersatzschlauch dabei? Auch bei schlauchlosen Reifen ist durch Einlegen eines Schlauches eine Panne z. B. durch einen Nagel schnell behoben, wenn der Reifen sonst noch O. K. ist.*

>> *Ist eine Reparatur nicht mehr möglich, und man hat keinen Reifen Ihrer Marke auf Lager (was höchst wahrscheinlich ist), dann kaufen Sie einen anderen, eventuell einen gebrauchten. Fahren Sie nie ohne Ersatzrad! Abschleppen wird Sie gern jeder – aber nicht mit drei Rädern!*

REISETAGE/REISEZEIT

Keine Angst, wir wollen Ihnen an dieser Stelle nicht Ihren Urlaubstermin ausreden. Das ist ja gerade das Schöne an Nord-Spanien, dass sich unsere Sommerferienzeit mit der besten Reisesaison deckt: warm genug zum Baden, aber nicht zu heiß, um allen Unternehmungsgeist zu verlieren. Hier soll lediglich der Reiserhythmus angesprochen werden, der sich auf der Fahrt von und nach Spanien empfiehlt.

Tipps:

>> *Starten Sie in Deutschland nicht am ersten Ferientag Ihres Bundeslandes oder gar am Samstag früh, sonst beginnt Ihr Urlaub gleich mit Stau.*

>> *Fahren Sie entweder sofort nach der Schule am letzten Schultag los oder, wenn Sie keine schulpflichtigen Kinder haben, an den Wochentagen Dienstag bis Donnerstag.*

>> *Beginnen Sie Ihre Etappe möglichst früh (am besten mit der Dämmerung), machen Sie mehrere Pausen, zumindest eine lange Mittagspause und fahren Sie nur bis zur Dämmerung. Dann haben Sie noch reichlich Zeit, sich nach einem Übernachtungsplatz umzusehen. Nutzen Sie die von uns für Sie gesuchten Ü-Plätze – die kann man dank präziser Beschreibung und GPS-Daten zur Not auch noch im Dunkeln finden.*

>> *Staus auf den französischen Landstraßen haben meist mit Verkehrsproblemen bei der Durchquerung der Städte zu tun (die meisten haben jedoch schon Umgehungsstraßen). Fahren Sie auf den nächsten Feldweg und legen Sie eine Gymnastikrunde ein – oder eine Kaffeepause!*

>> ***Nochmals!*** *Warten Sie mit der Suche nach einem eigenen Übernachtungsplatz nicht bis zur Dunkelheit! Das geht fast nie gut. An jedem Seitensträßchen finden Sie bei Tageslicht ein Wald- oder Wiesenplätzchen – bei Nacht landen Sie höchstens auf einem einsamen Bauernhof und machen Hunde und Bewohner rebellisch.*

RUNDFUNK/FERNSEHEN/DVB-T

Mancher behauptet ja, er könne im Urlaub völlig abschalten. Dazu gehören jedoch Ruhe und Zufriedenheit. Ich bin nur ruhig, wenn ich weiß, dass zu Hause in Deutschland alles seinen gewohnten Gang geht. Aktuelle Nachrichten sind für mich unverzichtbar.

Tipps:

>> *Falls Sie in Nord-Spanien mit Ihrem Autoradio auf Mittelwelle einen deutschen Sender empfangen wollen, müssen Sie auf einen Berggipfel fahren – und dann ist der Empfang noch miserabel! Es sei denn, Sie legen sich eine Satellitenschüssel zu! Dann können Sie sogar Ihren Heimatsender auf UKW und in Top-Stereo-Qualität empfangen.*

>> *Wollten Sie im Urlaub auch ohne Satellit nicht auf Informationen aus der Heimat und über das Weltgeschehen verzichten, dann brauchten Sie einen Kurzwellenempfänger!*

>> *Leider schalten nach und nach alle Sender Ihre analogen Kurzwellenkanäle ab - und die digitalen (DRM) kommen nicht aus den Kinderschuhen heraus.*

>> *Natürlich kann man in Spanien dvb-t-Sender empfangen – aber leider nur auf spanisch, denn dvb-t sendet nur "auf Sichtkontakt", ähnlich wie bei Handys.*

SCHLAFSACK

Wie man sich bettet, so schläft man. Aber womit soll man sich zudecken? Denken Sie dabei nicht nur an die durchschnittlichen Höchsttemperaturen, sondern auch an die Fahrtage, an Übernachtungen im Gebirge oder an den beginnenden Herbst bei der Heimreise.

Tipps:

>> *Handeln Sie nicht nach dem Motto: Lieber geschwitzt als gefroren! Zur Not können Sie immer noch die Gasheizung andrehen. Schlafsäcke, die im Zelt bewährt sind, führen im WOMO zu Hitzeanfällen.*

>> *Geeignet sind für die wärmere Jahreszeit die preiswerten Steppbetten (ab 20 Euro im Campinghandel und in Kaufhäusern) oder Wolldecken, die man in die Bettbezüge steckt.*

>> *Wichtig sind Spannbettbezüge, die das kunstvoll zusammengesetzte Polstermosaik nach dem Bettenbau zusammenhalten.*

>> *Haben Sie Kinder mit, die neben dem WOMO im Zelt schlafen wollen? Es ist bei schönem Wetter kein dickerer Schlafsack nötig, sondern eine Iso-Matte, die die Bodenkälte wesentlich besser abhält als eine Luftmatratze. Während der Fahrt lässt sie sich bequem unter der Matratze im Alkoven unterbringen.*

>> *Im Gebirge und bei Regenwetter, aber auch im Landesinneren sinken nachts die Temperaturen stärker ab. Im Zelt wird dann ein "richtiger" Schlafsack gebraucht.*

SONNENSCHUTZMITTEL

Immer wieder trifft man in südlichen Gefilden bedauernswerte Geschöpfe, die die Gefahren der UV-Strahlung nicht ernst genommen haben und nun wie halb gepellte Kartoffeln herumlaufen. Gilt das auch für Nord-Spanien?

Tipps:

- >> *UV-Strahlung ist im Gebirge und am Meer am gefährlichsten – die Temperatur spielt dabei überhaupt keine Rolle!*
- >> *Wer wie ein weißer Käse im Urlaub ankommt, sollte zunächst nur gut eingecremt ans Sonnenbaden gehen. Es gibt Sonnenmilch und Sonnencremes mit verschiedenen Schutzfaktoren. Ihre Filterwirkung verlängert jedoch nur die Zeit, die Sie sich in der Sonne aufhalten können. Sie hält die Sonnenstrahlen nicht völlig von Ihnen ab.*
- >> *Besonders nach dem Baden ist Vorsicht im Platze. Sofort abtrocknen und wieder eincremen. Auch wer nie Probleme mit Sonnenbrand hat: Das Salzwasser laugt die Haut aus, macht sie trocken und rissig. Spätestens nach der abendlichen Süßwasserdusche sollten Sie den ganzen Körper eincremen.*
- >> *Kinder, vor allem Babys, sollte man beim Spiel in der Sonne gut im Auge behalten! Pflicht sind Sonnenhütchen und anfangs T-Shirt, sowie regelmäßiges Eincremen.*
- >> *Eine gute Sonnenbrille ist jedem anzuraten. Brillenträger sind mit Colormatic-Gläsern gut bedient. Besonders im Gebirge schmerzen die Augen in der grellen Sonne.*
- >> *Gerade im Gebirge sollte man besonderen Wert auf die Lippenpflege legen. Ein Fettstift gehört in jedes Tourengepäck.*

SPEISEN

Spanien ist ein viel zu großes Land, um eine einheitliche Küche zu haben. Freuen Sie sich! Asturien und Galicien genießen den Ruf, Spanien auf dem kulinarischen Sektor anzuführen.

Tipps:

- >> *Das Küstengebiet Nord-Spanien verwöhnt seine Bewohner und Gäste täglich mit frischen Fischen und Mariscos (sonstiges Meeresgetier), das fruchtbare Land bietet Obst, Gemüse und Weidefläche für Vieh und Wild in Hülle und Fülle.*
- >> *In den gängigen Wörterbüchern sind mehrere Seiten den spanischen Speisekarten gewidmet. Lesen Sie sich ein bisschen ein.*
- >> *Schließen Sie nie vom Äußeren einer Gaststätte auf die Qualität der Küche! Fragen Sie lieber einen Einheimischen, Spanier gehen gern (und gut) essen.*
- >> *Wenn Sie sich unsicher sind, bestellen Sie das "menu de la casa". Damit fahren Sie nie schlecht.*
- >> *Ein ganz sicherer Tipp ist jede Art von Fisch. Allgegenwärtig ist "merluza", Seehecht, am besten mit Sicherheit "bonito", Thunfisch und "lenguado", Seezunge.*
- >> *In guten Gaststätten können Sie zwischen einigen Zubereitungsarten wählen:*

asado	*- gebraten*
asado a la parilla	*- gegrillt*
cocido	*- gekocht*
al horno	*- im Backofen gebacken*
a la plancha	*- auf einer heißen Platte gegrillt*
a la romana	*- im Teigmantel*
a la cazuela	*- in der Kasserolle*

>> *Wenn Sie alle Fisch- und Fleischarten nach sämtlichen Zubereitungsmethoden ausprobiert haben, sind Sie reif für die "mariscos"! Marisquerias sind Gaststätten, die sich auf ihre Zubereitung spezialisiert haben, aber auch in anderen Gaststätten fehlen sie selten.*
Sie haben solches Zeug noch nie gegessen und wissen auch nicht wie? Es schmeckt besser als feinstes Kalbfleisch und die Tricks, wie man in einen Krebs hineinkommt, wird Ihnen jeder gern zeigen.
Der passende Wein? Ein trockener, weißer Albariño oder Ribeiro!

>> *Nicht übersehen darf man auch die Eintöpfe und Suppen. Wer nicht wenigstens einmal "cocido", "pote gallego" oder "callos a la gallega" probiert hat, war nicht in Galicien!*

SURFEN

Der Atlantik ist wegen seiner Brandung eigentlich kein ideales Revier für Surfer, zumindest nicht für Anfänger oder Gelegenheitssurfer. Aber in Nord-Spanien gibt es einige Besonderheiten.

Tipps:

>> *Die asturische, vor allem aber die galicische Küste ist zerklüftet wie die norwegische. Ursache sind versunkene Flussmündungen, die sog. Rias. In ihnen herrschen völlig andere Bedingungen als auf dem offenen Atlantik.*

>> *Je weiter Sie an den Rias landeinwärts fahren, um so schwächer werden Brandung und, je nach schützendem Gebirgswall, auch der Wind. Während Sie am freien Meer (wir setzen mal Ihre Beachstart-Künste voraus) häufig mit West/Nordwest-Winden der Stärke 4-5 Beaufort rechnen können, sind in den Rias eher 1-3 Bft die Regel. An steilen Rias-Küsten kommt durch den Ablenkungs-Effekt wieder etwas mehr Dampf auf.*

>> *Nicht nur Anfänger müssen beachten, dass der Tidenhub in Nordspanien bis zu sechs Metern beträgt. So kann es in den Rias zu Beginn der Ebbe zu einem kräftigen Sogeffekt meerwärts kommen. Unachtsame finden sich dann plötzlich an unbekannten Stränden wieder.*

>> ***Übrigens:** Auf den Brandungswogen Hawaiis pflegt man seit Urzeiten einen seltsamen Sport: Surfen ohne Segel! Vor allem Funboard-Besitzer sollten das einmal in der Atlantikbrandung probieren. Erstaunlich, wie sehr einem da der Gabelbaum fehlt!*

TELEFON

In Spanien gibt es mit Sicherheit doppelt so viele Telefonhäuschen pro qm wie in Deutschland – denn Spanier haben die "Telefonitis".

Tipps:

>> *Ins Ausland telefonieren kann man in Spanien in jedem Dörfchen vom Postamt aus und von jedem Telefonhäuschen, die man sogar an den einsamsten Stellen findet.*

>> *Telefonhäuschen sind in Spanien nicht so "schön" auffällig gelb wie einst in Deutschland, sondern in Alu natur. Telefonbücher liegen nur in der Post aus!*

>> *Die spanische Telefongesellschaft hat etwas geschafft, was man in Deutschland nachmachen sollte: Fast alle öffentlichen Telefone schlucken Münzen **und** Telefonkarten.*

>> *Telefonkarten = Tarjetas bekommt man in den staatlich lizenzierten Tabakläden, die man leicht an den braun-gelben Schildern mit der Aufschrift "Tabacos" erkennt.*

>> *Von Spanien nach Deutschland wählt man 0049, nach Österreich 0043, in die Schweiz 0041.*

>> *Die Landesvorwahl für Spanien ist 0034. Nach der Landesvorwahl fällt stets die Null der Ortsnetzkennzahl weg.*

>> ***Wichtige Telefonnummern in Spanien:***
Deutsche Botschaft, Madrid: 91-557 90 00
Österreichische Botschaft, Madrid: 91-556 5315
Schweizerische Botschaft, Madrid: 91-436 39 60
Notrufdienst des ADAC, Barcelona: 93-200 88 00
Notruf: 112.

>> *Telefon-Service "Deutschland direkt": Sie können von Spanien aus ein kostenloses R-Gespräch führen über eine deutschsprachige Vermittlung. Der Angerufene zahlt für die Vermittlung 5 Euro und für jede Gesprächsminute 0,60 Euro. Wählen Sie einfach: 900-99-0049.*

TREIBSTOFFE

In Frankreich herrscht erstaunlich starker freier Wettbewerb, während auf der Pyrenäenhalbinsel der Sprit überall fast das gleiche kostet.

Tipps:

>> *Tanken Sie vor der französischen Grenze noch einmal voll: In Frankreich ist der Sprit am teuersten. Beim ADAC gibt es ein Verzeichnis der preiswerten Tankstellen nahe der (deutschen) Autobahnen.*

>> *In Frankreich herrscht Wettbewerb an den Tankstellen. Es lohnt sich, die Preise zu vergleichen. Auf Autobahnen ist es bis zu 25 % teurer als an Supermärkten (Supermarché). An manchen Tankstellen gibt es 24-h-Tankautomaten für ec-Karten und Kreditkarten.*

>> *Besonders günstige Tankstellen in Frankreich haben wir bei den Anreiserouten eingezeichnet und im Text beschrieben. Fast ausnahmslos findet man sie bei den großen Supermärkten.*

>> *Vergessen Sie nicht, vor allem während der ersten 1000 km des Urlaubs, regelmäßig den Ölstand zu kontrollieren. Lange Vollgas-Strecken machen nicht nur den Fahrer durstig.*

TRINK-/WASCH-/SPÜLWASSER

Während wir beim Abwasser die Formel aufgestellt haben:
10 Liter x Personenzahl = Volumen des Abwassertanks, braucht man pro Person eine Frischwasserkapazität von mindestens 15-20 Litern.

Tipps:

>> *Die Suche nach Trinkwasser ist für unsere Leser vorbei. An jeder Tour sind genügend Trinkwasserstellen angegeben.*

>> *Es gibt Camper, die kochen jeden Tropfen Wasser ab. Das verbraucht unnötig Gas. Außerdem schmeckt das abgekochte Wasser durch den Verlust des gelösten Kohlendioxids fade. Andererseits kann man auch nicht jedem munter plätschernden Brünnlein bedenkenlos trauen, selbst wenn alle Einheimischen "agua potable" beteuern.*

>> *Das Behandeln von Wasser mit Natrium-Hypochlorit hat die gleiche 100%ige Wirkung auf krankheitserregende Keime wie zweimaliges Abkochen. Behandeln Sie also Wasser stets mit keimtötendem Mittel.*
Bedenken Sie: *Eine Entkeimung von 10 Liter Wasser kostet weniger als drei Pfennige, eine Diarrhöe mehrere Urlaubstage. Außerdem verhindern Entkeimungsmittel die Nachverkeimung des Wassers im Tank.*
Versetzen Sie also Wasser stets mit keimtötendem Mittel, wobei wir es Ihnen überlassen, ob Sie Silberionen + Chlor (z.B. Multiman Chlorosil) oder nur Silberionen (z.B. Micropur) einsetzen.

>> ***ACHTUNG!*** *Alle Entkeimungsvorschriften gelten nur für optisch reines, also klares Wasser. Trübes Wasser müsste vorher gefiltert werden.*

>> *Irgendwann geht an jedem Strand der Trinkwasservorrat aus! Wie kann man sparen?*

>> *Salzwasser: Geschirrspülen klappt wunderbar, wenn das "Spüli" keine "Anionischen Tenside" enthält. Auf der Flasche nachschauen oder einfach ausprobieren. Haarewaschen geht prima! Auch hier ist Seife nicht geeignet, man nehme flüssige "Seife", die keine Alkalien enthält, z. B. "Eubos".*

>> ***Fluss-, See-, Bachwasser:** Wenn das Wasser optisch rein ist, kann man es zum Spülen, Waschen und Haarewaschen verwenden. Nur zum Zähneputzen muss man es vorher abkochen oder chemisch entkeimen.*

UHRZEIT

In Deutschland, Frankreich und Spanien gilt die Mitteleuropäische Zeit. Da auch alle drei Staaten gleichzeitig auf Sommerzeit umstellen, ändert sich für den deutschen Urlauber fast gar nichts.
Warum nur fast? Weil Spanien viel westlicher als Deutschland liegt und dort die Sonne ein bis zwei Stunden später aufgeht. Dadurch wird es (bei gleicher Uhrzeit) später hell – und natürlich auch später dunkel. Sogar der Magen meldet sich später.
So, jetzt wissen Sie auch, warum die Spanier später essen.

VERKEHR

Dem WOMO-Fahrer kann es nur darum gehen, sein großes und schweres Gefährt unbehelligt bis zum Urlaubsziel und zurück zu transportieren. Dabei kann ihm allerhand passieren.

Tipps:

>> *Geschwindigkeitsbegrenzungen nötigen uns bedächtigen WOMO-Fahrern meist nur ein müdes Lächeln ab:*

	Frankreich	*Spanien*	*(Wohnmobile)*
Autobahnen	*130 km/h*	*120 km/h*	*90 km/h*
Schnellstraßen	*110 km/h*	*100 km/h*	*80 km/h*
Landstraßen	*90 km/h*	*90 km/h*	*70 km/h*
innerorts	*50 km/h*	*50 km/h*	*50 km/h*

>> *Promillegrenze in beiden Ländern 0,5. Es besteht Anschnallpflicht, Kinder haben hinten zu sitzen, telefonieren nur mit Freisprechanlage (ohne Kopfhörer), reflektierende Warnweste mitführen und bei einer Panne anziehen.*

Speziell in Frankreich

Bei Nässe muss 10 km/h langsamer gefahren werden, auf AB 20 km/h. Ist der Führerschein noch kein Jahr alt, darf nur 90 km/h gefahren werden. Bei Regenfall ist Abblendlicht einzuschalten. Gelbe Streifen am Fahrbahnrand bedeuten Parkverbot. Im Zweifelsfall gilt immer: "Rechts vor links".

Speziell in Spanien

Abschleppen auf der Autobahn ist durch Privatfahrzeuge verboten. Auf beleuchteten Straßen nachts nur mit Standlicht fahren. Rotweiße Tafel (Panello) bei nach hinten überstehendem Dachgepäck. Beim Tanken Handy aus!

Straßenverhältnisse

*In Frankreich sind die RN, die "routes nationales", in gutem Zustand. Die Autobahnen sind hervorragend (auch vom Preis her)!
In Spanien hat man inzwischen ganz toll aufgeholt. Es gibt im Verlauf unserer Touren fast nur noch ausgezeichnete Nationalstraßen. Zum Ausgleich haben wir ein paar "Abenteuer-Schotterpisten" eingebaut.
Für die Pisten zu den Stränden und Ufern fühlt sich die Straßenbauverwaltung allerdings nicht zuständig. Hier muss sich jeder Pilot auf sein Fahrzeug und sein Können – und zur Not auf die Schiebekräfte seiner Mitfahrer verlassen.*

VERSTÄNDIGUNG

Gäbe es die ehemaligen Gastarbeiter nicht, die uns in Spanien regelmäßig bei Verständigungsproblemen geholfen haben, würden wir vermutlich jetzt noch dort in irgendeiner Klemme sitzen.
Spanien liegt am Rande Europas, durch die Pyrenäen von ihm getrennt. Jahrhundertelang war der Blick der Spanier auf die Kolonien in Übersee gerichtet – Fremdsprachen waren überflüssiger Luxus. Dies wird sich in den nächsten Jahrzehnten sicher ändern, aber so lange können wir nicht warten!
Eines steht fest:
Die allerwenigsten Spanier beherrschen eine Fremdsprache und die allerwenigsten Deutschen können spanisch. Was tun?

Tipps:

>> *Südländer sind Meister in der Gebärdensprache. Tun Sie es ihnen nach, so kommen Sie auch ohne Worte aus.*

>> *Viele Gaststätten haben dreisprachige Speisekarten (spanisch, französisch, englisch). Deutsch ist leider nicht dabei. Bei Verständigungsproblemen wird man Sie in die Küche bitten. Dort können Sie sich informieren.*

>> *Ärzte, Apotheker und Juristen sprechen mit Sicherheit französisch, englisch oder deutsch. Lassen Sie sich den Richtigen von der Dame im Touristenbüro suchen.*

>> *Die Jugend lernt französisch und englisch, leider sehr selten deutsch in der Schule. Sie freuen sich auf ein Schwätzchen mit Ihnen und geben gerne Auskunft.*

>> *Polizisten haben im allgemeinen keine Fremdsprachenkenntnisse! Bestehen Sie deshalb auf einem Dolmetscher (interprete), wenn es Probleme gibt.*

>> *Sie können ein paar Brocken spanisch? Klasse! Hoffentlich geraten Sie dann nicht ausgerechnet an einen Spanier, der nur galicisch, baskisch oder katalanisch spricht – das würde Ihnen sicher spanisch vorkommen!*

WOMO-FORUM – der Treff für Wohnmobilurlauber

Seit 2002 gibt es das WOMO-Forum, einen kostenlosen Service unseres Verlages, unter: **forum.womoverlag.de**
Offensichtlich hatten die WOMO-Freunde nur darauf gewartet, denn in der kurzen Zeit ist die Zahl der registrierten Mitglieder bereits auf über 7.400 angewachsen, die mit der abenteuerlichen Zahl von 120.000 Beiträgen zu allen Themen des wohnmobilen Lebens das Forum zu einer einmaligen Ideen-Austauschbörse gemacht haben.
Deshalb wird – wer sich unter: forum.womoverlag.de – einklickt und nach einem Thema sucht, wohl kaum ohne Antwort bleiben:

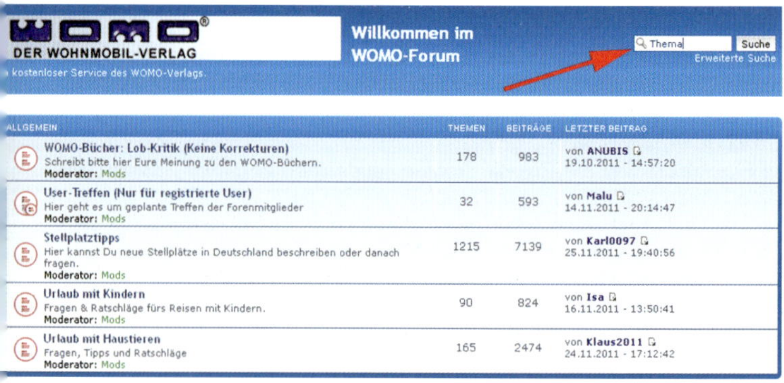

Natürlich lebt das Forum von einem regen Erfahrungsaustausch. Deshalb ist es in vielerlei Rubriken aufgeteilt, in denen man gezielt Fragen stellen oder versuchen kann, die Fragen anderer zu beantworten.
Weiter geht es mit Fragen und Antworten zu Urlaubszielen, Reiseberichten und Korrekturen für alle WOMO-Bücher. Natürlich darf, ja soll man auch Kritik an den WOMO-Büchern äußern (wir freuen uns aber auch über ein Lob!).
Also: Klicken Sie sich ein, machen Sie mit – es lohnt sich für Sie und andere!

WOMO	THEMEN	BEITRÄGE	LETZTER BEITRAG
Aktivitäten rund ums WOMO Sport, Kultur, etc. etc. **Moderator:** Mods	159	2150	von **Gwaihir** 15.11.2011 - 19:53:11
WOMO-Technik Gas-, Wasser- und Elektroinstallation, Innenausbau. **Moderator:** Mods	3108	31232	von **Herby** 25.11.2011 - 19:28:45
Multimedia im WOMO Alles zum Thema Multimedia, Navigation, POIs, Hard- und Software **Moderator:** Mods	764	7597	von **heulnet** 25.11.2011 - 11:23:16
WOMO-Kauf, WOMO-Miete Tipps, Fragen & Antworten **Moderator:** Mods	1035	13535	von **dooley** 24.11.2011 - 21:56:05
WOMO-Clubs Stelle Deinen Club vor oder empfehle einen. **Moderator:** Mods	59	356	von **Monty** 20.11.2011 - 21:19:43
WOMO-Küche Stelle neue Rezepte für die WOMO-Küche vor. **Moderator:** Mods	267	1484	von **dooley** 09.11.2011 - 17:26:25
WOMO-Neuigkeiten Informiere über Neues aus den Bereichen: Technik, Zubehör, usw. **Moderator:** Mods	136	1622	von **Freetec 598** 22.11.2011 - 10:56:23
Gasversorgung Fragen & Antworten zum Thema Autogas und Gasflaschentausch im Ausland. **Moderator:** Mods	169	2176	von **Joanne** 26.10.2011 - 17:41:39
Umwelt & Wohnmobile Am Thema Umwelt kommt man heute nicht mehr vorbei. Hier ist das Forum dafür. **Moderator:** Mods	150	2646	von **YY73** 26.11.2011 - 12:11:51
Recht und Verkehr Alles zum Thema Recht und Verkehr kann hier diskutiert werden. **Moderator:** Mods	397	6090	von **Pego** 16.11.2011 - 23:05:03
WOMO-Quasselecke Themen für alles Andere und Jeden. Alle Threads die 500 Tage unbeachtet bleiben, werden automatisch gelöscht! **Moderator:** Mods	236	2998	von **Kule** 25.11.2011 - 21:02:43

ZAUBEREI – OUTDOOR-NAVIGATION MIT GPS

Das GPS (Global Positioning System) ist ein vom US-Verteidigungsministerium entwickeltes Satellitensystem zur weltweiten Standortbestimmung. Bereits ab 150 € bekommt man ein handy-kleines Gerät, mit dem man auch bei Nacht und Nebel jederzeit feststellen kann, wo man sich befindet – und wird zu dem Platz geleitet, von dem man die Koordinaten hat (aber nur, wenn im Gerät auch das Kartenmaterial des jeweiligen Landes gespeichert ist).
In dem vorliegenden Reiseführer sind für alle Übernachtungsplätze die Koordinaten im Format Grad / Minuten / Sekunden (hddd°mm'ss.s") angegeben.
Hinweis: Die obige Schreibweise der Koordinaten ist die am meisten verbreitete. Falls Ihr Gerät voreingestellt die Schreibweise Grad mit Dezimalen (hddd.ddddd°) oder Grad / Minuten mit Dezimalen (hddd°mm.mmm') anzeigt, finden Sie in der Bedienungsanleitung mit Sicherheit eine Umstellmöglichkeit auf das obige Format.
Besitzer von GPS-Geräten bei denen man Koordinaten eingeben kann, z.B. der Fa. Garmin, TomTom oder Falk, tippen sinnvollerweise die angegebenen Koordinaten der WOMO-Stellplätze vor dem Urlaub in das Gerät ein. Wer es noch bequemer haben möchte, erwirbt beim WOMO-Verlag die "GPS-CD zum Buch" – und die GPS-Daten werden in Sekundenschnelle vom Computer aufs GPS-Gerät überspielt.
Natürlich kann man auch "vor Ort" nur die Koordinaten des Platzes eingeben, den man als nächstes anfahren möchte.
ACHTUNG! Manche unsere Plätze liegen an Nebensträßchen und Schotterpisten, die kein Navi kennt und Sie deshalb zu der nächstgelegenen Stelle im digitalisierten Gebiet führt.
Aber die Zufahrt ist ja auch im Text beschrieben ....

Zum Schluss:

IN EIGENER SACHE – ODER DER SACHE ALLER!?

Urlaub mit dem Wohnmobil ist etwas ganz besonderes. Man kann die Freiheit genießen, ist ungebunden, dennoch immer zu Hause, lebt mitten in der Natur – **wo man für sein Verhalten völlig selbst verantwortlich ist!**

Seit fast 30 Jahren geben wir Ihnen mit unseren Reiseführern eine Anleitung für diese Art Urlaub mit auf den Weg. Außer den umfangreich recherchierten Touren haben wir viele Tipps allgemeiner Art zusammengestellt, unter ihnen auch solche, die einem WOMO-Urlauber eigentlich selbstverständlich sein sollten, denn weil wir als Wohnmobiler die Natur in ihrer ganzen Schönheit und Vielfalt hautnah erleben dürfen, haben wir auch besondere Pflichten ihr gegenüber, die wir nicht auf andere abwälzen können.

Jährlich erhalten wir viele Zuschriften, Grüße von Lesern, die mit unseren Reiseführern einen schönen Urlaub verbracht haben und sich herzlich bei uns bedanken. Wir erhalten Hinweise über Veränderungen an den beschriebenen Touren, die von uns bei der Aktualisierung der Reiseführer Berücksichtigung finden.
Aber: Wir erhalten auch Zuschriften über das Verhalten von Wohnmobilurlaubern, die sich **egoistisch, rücksichts- und verantwortungslos** der Natur und ihren Mitmenschen – nachfolgenden Urlaubern und Einheimischen – gegenüber verhalten.
In diesen Briefen geht es um die Themen Müllbeseitigung, Abwasser- und Toilettenentsorgung. Es soll immer noch Wohnmobilurlauber geben, die ihre Campingtoilette nicht benutzen, dafür lieber den nächsten Busch mit Häufchen und Toilettenpapier "schmücken", die den Abwassertank nicht als Tank benutzen, sondern das Abwasser unter das WOMO trielen lassen, die ihren Müll neben dem Wohnmobil liegenlassen und davondüsen, alles frei nach dem Motto: **"Nach mir die Sintflut!"**

Liebe Leser!

Wir möchten Sie im Namen der gesamten WOMO-Familie bitten: Helfen Sie aktiv mit, diese Schweinereien zu unterbinden! Jeder Wohnmobilurlauber trägt eine große Verantwortung, und sein Verhalten muss dieser Verantwortung gerecht werden.
Sprechen Sie Umweltferkel an, weisen Sie sie auf ihr Fehlverhalten hin und machen Sie mit dem WOMO-Urlaubs-Aufkleber deutlich: **Ich verhalte mich umweltgerecht!**
Der nächste freut sich, wenn er den Stellplatz sauber vorfindet, denn auch er hat sich seinen Urlaub verdient!
Vor allem aber: Wir erhöhen damit die Chance, dass uns unsere über alles geliebte Wohnmobil-Freiheit noch lange erhalten bleibt.

Helfen Sie mit, den Ruf der Sippe zu retten! Verhindern Sie, dass einzelne ihn noch weiter in den Schmutz ziehen!
Wir danken Ihnen im Namen aller WOMO-Freunde –

Ihr WOMO-Verlag

Stichwortverzeichnis

Der WOMO®-Pfannenknecht

ist die saubere Alternative zum Holzkohlengrill.

* Kein tropfendes Fett,
* Holz statt Holzkohle,
* vielfältige Benutzung –
* vom Kartoffelpuffer bis zur Gemüsepfanne.

Massive Kunstschmiedearbeit, campinggerecht zerlegbar,
Qualitäts-Eisenpfanne von Rösle,
bequeme Handhabung im Freien, einfachste Reinigung.

Nur 49,90 € – und nur bei WOMO!

Der WOMO®-Aufkleber

* passt mit 14 cm Breite auch auf Ihr Wohnmobil.
* ist das unverwechselbare Symbol für alle WOMO-Freunde.

Ab 0,00 € – und nur bei WOMO!

Der WOMO®-Knackerschreck

* ist die universelle und **sofort sichtbare Einbruchssperre**.
* Wird einfach in die beiden Türarmlehnen eingehängt, zusammengeschoben und abgeschlossen. (tagsüber unter Einbeziehung des Lenkrades, nachts direkt, somit ist Notstart möglich).
* Passend für Ducato, Peugeot, MB Sprinter sowie VW (alle Typen).
* Krallen aus 10 mm starkem (Edel) -Stahl, d. h. nahezu unverwüstlich.

Ab 44,90 € – und nur bei WOMO!

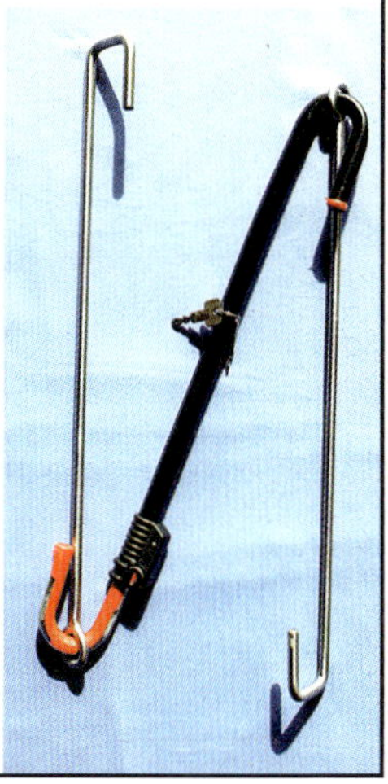

Info-Blatt für das WOMO-Buch: Nord-Spanien '14

(komplett ausgefüllt erhalte ich 10% Info-Honorar auf Bestellungen direkt beim Verlag)

Lokalität: Seite: Datum:
(Stellplatz, Campingplatz, Wandertour, Gaststätte, usw.)

unverändert gesperrt/geschlossen folgende Änderungen:

Lokalität: Seite: Datum:
(Stellplatz, Campingplatz, Wandertour, Gaststätte, usw.)

unverändert gesperrt/geschlossen folgende Änderungen:

Lokalität: Seite: Datum:
(Stellplatz, Campingplatz, Wandertour, Gaststätte, usw.)

unverändert gesperrt/geschlossen folgende Änderungen:

Lokalität: Seite: Datum:
(Stellplatz, Campingplatz, Wandertour, Gaststätte, usw.)

unverändert gesperrt/geschlossen folgende Änderungen:

Lokalität: Seite: Datum:
(Stellplatz, Campingplatz, Wandertour, Gaststätte, usw.)

unverändert gesperrt/geschlossen folgende Änderungen:

Lokalität: Seite: Datum:
(Stellplatz, Campingplatz, Wandertour, Gaststätte, usw.)

unverändert gesperrt/geschlossen folgende Änderungen:

Meine Adresse und Tel.-Nummer:

(nur komplett ausgefüllte, zeitnah eingesandte Infoblätter können berücksichtigt werden)

Wir bestellen zur sofortigen Lieferung: (Alle Preise in € [D], Preisänderungen vorbehalten)

- ❑ Wohnmobil Handbuch ... 19,90 €
- ❑ Wohnmobil Kochbuch ... 12,90 €
- ❑ Heitere WOMO-Geschichten ... 6,90 €
- ❑ Multimedia im Wohnmobil ... 9,90 €
- ❑ Gordische Lüge – WOMO-Krimi ... 9,90 €
- ❑ Albanien ... 19,90 €
- ❑ Allgäu ... 17,90 €
- ❑ Auvergne ... 17,90 €
- ❑ Bayern (Nordost) ... 19,90 €
- ❑ Belgien & Luxemburg ... 18,90 €
- ❑ Bretagne ... 18,90 €
- ❑ Burgund ... 17,90 €
- ❑ Dänemark ... 17,90 €
- ❑ Elsass ... 18,90 €
- ❑ England ... 18,90 €
- ❑ Finnland ... 18,90 €
- ❑ Franz. Atlantikküste (Nord) ... 17,90 €
- ❑ Franz. Atlantikküste (Süd) ... 17,90 €
- ❑ Griechenland ... 19,90 €
- ❑ Hessen (Norden + Osten) ... 19,90 €
- ❑ Hunsrück/Mosel/Eifel ... 19,90 €
- ❑ Irland ... 18,90 €
- ❑ Korsika ... 17,90 €
- ❑ Kreta ... 14,90 €
- ❑ Kroatien (Dalmatien) ... 17,90 €
- ❑ Latium/Rom/Abruzzen ... 18,90 €
- ❑ Ligurien ... 17,90 €
- ❑ Loire-Tal/Paris ... 17,90 €
- ❑ Languedoc/Roussillon ... 19,90 €
- ❑ Marokko ... 18,90 €
- ❑ Namibia ... 19,90 €
- ❑ Neuseeland ... 19,90 €
- ❑ Niederlande ... 19,90 €
- ❑ Nord-Frankreich ... 18,90 €
- ❑ Normandie ... 17,90 €
- ❑ Norwegen (Nord) ... 19,90 €
- ❑ Norwegen (Süd) ... 19,90 €
- ❑ Österreich (Ost) ... 19,90 €
- ❑ Österreich (West) ... 18,90 €
- ❑ Ostfriesland ... 19,90 €
- ❑ Peloponnes ... 18,90 €
- ❑ Pfalz ... 17,90 €
- ❑ Piemont/Aosta-Tal ... 19,90 €
- ❑ Polen (Nord/Masuren) ... 17,90 €
- ❑ Polen (Süd/Schlesien) ... 17,90 €
- ❑ Portugal ... 17,90 €
- ❑ Provence & Côte d'Azur (Ost) ... 18,90 €
- ❑ Provence & Côte d'Azur (West) ... 18,90 €
- ❑ Rumänien ... 19,90 €
- ❑ Pyrenäen ... 17,90 €
- ❑ Sachsen ... 19,90 €
- ❑ Sardinien ... 19,90 €
- ❑ Schleswig-Holstein ... 19,90 €
- ❑ Schottland ... 18,90 €
- ❑ Schwabenländle ... 17,90 €
- ❑ Schwarzwald ... 17,90 €
- ❑ Schweden (Nord) ... 18,90 €
- ❑ Schweden (Süd) ... 19,90 €
- ❑ Schweiz (Ost) ... 19,90 €
- ❑ Schweiz (West) ... 18,90 €
- ❑ Sizilien ... 17,90 €
- ❑ Slowenien ... 17,90 €
- ❑ Spanien (Nord/Atlantik) ... 19,90 €
- ❑ Spanien (Ost/Katalonien) ... 17,90 €
- ❑ Spanien (Süd/Andalusien) ... 17,90 €
- ❑ Süditalien (Osthälfte) ... 19,90 €
- ❑ Süditalien (Westhälfte) ... 17,90 €
- ❑ Süd-Tirol ... 18,90 €
- ❑ Thüringen ... 19,90 €
- ❑ Toskana & Elba ... 19,90 €
- ❑ Trentino/Gardasee ... 17,90 €
- ❑ Tschechien ... 18,90 €
- ❑ Tunesien ... 17,90 €
- ❑ Türkei (West) ... 18,90 €
- ❑ Türkei (Mitte-Kappadokien) ... 17,90 €
- ❑ Umbrien & Marken mit Adria ... 17,90 €
- ❑ Ungarn ... 17,90 €
- ❑ Venetien/Friaul ... 19,90 €

Absender:

Datum

Unterschrift

WOMO®-VERLAG

Versandabteilung

Wiesenweg 4-6

98634 Mittelsdorf/Rhön

DIE REISE- UND ERLEBNISFÜHRER

* Bequeme Touren durchs ganze Urlaubsland.
* Viele Plätzchen für freie Übernachtungen mit GPS.
* Genaue Hinweise auf viele Trinkwasserstellen.
* Die schönsten Badeplätze, die nicht jeder kennt.
* Bergtouren und Spaziergänge für groß und klein.
* Die besten Anreiserouten, Fähren, usw.
* 300 Tipps und Tricks – für Ausrüstung, Reisevorbereitung und Urlaub.
* Ausgefeilte Profipackliste.
* Spezialkarten mit supergenauen Einträgen der freien Stellplätze, Trinkwasser- und Entsorgungsstellen.

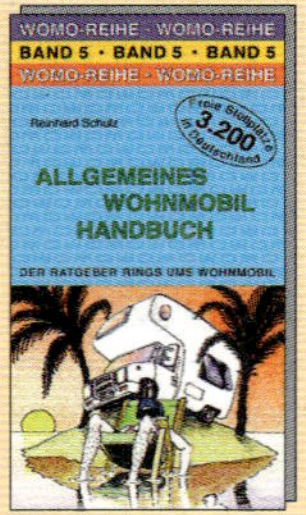

DAS KOCHBUCH

* Einrichtung der WOMO-Küche.
* Lebensmittel-Grundausstattung.
* Konserven selbst gemacht.
* Backen in der Bratpfanne – Kuchen, Pizza, Brote.
* Viele, viele WOMO-Rezepte für zwei Gasflammen – einfach, schnell und lecker!
* Einkochen im Urlaub.
* Spezialrezepte für den Dampftopf.
* Der WOMO-Pfannenknecht.

DAS HANDBUCH

* Beratung bei Kauf und Miete.
* Gas-, Wasser-, Elektroinstallation.
* Einrichten des Wohnmobils.
* Tipps & Tricks fürs Wochenende.
* 3200 freie deutsche Stellplätze.
* 700 deutsche Entsorgungsstationen.
* Urlaubsvorbereitung, Profipackliste.
* .Stellplatz-Infos für ganz Europa.
* Wohnmobil und Wintersport.
* Der WOMO-Urlaubspartner-Service.
* Gastankstellen in ganz Europa.

Unsere Bücher erhalten Sie in jeder Buchhandlung oder auf Rechnung direkt vom Verlag. Hier gibt's auch die aktuellen Infos über unsere ständigen Neuerscheinungen. (Versandkosten 1,20 €, ab 10 € portofrei / Ausland 4 €, Preisänderungen vorbehalten).

24 Std.-Bestell-Telefon: 036946-20691*Fax: 036946-20692
Internet: www.womo.de * eMail: verlag@womo.de**